DIE ROTE ARMEE

CAREY SCHOFIELD
DIE ROTE ARMEE
EIN KOLOSS ENTTARNT SICH
Photos von Leonid Jakutin

Einführung von Marschall Dmitri Jasow, Verteidigungsminister der Sowjetunion
Vorwort von Christopher Donnelly, Sowjetexperte bei der NATO

Schweizer Verlagshaus

Dank

Autorin und Fotograf möchten allen Offizieren und Mannschaften der Sowjetarmee, die zur Entstehung dieses Buches beigetragen haben, ihren Dank aussprechen. Vor allem danken wir Armeegeneral Michail Moiseew, Armeegeneral Dmitri Lisitschew, Generaloberst Gennadi Stefanowski und Generalleutnant Waleri Manilow, die uns nach Kräften unterstützten und uns beim Recherchieren viel Verständnis und Toleranz entgegenbrachten.

Sehr verbunden sind wir Armeegeneral Warennikow, Armeegeneral Archipow, General Michailow, Generaloberst Deinikin und Generaloberst Atschalow für Rat und praktische Hilfe. Danken möchten wir auch Admiral Kwatow, Admiral Chronopulo, Generalmajor Lebjed, Oberst Soljujanow, Oberst Baschkirow, Oberst Jakunow, Oberst Kaschin, Oberstleutnant Boljenko und Oberstleutnant Dementiew für ihre Freundlichkeit und Gastfreundschaft. Herzlicher Dank geht überdies an Sergei Klokow, Wladlen Klokow, Marina Kusnezowa, Wiktor Lichatschew, Major Sosnizki, Generalleutnant Globenko und nicht zuletzt an Alexander Worobiow von der UdSSR-Kommission der UNESCO.

Ihren Dank aussprechen möchten Carey Schofield und Leonid Jakutin auch Igor Melech für Rat und Hilfe bei linguistischen und technischen Problemen, Boris Tschernow, unserem netten und außergewöhnlich beschlagenen Fahrer, und Alexei Paladin, der uns viel Nützliches über das Leben in den Kasernen erzählte. In erster Linie möchten wir jedoch Sergei Lawrow, unserem offiziellen Dolmetscher, ein Kränzchen winden. Der Entscheid des Verteidigungsministeriums, uns Major Lawrow für unser Projekt zuzuteilen, war für uns ein Glückstreffer. Die ganzen zwei Jahre, die er mit uns zusammenarbeitete, war er stets zielbewußt und immer gut aufgelegt, und obwohl er oft sehr lange Arbeitszeiten hatte, bat er nie um eine persönliche Vergünstigung. Igor Asarionok war uns in der Anfangsphase behilflich.

Laurence King von John Calmann & King Ltd. gab uns moralische und finanzielle Unterstützung — ohne seinen Einsatz für unser Projekt und ohne seine Aufmunterung wäre dieses Buch wohl nie entstanden. Danken möchten wir auch unserer findigen und unermüdlichen Lektorin Elizabeth Thussu, ihrem Mitarbeiter Kevin Childs sowie Judy Rasmussen und Robert Updegraff, die eine geradezu beängstigende Ausdauer und Fertigkeit an den Tag legten, unser Material in eine geeignete Form zu bringen.

Dank schulden wir auch Amelia Bowden, Lorna Damms und Alexandra Murdoch für ihr Wissen über militärische Disziplin und Paul Williams und Kieran Walsh für ihre Hilfe bei Fragen der Versorgung und Unterstützung. Und wie die meisten an russischer Geschichte interessierten Londoner steht Carey Schofield tief in der Schuld von Johnny Stuart.

Alle Rechte vorbehalten
Nachdruck in jeder Form sowie die Wiedergabe durch Fernsehen, Rundfunk, Film, Bild- und Tonträger oder Benutzung für Vorträge, auch auszugsweise, nur mit Genehmigung des Verlags

Photographs © 1991 Leonid Yakutin
Text © 1991 Carey Schofield

This Book was designed and produced by
John Calmann & King Ltd, London
A John Calmann and King book

© der deutschsprachigen Ausgabe 1991 by
Schweizer Verlagshaus AG, Zürich

Schutzumschlag: Heinz von Arx, Zürich
Satz: Typobauer Filmsatz GmbH, Ostfildern
Printed in Singapore

ISBN 3-7263-6629-6

Die englische Originalausgabe erscheint 1991
unter dem Titel
Inside the Soviet Army
bei Headline Book Publishing PLC, London

Übersetzung: Jürg Wahlen

Die Deutsche Bibliothek — CIP-Einheitsaufnahme

Die Rote Armee : ein Koloss enttarnt sich / Carey Schofield. Photos von Leonid Jakutin. Einf. von Dmitri Jasow. Vorw. von Christopher Donnelly. [Übers. aus dem Engl.: Jürg Wahlen]. — Zürich : Schweizer Verl.-Haus, 1991

Einheitssacht.: Inside the Soviet Army ‹dt.›
ISBN 3-7263-6629-6

NE: Schofield, Carey; Jakutin, Leonid; EST

Inhalt

Einführung

Marschall Dmitri Jasow, Verteidigungsminister der Sowjetunion

Daß Diplomaten über den Frieden sprechen, ist nichts Neues. Wenn jedoch Generäle beginnen, über den Frieden zu sprechen, liegt etwas Außerordentliches in der Luft, etwas, was nach radikalen Maßnahmen verlangt. Als Sachverständige kennen die Soldaten die Wirksamkeit moderner Waffen und die ökologischen, demographischen und sozioökonomischen Auswirkungen ihrer Anwendung weit besser als sonst jemand, und die Irrationalität eines Krieges, in dem diese Waffen zum Einsatz kämen, ist ihnen viel stärker bewußt. Der Krieg, ob mit Atomwaffen oder konventionell, ist längst keine akzeptable Fortsetzung der Politik — mit anderen Mitteln — mehr, denn es wird keinen Sieger mehr geben. Jeder — der Aggressor wie sein Opfer, aber auch Völker, die auf anderen Kontinenten leben — wird zum Verlierer und ist der Degenerierung preisgegeben oder zum Tod verurteilt. Das Vermeiden eines künftigen Kriegs erfordert daher die aktive und konstruktive Mitarbeit aller Völker und Staaten, und zwar ausnahmslos. Die Menschheit muß all ihre Kraft aufbieten, um aus den eingefahrenen Gleisen der Konfrontation, der militärischen Rivalitäten und des Rüstungswettlaufs auszubrechen, die sie an den Abgrund einer globalen Katastrophe geführt haben.

Das Paradoxe an unserem Zeitalter liegt darin, daß die Beherrschung der Kernenergie und der Durchbruch in der Raumfahrt nicht nur die Größe des menschlichen Geistes, sondern auch die Zerbrechlichkeit der menschlichen Zivilisation manifestiert haben. Es hat sich gezeigt, daß wir alle, die wir auf diesem Planeten leben, zwar sehr verschieden sind, aber dennoch einer einzigen Zivilisation, einer einzigen, unteilbaren Welt angehören, daß alles miteinander verbunden und voneinander abhängig ist. Der Weg zu dieser Einsicht war dornenvoll und nicht mit Rosenblüten bestreut. Die Völker dieser Erde haben sowohl in der Vergangenheit als auch heute erschütternde Tragödien erlitten und blutige Bürgerkriege, Konflikte, Bruderzwiste und das Trauma zweier Weltkriege mit vielen Millionen Opfern miterlebt, bis sie endlich merkten, daß wir Menschen tatsächlich zur Zusammenarbeit geboren sind. Diese Einsicht hat ihren Ausdruck in Form eines neuen politischen Denkens gefunden, das sich nicht auf das richtet, was Staaten und Menschen trennt, sondern auf das, was sie verbindet — auf allgemein-menschliche Werte. Während eine Mißachtung dieser Werte in der Vergangenheit schlimmstenfalls zur Vernichtung einzelner Staaten und Völker führte, könnte sich dies heute leicht zu einer globalen Katastrophe ausweiten. Der wichtigste Wert ist daher der Frieden. Nur wenn wir den Frieden erhalten können, garantieren wir das Überleben der Menschheit.

Es kommt nicht von ungefähr, daß die Abrüstung bei den Atomwaffen begann, denn diese stellen die größte Gefahr für den Frieden dar. Doch die Bedrohung verschwindet nicht mit den Nuklearwaffen; wir erachten es deshalb als äußerst wichtig, den Abrüstungsprozeß auch auf andere Waffensysteme auszuweiten. Zu diesem Zweck hat die Sowjetunion eine umfangreiche einseitige Reduktion ihrer Streitkräfte um 500 000 Mann, 10 000 Panzer, 8500 Artilleriesysteme, mehr als 820 Kampfflugzeuge und eine bedeutende Anzahl weiterer Waffensysteme und Gefechtsausrüstung vorgenommen. Dieser Beschluß, der auf den Prinzipien von *Glasnost* und *Perestroika* fußt, wird seither kontinuierlich in die Tat umgesetzt und wie geplant Ende 1991 ausgeführt sein. So kann sich die ganze Welt mit eigenen Augen vom guten Willen der Sowjetunion überzeugen.

Es gibt drei Grundpfeiler, ohne die sämtliche Strukturen einer modernen Sicherheitspolitik ungewiß und

Strategische U-Boote vom Typ Echo II zu Beginn des Arbeitstages. Diese Boote sind 110 Meter lang und haben eine Verdrängung von 5800 Tonnen (bei Tauchfahrt). Im Hafen werden Routine-Unterhaltsarbeiten ausgeführt, und Offiziere und Mannschaft holen ihren Schlaf nach. Kein U-Boot-Matrose bekommt je genügend Schlaf auf See.

instabil wären. Der erste ist die Einsicht, daß Gewalt (einschließlich militärischer Gewalt und der Drohung, davon Gebrauch zu machen) aus dem verfügbaren Arsenal von Handlungsmöglichkeiten in der internationalen Politik verbannt werden muß. Der zweite ist die Tatsache, daß nationale wie globale Sicherheit nur dann erreicht werden kann, wenn politische Mittel absoluten Vorrang erhalten. Der dritte schließlich postuliert, daß alle Völker das unverbrüchliche Recht haben sollen, ihre gesellschaftliche Ausrichtung frei zu wählen. Unter diesen Voraussetzungen liegt unseres Erachtens die größte Hoffnung und die wichtigste Erfolgsgarantie für den Aufbau eines neuen Sicherheitsmodells im Übergang von einem Zustand gegenseitigen Mißtrauens und Argwohns zwischen feindlich gesinnten Staaten und ihren Verbündeten hin zu einer Situation, die von gegenseitigem Verständnis und Kooperation geprägt ist, im Übergang vom Overkill zu einer Bewaffnung, die zur eigenen Verteidigung ausreicht, im Übergang von der Konfrontation zum Dialog.

Diese Argumentation zum Aufbau eines stabilen Systems von Frieden, Sicherheit und Zusammenarbeit stimmt vollkommen mit der heutigen Verteidigungspolitik der Sowjetunion überein. Verkörpert wird sie durch die 1987 formulierte neue sowjetische Militärdoktrin, die ausschließlich defensiven Charakter hat und ganz auf die Verhinderung eines Krieges ausgerichtet ist. Es ist dies übrigens das erste Mal in der Geschichte, daß eine solche Aufgabe in einer entsprechenden Doktrin festgehalten wurde. Mit dieser Doktrin verbürgt sich die Sowjetunion, daß sie unter keinen Umständen militärische Aktionen gegen einen Staat oder eine Allianz von Staaten unternehmen wird, wenn sie nicht selbst Opfer eines militärischen Angriffs ist, daß sie niemals Atomwaffen in einem Erstschlag verwendet, daß sie keine territorialen Ansprüche stellt und keinen anderen Staat als ihren Feind betrachtet. Der praktische Beweis für die defensive Natur unserer Doktrin liegt in der Liquidierung der Kurz- und Mittelstreckenraketen.

Unter strikter gegenseitiger Kontrolle wurden bis heute sämtliche sowjetischen und amerikanischen Kurzstreckenraketen eliminiert, ebenso mehr als 80 Prozent der sowjetischen und über 50 Prozent der amerikanischen Mittelstreckenraketen.

Wir haben unsere Truppen aus Afghanistan abgezogen und damit unterstrichen, daß wir uns strikt an eine Lösung regionaler Probleme und Konflikte mit politischen Mitteln halten wollen. 1989 entfernten wir ohne Gegenleistung 500 Nuklearsprengköpfe aus dem Territorium unserer europäischen Verbündeten. In bilateralen Abkommen mit der Tschechoslowakei, Ungarn und der Mongolei ziehen wir unsere Streitkräfte aus diesen Ländern zurück und werden den Truppenabzug 1991 beendet haben.

Diese praktischen Maßnahmen konstituieren zusammen mit vielen anderen eine fundamentale Reform des sowjetischen Militärs, die vor über drei Jahren, als die defensive Militärdoktrin formuliert wurde, in Gang gesetzt wurde. Das Wesentliche dieser Reform liegt in der Neuorganisation von Personalbestand, Struktur und Ausrüstung der sowjetischen Streitkräfte — unter steter Berücksichtigung der bisher ausgehandelten Fortschritte in den Abrüstungsgesprächen und der vom Westen tatsächlich unternommenen Anstrengungen sowie in Übereinstimmung mit der defensiven Militärdoktrin und dem Prinzip der »Adäquatheit«. Die wichtigsten Ziele der Reform lauten: Quantität durch Qualität zu ersetzen, den Truppenbestand zu optimieren, die Ausrüstung zu modernisieren, die Struktur der Streitkräfte zu reorganisieren, die Ausbildung und Erziehung der Dienst leistenden Soldaten zu verbessern, um die Erfüllung ihrer Pflichten mit minimalen Mitteln zu gewährleisten, Kader zu organisieren, die sich aus Freiwilligen und Rekruten mit allgemeinen militärischen Aufgaben zusammensetzen, eine auf demokratische und rechtliche Prinzipien gestützte einheitliche Kommandostruktur aufzubauen und das Leben und die Ausbildung der Truppen durch extraterritoriale Stationierung zu internationalisieren.

Die Militärreform im sowjetischen Verteidigungssystem ist eine gesamtstaatliche Aufgabe. Sie wird Hand in Hand mit der Perestroika ausgeführt, die sich die Erneuerung unserer Gesellschaft zum Ziel gesetzt hat, und ist organisch mit den praktischen Lösungen für politische und wirtschaftliche Reformen und mit dem Aufbau eines rechtsstaatlichen sozialistischen Staates verbunden. Außerdem umfaßt die Reform auch radikale Änderungen in der Militärgesetzgebung. Sie zielt auf so umfassende und einschneidende Veränderungen ab, daß ihre Verwirklichung längere Zeit erfordern wird.

Das Herzstück der militärischen Reformen ist die Reorganisation der Streitkräfte der UdSSR. Zur Bewältigung der Probleme, die dabei auftauchen, gehen wir von den Konzepten einer »adäquaten Verteidigung« und einer »Defensivstrategie« aus — allerdings so, wie wir sie verstehen. Unsere Vorstellungen von einer »adäquaten Verteidigung« beruhen auf einem sukzessiven Abbau des militärischen Konfliktpotentials auf reziproker Grundlage bis hin zu dem Punkt, wo sie nur noch einen rein defensiven Zweck ausübt. Die Verwirklichung dieses Konzepts einer »adäquaten Verteidigung« setzt eine militärische und strategische Parität bei gleichzeitiger Truppenreduktion sowie einen schrittweisen Abbau der nuklearen Waffen bis zu ihrer endgültigen Eliminierung voraus. In Übereinstimmung mit der »Defensivstrategie« ist jeder Präventivschlag ausgeschlossen. Auch im Fall einer Aggression gegen die Sowjetunion werden sämtliche Aktivitäten unserer Streitkräfte rein defensiver Natur sein.

Geleitet vom Prinzip einer Defensivstrategie führen wir nicht nur, wie bereits erwähnt, umfangreiche Reduktionen bei unseren Truppenbeständen und Waffen durch, sondern nehmen auch radikale Veränderungen an der Organisationsstruktur unserer Streitkräfte vor. Kürzlich erlebten wir die Aufhebung zweier Militärbezirke infolge der Zusammenlegung der Kommandos von Zentralasien und Turkestan und von Wolga und Ural. Die Administrationen von einer Raketenarmee, von zwei Armeen mit gemischten Verbänden und von fünf Armeekorps sind aufgelöst worden. Sechs Raketendivisionen und einundzwanzig gemischte Divisionen (dreizehn MotSchützen- und acht Panzerdivisionen) sowie eine Reihe weiterer Formationen und Einheiten anderer Truppengattungen sind aus den Streitkräften verschwunden. Die Struktur der gemischten Verbände wird auf Defensivaufgaben umgestellt. Die Anzahl der Panzer wird um 20 bis 40 Prozent reduziert, Landungsboote und andere »Angriffsfahrzeuge« werden aus dem Verkehr gezogen und vierzig Kriegsschiffe der sowjetischen Kriegsmarine außer Dienst gestellt.

Als Folge dieser überaus komplexen Veränderungen haben die Streitkräfte der Sowjetunion qualitativ ein völlig neues Gesicht erhalten. Dank der Truppenreduktionen und der Abrüstung auf beiden Seiten wird im Hinblick auf »Adäquatheit« ein Punkt erreicht werden, wo es möglich sein wird, sämtliche Verteidigungsaufgaben strategischer, operationeller und taktischer Art mit einem minimalen Aufwand zu betreiben. Es ist geplant, die Truppen der Zivilverteidigung und der Straßenbaueinheiten aus der Armee auszugliedern. Mit der Zusammenlegung von Einheiten mit ähnlichen militärischen Aufgaben ändern sich die Natur der Truppengattungen und ihre Zusammensetzung fundamental. Die Formationen und Einheiten der Strategischen Raketentruppen erfahren starke Abstriche in Anzahl und Bestand, ebenso wird die Zahl der Militärbezirke und der Armeen und Divisionen der Landstreitkräfte verringert. Bei der Bemannung, der Struktur und beim militärischen Einsatz der Luftverteidigungstruppen sind grundlegende Änderungen vorgesehen. Bei der Luftwaffe werden Fliegereinheiten umgestaltet, die verwendeten Technologien stark reduziert und das System der Stützpunkte verbessert. Auch bei der Kriegsmarine stehen einschneidende Veränderungen bei Personal, Struktur, Ausrüstung und Einsatzzweck an. Alles in allem besteht dabei die Absicht, die Zuverlässigkeit und Wirksamkeit von Waffen und Militärtechnologie sämtlicher Dienstzweige der Streitkräfte beträchtlich zu verbessern.

Gegenwärtig setzt sich ungefähr ein Drittel unserer Armee und Kriegsmarine aus Freiwilligen — Offizieren, Unteroffizieren und verschiedenen anderen Kategorien von Soldaten — zusammen, die sich den Militärdienst zu ihrem Beruf gewählt haben und im Hinblick auf die Kriegsbereitschaft elementar wichtige Positionen einnehmen. Die übrige Mannschaft wird von Rekruten gebildet. Wir haben vor, die Zahl der Berufssoldaten in unseren Streitkräften zu erhöhen und dabei ein System von Rekrutierung und freiwilliger Verpflichtung beizubehalten, das sich zunehmend in Richtung auf verschiedene Kategorien von Soldaten verschiebt, die auf Vertragsbasis dienen. Mit diesem Ziel vor Augen soll auch das Ausbildungssystem der militärischen Kader einer Reform unterzogen werden. Im Verein mit einer zahlenmäßigen Verringerung der Militärhochschulen und Militärakademien wird auch ihr Aufnahmevermögen um 15 bis 20 Prozent abgebaut, und gleichzeitig erhalten die erzieherischen Elemente in der Ausbildung an diesen Instituten viel mehr Gewicht. Im Zug der administrativen Reformen bei den Streitkräften ist beabsichtigt, das Verwaltungspersonal der Zentralen, der Militärbezirke und der Dienstzweige um 15 bis 20 Prozent einzuschränken.

Eine der Prioritäten bei der Reform der Streitkräfte liegt in der zunehmenden Demokratisierung des militärischen Lebens. Dieser Prozeß ist ein Teil der sozialistischen Erneuerung unserer Gesellschaft. Es wurde ein spezielles staatliches Sozialhilfeprogramm für aktive Soldaten und ihre Familien ausgearbeitet, das auch alle jene mit einbezieht, die aus dem Dienst entlassen wurden, und weitgehende Verbesserungen im Lebensstandard, in der Bereitstellung von Wohnungen und in den Rechten der Soldaten mit sich bringt.

Alles in allem werden die sowjetischen Streitkräfte also bis zum Ende des zwanzigsten Jahrhunderts ein völlig neues Aussehen haben, mit den modernsten Waffen ausgerüstet sein und einen hohen Grad an Professionalismus aufweisen, damit sie weiterhin ihre militärischen Pflichten in der heroischen Tradition der Verteidigung des Vaterlands ausführen können. Dies alles sind reale und praktische Schritte, welche die neue sowjetische Verteidigungs- und Sicherheitspolitik mit ihrer defensiven Militärdoktrin illustrieren. Parallel dazu arbeiten wir aktiv daran, die bisher getroffenen reziproken Maßnahmen zur Herstellung einer für beide Seiten gleichgearteten Sicherheit zu ratifizieren.

Die Schwierigkeit, ein gegenseitiges Vertrauen aufzubauen, überschattet alle anderen Probleme. Militärische Offenheit sollte ganz allgemein zur universellen Norm internationaler Gepflogenheiten werden. Es scheint uns nur natürlich, daß vertrauensbildende Maßnahmen sowie eine Garantie, militärische Aktivitäten voraussehen zu können, das ganze militärische Spektrum — also nicht nur die Bodentruppen, sondern auch die Luft- und Seestreitkräfte — umfassen und eine Politik des »offenen Himmels«, der »offenen Meere«, des »offenen Landes« und eines »offenen Kosmos« einschließen sollten. Sie alle bilden die Elemente eines neuen, umfassenden Sicherheitssystems, dessen eigentlicher Kern unserer Ansicht nach in einer von gegenseitiger Unterstützung geprägten Struktur ohne widerstreitende Blöcke liegen muß, in einem durch gemeinsame Anstrengungen erbauten »europäischen Haus«. Ein solches System wäre eine Garantie für die Menschheit, daß Kriege endlich ein Ende haben und eine sichere, demokratische, atomwaffenfreie und gewaltlose Welt auf diesem Planeten errichtet werden kann.

Dies ist in groben Zügen der politische Hintergrund der sowjetischen defensiven Neubewertung der Weltlage und der Modernisierung der Streitkräfte der UdSSR. Und dies ist auch der Kontext, in dem die Entstehung dieses Buches überhaupt erst möglich wurde, das auf seine Weise ebenfalls einen Durchbruch bedeutet: Es baut ideologische und psychologische Hindernisse und Barrieren ab, zerreißt ein Gewebe aus Vorurteilen, Mutmaßungen und auf Unwahrheiten fußender Angst und radiert endlich ein über viele Jahrzehnte des kalten Krieges versteinertes Bild aus, das die sowjetischen Streitkräfte stets als den »Erzfeind« gezeichnet hat. Ich bin der Meinung, daß Carey Schofield, die eigentliche Triebfeder dieses Buchs, zu Recht die Rolle einer »Entdeckerin« im besten journalistischen und schriftstellerischen Sinn des Wortes für sich beanspruchen darf. Viele Militärposten, Einheiten und Kriegsschiffe, die sie besuchte, waren Ausländern (und nicht nur ihnen) lange Zeit traditionell verwehrt gewesen. Sie unterhielt sich mit unzähligen sowjetischen Soldaten, vom Rekruten bis hinauf zum Verteidigungsminister. Ihr Interesse und, so hoffe ich, ein ausreichend objektiver Blick auf die bewaffneten Streitkräfte der UdSSR, der nicht nur von außen beobachtete, sondern auch von innen kommt, wird hoffentlich vielen Leserinnen und Lesern im Westen ermöglichen, die sowjetische Armee und Kriegsmarine, die sowjetischen Soldaten und Offiziere so zu sehen, wie sie wirklich sind: Menschen aus Fleisch und Blut mit ihren individuellen Verdiensten und Unzulänglichkeiten, Problemen und Sorgen, Traditionen und Hoffnungen, ihrem Volk und ihrer Heimat ergeben und beseelt von dem Wunsch, mit allen Staaten auf freundschaftlichem Fuß zu stehen — für einen sicheren, dauerhaften Frieden.

Mit aufrichtiger und tiefer Hochachtung

Der Verteidigungsminister der Sowjetunion
Dmitri Jasow

Vorwort

Christopher Donnelly, Sowjetexperte bei der NATO

Der Ost-West-Konflikt, wie wir ihn seit 1945 kennen, war keine Konfrontation der Waffen, sondern der Menschen. Es sind die Menschen, die Krieg führen — die Waffen sind nur Mittel dazu. Die Wurzel des Konflikts liegt in unseren Herzen und in unseren Köpfen, nicht in unseren Händen. Beim Versuch, Spannungen abzubauen und Konfrontation durch Kooperation zu ersetzen, spielt die Abrüstung sicher eine höchst wichtige Rolle und trägt Wesentliches zur Vertrauensbildung bei. Frieden wurzelt jedoch grundsätzlich in einer veränderten Einstellung, in einem Wechsel in den Beziehungen zwischen Menschen und zwischen Völkern.

Genau dies macht Carey Schofields Buch so wichtig. Es ist ein Meilenstein im gegenwärtigen Prozeß der Veränderungen in den Ost-West-Beziehungen, und zwar aus zwei Gründen. Erstens hat noch kein westlicher Beobachter bisher die Erlaubnis erhalten, die Streitkräfte der Sowjetunion von innen kennenzulernen und darüber zu berichten, und noch nie wurde jemandem ein so uneingeschränkter Zugang zu militärischen Einrichtungen und zu den Angehörigen der Streitkräfte gewährt. Schon dies ist ein kleines Wunder — und daß sich die Autorin dabei völlig frei und ohne offizielle Auflagen bewegen durfte, ist eines der deutlichsten Anzeichen für die Entwicklung eines Dialogs, der für eine permanente Verbesserung der Beziehungen zwischen der UdSSR und dem Westen lebenswichtig ist.

Zweitens ist dieses Buch bedeutsam, weil es beispielhaft die menschliche Seite der sowjetischen Militär-maschinerie offenlegt. Sicher sind schon andere ausgezeichnete Bücher über die sowjetischen Soldaten, ihr Leben und ihre Ausbildung verfaßt worden, haben ehemalige Soldaten ihre Erfahrungen beschrieben. Doch dieses Buch leistet mehr: Es schaut mit aufmerksamen Augen kritisch und zugleich mitfühlend auf das Leben der Soldaten, wie es diese selbst sehen und wie es einer westlichen Beobachterin erscheint. Es ist diese kombinierte Ansicht — der sowjetische Standpunkt im Kontrast mit dem ungetrübten Blick einer Außenstehenden mit westlicher Perspektive —, die zum ersten Mal ein glaubwürdiges, konturiertes Bild der sowjetischen Kampftruppen vermittelt.

Carey Schofield hat ihren Stoff zu einem anregenden, leicht lesbaren Buch gestaltet. Sie illustriert und beleuchtet ihre Fakten und Kommentare mit persönlichen Anekdoten und Beobachtungen, die uns mehr als alles andere das menschliche Gesicht der sowjetischen Streitkräfte enthüllen. Ihre Einsichten werden den Lesern im Westen helfen, die offensichtlichen Widersprüche und Ungereimtheiten zu verstehen, die uns so oft ins Auge springen und uns verwirren, sobald wir versuchen, das sowjetische Militärsystem zu ergründen.

Heute ist es besonders wichtig geworden, ein Verständnis dafür zu gewinnen, wie dieses System funktioniert, denkt und handelt, denn unsere Haltung zum sowjetischen Militär wird der wichtigste Einzelfaktor in der Entwicklung der Beziehungen zwischen dem Westen und der UdSSR sein. Die Ereignisse der vergangenen zwei Jahre in Ost- und Mitteleuropa haben das Sicherheitsdispositiv, das die europäische und transatlantische Politik während vierzig Jahren bestimmt hat, aus den Angeln gehoben. Die Nationen von Europa und Nordamerika sehen sich vor der Notwendigkeit, an seiner Stelle neue Sicherheitsstrukturen zu entwickeln — jene Einrichtungen beizubehalten und weiterzuentwickeln, die sich bewährt haben und Vertrauen erweckten, zu verbessern und zu verändern, was heute nicht mehr völlig angemessen erscheint, und sich von den Institutionen, die versagt haben, zu trennen. Dies wird ein langwieriger und vermutlich sehr schmerzvoller Prozeß werden, der erst dann möglich ist, wenn auf beiden Seiten Offenheit, Flexibilität und Verständnis herrschen.

Für uns Menschen im Westen — Europäer wie Nordamerikaner, Soldaten wie Zivilisten, Politiker wie Wähler — stellt sich das gewichtige Problem, wie wir mit dem sowjetischen Militärsystem und seiner Rolle in einer zukünftigen europäischen oder weltweiten Ordnung zu Rande kommen. Ebenso wie es den Bewohnern eines Landes, die nicht selbst Dienst geleistet haben, nicht leichtfällt, ihre eigenen Streitkräfte zu überblicken, ist es für die Bürger des einen Landes oft sehr schwierig, die Menschen eines anderen Landes zu verstehen und Einfühlungsvermögen zu zeigen. Noch schwieriger wird es, wenn jemand in einem bestimmten ideologischen Rahmen aufgewachsen ist und sich unvermutet mit Menschen eines anderen Hintergrunds konfrontiert sieht. Beim Versuch, die sowjetischen Streitkräfte zu verstehen, sind diese drei Dimensionen jedoch alle unentwirrbar miteinander verknüpft. Zum Entflechten der einzelnen Fäden dürfte sich das vorliegende Buch als äußerst nützlich erweisen, denn es hilft uns zu unterscheiden, was von den Aktionen, Reaktionen und Einstellungen des sowjetischen Militärs auf *militärischen* Gesichtspunkten beruht, was auf *ideologischen* Konzepten fußt und was im wesentlichen auf nationalen *russischen* Interessen gründet.

Die von der Autorin beschriebene Sowjetarmee ist nicht nur die Militärmaschinerie eines von Unruhen erschütterten Staates, sondern steht selber im Umbruch und ist zugleich Hauptakteur bei der Neubewertung einer strategischen Position, die mehr als vierzig Jahre lang kritiklos akzeptiert wurde. Es ist von größter Wichtigkeit für uns, daß wir richtig einschätzen können, wie sich der Prozeß der politischen Veränderungen in der Sowjetunion jetzt, wo die Kommunistische Partei nicht mehr die führende Rolle im politischen Leben des Landes spielt, auf die Streitkräfte auswirken wird. Wir wissen nicht mehr, wer die Streitkräfte kontrolliert und wie die Militärpolitik formuliert wird. Während sich die Sowjetunion auf eine viel lockerere Form einer Föderation zubewegt und der vorherrschende Glaube an die kommunistische Ideologie, der bisher die rationale Grundlage für Staat und Militär geliefert hat, ins Wanken gekommen ist, muß sich unweigerlich die Frage aufdrängen, wie die sowjetischen Streitkräfte in ihrer gegenwärtigen Form überleben können. Was wird sich zum Brennpunkt der Loyalität entwickeln? Weshalb sollte ein usbekischer Soldat weiterhin einem russischen Offizier gehorchen? Werden wir miterleben, wie die Sowjetarmee zur Russischen Armee wird? Und wenn ja: Auf welcher Grundlage werden sich die Beziehungen zu nichtrussischen Truppen in der Armee gestalten? In allernächster Zukunft sind fundamentale Änderungen in der organisatorischen Grundlage, Struktur, Zusammensetzung und Bemannung der Streitkräfte zu erwarten.

Je mehr die Demokratisierung im sowjetischen Leben fortschreitet, desto wichtiger wird auch die Rolle werden, welche die Streitkräfte bei der politischen Neugestaltung des Landes spielen. Das Militär löst sich zusehends von der kommunistischen Bevormundung und hat begonnen, wie nie zuvor am parlamentarischen System teilzunehmen und den politischen Prozeß zu beeinflussen. Offiziere aus den mittleren Rängen sprechen sich sehr beredt für radikale Änderungen aus, während die Offiziere des Generalstabs größtenteils die nationalistisch-konservative Sache unterstützen.

Die Einwirkung der Streitkräfte auf einen politischen Wechsel, die Mittel, durch welche das Militär einer Form von parlamentarischer Kontrolle unterstellt werden könnte, und das Potential für einen Staatsstreich oder eine undemokratische Unterstützung eines »militärischen Kandidaten« — all diese Erwägungen sind nicht bloß für Sowjetbürger bedeutsam, sondern auch für uns von fundamentaler Wichtigkeit bei der geplanten Entwicklung unserer Beziehung zur Sowjetunion. Wenn wir darauf hoffen, ein stabiles Sicherheitssystem aufbauen zu können, das nicht nur Europa und Nordamerika einbezieht, sondern auch die Sowjetunion einbettet (wie immer sie sich auch entwickeln mag), müssen wir Gewißheit haben, welche Stellung den Streitkräften in dieser Gesellschaft zukommt.

Auf einer prosaischeren und dringlicheren Ebene erfordern die laufenden Ost-West-Verhandlungen zur Rüstungskontrolle und Vertrauensbildung, daß wir die Befürchtungen der sowjetischen Armee für die Sicherheit ihres Landes verstehen. Diese Befürchtungen gründen sich nicht nur auf die Wahrnehmung der militärischen Macht und politischen Absichten des Westens, sondern auch auf die Auswirkungen, welche die gegenwärtigen politischen und nationalistischen Unruhen in der Sowjetunion auf die Lebensfähigkeit der sowjetischen Streitkräfte und auf ihre Kampfkraft im Krieg haben könnten. Das Militär macht sich zu

Recht Sorgen über die Folgen des Zusammenbruchs des Warschauer Pakts als Militärbündnis, der Wiedervereinigung Deutschlands, der Notwendigkeit eines Rückzugs aus Ost- und Mitteleuropa und der daraus resultierenden Notwendigkeit, die Strategien, Operationen und Taktiken für eine mögliche Verteidigung des Vaterlandes aus militärischer Sicht völlig neu zu überdenken. Wie immer sich die Ost-West-Beziehungen entwickeln mögen — gewisse militärische Realitäten werden sich nie ändern. Es läßt sich zwar durchaus eine defensive Doktrin entwickeln, doch zu ihrer Durchsetzung sind stets offensive Operationen vonnöten. Panzer sind heute für den Verteidiger ebenso wesentlich wie für den Angreifer. So bleibt es die Pflicht des sowjetischen Generalstabs, einen Sieg anzustreben, falls dennoch ein Krieg ausbrechen sollte. Wir müssen diese militärischen Realitäten würdigen und dürfen unsere Einstellung bezüglich künftiger Ost-West-Beziehungen nicht auf ein Wunschdenken gründen, das aus militärischer Unwissenheit heraus entstanden ist.

Genau dies ist letztlich die nützlichste Botschaft dieses Buches: daß die sowjetischen Streitkräfte trotz all ihrer eigenen Probleme und trotz der Wirren, die die sowjetische Gesellschaft erschüttern, tief in der russischen Militärtradition verwurzelt sind, daß dies eine gute und schlagkräftige Armee ist und wohl auch bleiben wird. In den kommenden Jahren wird sie mit ungeheuren Problemen zu kämpfen haben und vermutlich grundlegende Veränderungen durchmachen. Doch die Sowjetarmee besitzt eine immense institutionelle Stärke und Flexibilität und wird ihre militärischen Fertigkeiten wohl kaum so leicht einbüßen. Je besser wir mit ihrem menschlichen Element vertraut sind, um so eher können wir auch die Veränderungen darin wahrnehmen, die Rolle verstehen, die sie in der Gesellschaft spielen wird, und die Auswirkungen abschätzen, die sie auf die künftigen Beziehungen hat, welche sich zwischen der Sowjetunion oder Rußland und dem übrigen Europa, der restlichen Welt entwickeln werden.

1 Einleitung

Die Sowjetarmee läßt sich mit keiner anderen Armee auf der Welt vergleichen. Sie ist ein so mächtiger Koloß, daß sie als Schreckgespenst beinahe ein halbes Jahrhundert lang Außenpolitik und Militärausgaben der Westmächte dominieren konnte. Ihr Bestand umfaßt vier Millionen Mann, 140 MotSchützen- und Panzerdivisionen sowie das größte nukleare Arsenal der Welt. Außerdem kann sie auf ausgebildete Reservekräfte von 55 Millionen ehemaliger Soldaten und Offiziere zurückgreifen. Sie ist dazu gedacht, das größte Land der Welt zu verteidigen, das sich fast zur Hälfte rund um die Erdkugel erstreckt und ein Sechstel der bewohnten Erdoberfläche einnimmt. Die Entfernung von der Ostsee bis zum Pazifik beträgt 9600 Kilometer — Leningrad liegt in Wirklichkeit näher bei New York als bei Wladiwostok. Obwohl jeder junge männliche Sowjetbürger für zwei Jahre in die Armee einberufen wird, bleibt sie dennoch für viele ein ziemlich geheimnisvolles Phänomen. Besonders die zivile Intelligentsia pflegt wenig Kontakt zum Offizierskorps. Die Armee ist eine eigenständige Welt mit eigenen Traditionen, Moralvorstellungen, Ritualen und einem nur Eingeweihten zugänglichen Wissen.

Ich habe das ganze Jahr 1989 und einen Großteil des Jahres 1990 in der Sowjetarmee verbracht. In dieser Zeit breitete sich eine Revolution über Osteuropa aus und fegte die kommunistischen Regimes, die so lange als »Pufferzone« zwischen der Sowjetunion und Westeuropa gewirkt hatten, hinweg. Der Warschauer Pakt schien sich gleichsam in Luft aufzulösen und damit ebenfalls die Existenzberechtigung der NATO zu bedrohen. Und doch hatte es innerhalb der Streitkräfte den Anschein, als würden diese Ereignisse fast unbemerkt vorüberziehen. Jede Revolution erfolgte so unvermittelt, daß sie auch schon akzeptiert war, bevor jemand sie hätte voraussehen können. Denn kaum begannen diese folgenschweren Veränderungen in Osteuropa anzulaufen, sah sich die Sowjetunion ernsthaft von innen bedroht. Politische Gärungsprozesse, separatistische Tendenzen in den Sowjetrepubliken und die von Gorbatschows Reformen in Gang gesetzten sozialen Umwälzungen schienen den Staat in seinen Grundfesten zu erschüttern. Diese Spannungen im eigenen Land waren so alarmierend, daß sie die gewöhnlichen Offiziere vom Ausland ablenkten. Zur Not ließ sich auch ohne die Satellitenstaaten leben, doch die Vorstellung, die Union selbst könnte auseinanderbrechen, war äußerst deprimierend. Nur die Wiedervereinigung Deutschlands erregte in den Offiziersmessen ein gewisses Interesse — kein russischer Soldat konnte sich solche Gespräche anhören, ohne dabei eine gewisse Beunruhigung zu verspüren. Doch die Probleme in der Heimat waren so groß, daß dieses »Unvorstellbare« überschattet wurde. Zudem gab es nicht nur die Krisen, mit denen sich das Land als Ganzes konfrontiert sah. Auch die Armee mußte sich mit internen Schwierigkeiten herumschlagen, die sich genau zu diesem Zeitpunkt zuspitzten.

Dieses Buch hat zum Ziel, das Leben der Menschen zu beschreiben, welche die sowjetischen Streitkräfte ausmachen. Ursprünglich sollte es eine objektive Untersuchung ohne persönliche Einmischung der Autorin abgeben, denn es schien mir wichtig, diesen Themenbereich weder

Boden-Luft-Raketen (S-125, *Petschora*) im Luftverteidigungsstützpunkt Kotlas. Die zweistufigen, mit Festtreibstoff betriebenen Geschosse (Abschußgewicht 900 kg) werden von Zwillings-Vierfachraketenwerfern abgefeuert. Von der Ankunft des Transporters bis zum Abschuß sind 20 bis 25 Minuten Vorbereitungszeit nötig. Die NATO-Bezeichnung lautet SA-3.

durch eigene Anmerkungen und Meinungen zu trivialisieren noch ihn zu einem Reisebericht verkümmern zu lassen. Während ich mich jedoch in der Armee umsah, erkannte ich immer deutlicher, daß ich mein Buch nur aus persönlicher Sicht schreiben konnte. Die letzten paar Jahre haben so phänomenale Veränderungen in der Sowjetunion gesehen, daß es heute praktisch unmöglich geworden ist, über irgendein Sachgebiet ein maßgebliches Urteil abzugeben. Alles und jedes ist in Bewegung geraten. Niemand weiß genau, was wirklich vorgeht von einer Sowjetrepublik zur anderen, von Tag zu Tag, zuweilen sogar von Stunde zu Stunde. Man müßte schon völlig unverfroren sein oder über keinerlei direkte persönliche Erfahrung mit der gegenwärtigen Situation verfügen, um unter solchen Umständen von sich zu behaupten, man wisse, was los sei. Letzten Endes kann ich nur berichten, was ich mit eigenen Augen gesehen habe und was mir die Leute, mit denen ich sprach, erzählten. Dies lag von Anfang an in meiner Absicht. Ich möchte mich hier weder in Analysen versuchen, wie sie von westlichen Militär-experten vorgenommen werden, noch liegt mir etwas daran, die sowjetischen Streitkräfte mit denen eines anderen Landes zu vergleichen — das wäre ein ganz anderes Thema.

1988 bat ich das sowjetische Verteidigungsministerium um die Erlaubnis, dieses Buch verfassen zu dürfen. Als Argument führte ich an, daß ein tieferes Verständnis für die Menschen, aus denen sich die sowjetische Militärmacht zusammensetzt, mithelfen könnte, etwas von der Angst abzubauen, mit der wir Menschen im Westen sie betrachten. Wir kamen überein, daß die Armee einen Dolmetscher stellen würde, der mich zu den Einheiten begleiten sollte. Ich erhielt sogar die Genehmigung, mit einem westlichen Fotografen zusammenzuarbeiten, doch das hätte nur zu unnötigen Komplikationen geführt. Ich hatte Kapitän zur See erster Klasse Leonid Jakutin einige Zeit zuvor in Moskau kennengelernt und sofort gemerkt, daß er der richtige Mann für ein Unternehmen wie dieses war, das sehr viel Geduld und Ausdauer erforderte. Überdies war auch sein Wissen über den Betrieb in den Streitkräften von unschätzbarem Wert für mich.

Wir nahmen unsere Aufgabe während der Schlußphase des sowjetischen Truppenabzugs aus Afghanistan in Angriff. In den folgenden achtzehn Monaten verbrachten wir die meiste Zeit damit, verschiedene Landesteile der Sowjetunion zu bereisen. Wir durchquerten das Land von Leningrad im Westen bis Kamtschatka im Osten, von Murmansk im Norden bis Termes im Süden. Wir reisten mit der Eisenbahn, auf Fähren, in Militär- und Zivilflugzeugen und im Jeep. Wir wurden Experten für Wüstenformen und Kenner von Melonensorten. Ich lernte mit einem Gewehr, einem Maschinengewehr und einer Pistole umgehen. Ich übte mich mit einem General in *Rukopaschni boi* (einem Nahkampfsport), ritt mit der Kavallerie und fuhr einen Panzer. Ich kletterte auf Berge und erhielt sogar die Erlaubnis, einen Fallschirmabsprung zu wagen.

Während dieser Zeitspanne fand ich Kontakt zu Hunderten von Soldaten, Matrosen und Offizieren. Ich unterhielt mich mit dem Verteidigungsminister, Marschall Jasow. Ich traf mich mehrmals mit Armeegeneral Lisitschew, dem damaligen Leiter der Politischen Hauptabteilung der Armee, und mit Armeegeneral Moisew, dem Generalstabschef. Ich interviewte die Ober-befehlshaber von allen fünf Teilstreitkräften sowie weitere wichtige ranghohe militärische Persönlichkeiten, unter anderem auch den Leiter des sowjetischen Militärischen Nachrichten-dienstes GRU (im allerersten Interview, das ein Inhaber dieses Amtes je gewährt hat). Neben meinen formellen Unterredungen mit diesen hochkarätigen Militärs begann ich sie nach einer Weile auch in ungezwungenerem Rahmen zu treffen, zum Beispiel an militärischen Zusammen-künften, an welchen ich nach Möglichkeit teilzunehmen versuchte. So fand sich im Juni eine ganze Palette der ranghöchsten Offiziere zur jährlichen Graduierungsfeier der Militärakademien im Kreml ein, und an den Feierlichkeiten zum Tag der Marine in Sewastopol stießen wir unvermutet auf General Lisitschew, der zufällig ganz in der Nähe auf Urlaub war. Je mehr ich mich mit der Kultur der Armee vertraut machte, desto besser lernte ich verstehen, was sich hinter den Bemerkungen der Soldaten und Offiziere versteckte, und desto leichter ließen sich die verschiedenen Charaktertypen auseinanderhalten. Ich hörte mir ein ums andere Mal die einschlägigen Lieblingswitze an. Die Klischees des militärischen Alltags begannen mich mit der Zeit zu langweilen, doch die Unterschiede, die zwischen der einen und der anderen Einheit herrschten, faszinierten mich immer mehr.

Unsere Arbeit wurde von der Politischen Hauptverwaltung der Armee (GlavPU) koordiniert, die zu jener Zeit für das gesamte Pressewesen innerhalb der Armee zuständig war. Anfänglich erhielt ich die Erlaubnis, rund die Hälfte der Örtlichkeiten aufzusuchen, die in meinem ursprünglichen Gesuch aufgelistet waren. Um jedoch ein breiter fundiertes Bild der Streitkräfte zu erhalten, bemühte ich mich, noch ein paar zusätzliche Einheiten ins Programm aufnehmen zu können. Dies war nicht immer leicht. Jede Armee der Welt bangt um ihre Sicherheit und tut sich schwer mit ausländischen Journalisten. Die üblichen Schwierigkeiten, mit denen sich Ausländer konfrontiert sehen, wenn sie versuchen, in der Sowjetunion Vorbereitungen zu treffen, wurden so noch um einiges verschärft, und das Buch geriet zu einem Prüfstein für *Glasnost* in der Sowjetarmee. Schließlich wurde mir gestattet, praktisch sämtliche Orte auf meiner ursprünglichen Liste aufzusuchen. Mein einziger Kontakt zu den Strategischen Raketentruppen fand allerdings nur in Verbindung mit der Abrüstung von Raketen statt, und es gelang mir nicht, die Genehmigung zum Besuch eines modern ausgerüsteten Strategischen Raketenstützpunkts einzuholen. Doch dies war die einzige herbe Enttäuschung. Letzten Endes standen mir sehr viel mehr Türen offen, als ich eigentlich erwartet hatte, und es scheint mir erwähnenswert, daß mir das sowjetische Verteidigungsministerium im großen und ganzen viel weiterreichende Zugangsmöglichkeiten gewährte, als dies bei den meisten seiner westlichen Gegenspieler vermutlich der Fall gewesen wäre.

Natürlich gab es auch Schwierigkeiten. Diese spielten sich jedoch in der Regel auf lokaler Ebene ab, und im Laufe der Monate entwickelte ich meine eigenen Methoden, um sie zu meistern. Ich merkte schnell, daß ich mich jeden Morgen genauestens danach erkundigen mußte, was mir am heutigen Tag gezeigt würde. Falls vom vereinbarten Programm abgewichen wurde, weigerte ich mich einfach, mein Zimmer zu verlassen. Auf diese Weise konnten die örtlichen Offiziere, die für die Besichtigung zuständig waren, nicht nach Moskau melden, daß mein Besuch erfolgreich verlaufen sei. Ich erklärte mich erst zum Mitgehen bereit, nachdem man mir versichert hatte, man werde uns alles zeigen, was uns zugesagt worden war. Manchmal lag das Problem auch bei den lokalen Sicherheitskräften, denn diese witterten in der Ankunft einer Ausländerin offenbar die Chance ihres Lebens. Mein Besuch schien wie eine Rechtfertigung für all die langen Jahre der Wachsamkeit in abgelegenen Garnisonen: Endlich bot sich die Möglichkeit, irgend jemand daran zu hindern, irgend etwas zu tun, und die ließ man sich natürlich nicht nehmen. Ein anderes Mal gab der verantwortliche Offizier nach langem Disput schließlich zu, er könne mir leider keine Panzerbewegungen zeigen, weil gerade Treibstoffknappheit herrsche.

Es ist schwierig genug, über eine Armee zu berichten. Ständig treiben sich Gestalten herum, um sich zu vergewissern, ob ihr Name auch ja richtig buchstabiert wurde, und selbst die Umgänglichsten haben aus Prinzip eine Abneigung gegen Journalisten. Keiner möchte, daß etwas über ihn persönlich geschrieben wird, und so beginnen die interessantesten Geschichten unvermeidlich mit: »Was ich Ihnen sage, ist nicht etwa zur Veröffentlichung gedacht, aber. . .« Trotz alledem habe ich mich entschieden, hin und wieder etwas über Einzelpersonen zu erzählen, die mich besonders beeindruckten, und mich dabei bemüht, ihr Vertrauen nicht zu mißbrauchen. Gelegentlich wurde allzu Spezifisches weggelassen und in ein, zwei Fällen einige Angaben abgeändert, damit die Betroffenen nicht identifiziert werden können. All dies sollte aber nicht etwa den Eindruck erwecken, die Offiziere hätten mich nicht unterstützt und die Armee habe mir kein Interesse entgegengebracht — ganz im Gegenteil: Fast jeder, mit dem ich mich unterhielt, von den höchsten Gefilden des Generalstabs bis hinunter zum frischgebackenen Rekruten, schien eifrig darauf bedacht, Kapitän Jakutin und mir bei unserer Arbeit zu helfen.

Die Autorin bei der Ausbildung in Handfeuerwaffen im Luftlanderegiment in Fergana, betreut vom Kommandeur, Held der Sowjetunion Oberst Aleksandr Soljujanow. »Pistolenschießen ist reine Einstellungssache«, meint er. »Vergeuden Sie keine Zeit damit, aufs Ziel zu starren und sich Sorgen zu machen. Entspannen Sie einfach den ganzen Körper, und lassen Sie die Arme zur Seite hängen. Glauben Sie an sich. Dann schauen Sie aufs Ziel, heben den Arm und feuern.« Bei ihm klappt das bestens.

Arbeit im Regen im Marinestützpunkt Wladiwostok, Herbst 1989. Hinter der Autorin steht Major Sergei Lawrow, der Dolmetscher aus dem Verteidigungsministerium.

Die Stellung der Armee in der Sowjetunion

Vom Zweiten Weltkrieg bis zum Regierungsantritt von Michail Gorbatschow konnte die Armee von einem Propagandaschwall profitieren, der ausschließlich zum Ziel hatte, ihr öffentliches Ansehen hochzuhalten. In jenen Jahren verfolgte einen der Ruhm der Sowjetarmee auf Schritt und Tritt. Überall in der Union wurde man daran erinnert und auf jede nur denkbare Art und Weise damit bombardiert. Meist waren es nicht sehr aufschlußreiche, dümmlich unkritische und fade Ruhmeslitaneien oder phantasielose Hagiographien noch lebender oder verstorbener Helden. Die Gründe für die pausenlose Verbreitung dieser Propagandaflut liegen jedoch auf der Hand. Der Große Vaterländische Krieg war für die Sowjetunion ein Trauma, dessen Tragweite für den Westen noch immer nur sehr schwierig zu verstehen ist. Während dieser Jahre wurde jeder vierte Mann im Krieg getötet oder schwer verwundet. Allein in Leningrad sind zwischen 1941 und 1945 wohl über eine Million Menschen ums Leben gekommen (im Vergleich dazu wird die Anzahl der Todesopfer von Hiroshima und Nagasaki gemeinhin mit 130 000 angegeben). Für ein Land, das solche Schrecken erlitten hat, sind fünfzig Jahre keine lange Rehabilitationszeit. Die ständige Zurschaustellung der errungenen Siege, die Errichtung von riesigen, theatralisch wirkenden Kriegsgedenkstätten im ganzen Land und die simplifizierte Geschichtsschreibung brachten in den Herzen der Russen tatsächlich eine Saite zum Klingen. Jede Familie, die den Krieg überlebte, hat ihre Opfer zu beklagen. Noch vierzig Jahre nach dem Sieg über die Nazis wurden den sowjetischen Kriegsveteranen ein Respekt gezollt und Privilegien gewährt, wie sie amerikanische und britische Kriegsteilnehmer nie auch nur annähernd genossen hatten, denn die Männer und Frauen, die aus dem Krieg zurückkehrten, waren gleichsam die Vertreter all jener, die ihr Leben gelassen hatten. Heute fällt es meist leicht, sich über die plumpen Versuche, das Andenken des Krieges lebendig zu bewahren, lustig zu machen, doch wer damals dabei war, fühlt und denkt meist anders darüber.

Die ständigen Erinnerungen an den Krieg dienten nicht nur als Zeichen der Pietät gegenüber den Toten. Sie entsprangen auch der Notwendigkeit, die Bevölkerung hinter der Regierung zu scharen. Eine nach der anderen bemühten sich die sowjetischen Regierungen, die Aufmerksamkeit der Bevölkerung auf den Sieg über die Nazis zu richten, denn er war die einzige unbestrittene Errungenschaft des Landes, auf welche die ganze Nation stolz sein durfte. Die Deutschen hatten eine erschreckende Brutalität bewiesen, selbst gegenüber jenen, die zur Kollaboration bereit waren, weil ihnen Hitler das kleinere Übel als Stalin schien. Kommunisten, Christen und Juden, Bauern und Arbeiter, sie alle hatten guten Grund, sich mit der Armee und ihrem abschließenden Sieg zu identifizieren. Jede Republik spielte dabei ihre ganz bestimmte Rolle, jede leistete ihren Beitrag zu den Kriegsanstrengungen und trug die Schicksalsschläge des Krieges mit. Entgegen allen Erwartungen, obwohl Stalin die Streitkräfte systematisch untergraben hatte, schlug das Volk der Sowjetunion die Deutschen durch schiere Willenskraft zurück. Über alles andere im Land konnte man sagen, was man wollte, doch diese eine gewaltige Leistung ließ sich weder abstreiten noch schmälern. Aus verständlichen Gründen spielte die Armee in der offiziellen Selbstdarstellung des Landes viele Jahre lang eine eminente Rolle.

Mit Gorbatschow wurde vieles anders. Er erkannte rasch, daß die Wirtschaftsmaschinerie des Landes auf höhere Touren gebracht werden mußte — eins seiner ersten Schlagworte lautete denn auch *Uskorenije* (Beschleunigung). Es zeigte sich jedoch bald, daß die ökonomischen Fehlschläge nur Symptome waren und daß die ganze Wirtschaft von Grund auf »neu aufgebaut« werden mußte — von daher der Begriff *Perestroika*. Die Hauptschwierigkeit lag darin, daß während der Breschnew-Ära, der sogenannten »Stagnationsperiode«, jegliche Instabilität aus dem System eliminiert worden war. *Glasnost* war Gorbatschows Kampagne, um überhaupt erst die notwendigen Voraussetzungen zum Gelingen von Reformen zu schaffen.

Die Schrecken des Zweiten Weltkriegs sind in der Sowjetunion noch nicht vergessen. Den Kriegsveteranen wird hier viel mehr Respekt entgegengebracht als bei allen anderen Siegermächten.

Nach dem Rückzug aus
Afghanistan wurden viele
Gefechtsfahrzeuge per Bahn auf
ihre letzte Reise geschickt.

Obwohl häufig mit »Offenheit« übersetzt, leitet sich *Glasnost* in Wirklichkeit vom russischen Wort *Golos* (Stimme) ab und bedeutet eigentlich »die Stimme erheben« und seinen Beschwerden laut Ausdruck geben. Gorbatschow wollte die Probleme des Landes an die Öffentlichkeit bringen und die Menschen ermutigen, sich zu beschweren. Doch erst Anfang 1989 begannen die gewöhnlichen Leute ihn wirklich beim Wort zu nehmen, und als sie einmal losgelegt hatten, konnte sie nichts mehr bremsen. Es paßte völlig in Gorbatschows Konzept, daß dabei auch die Armee ihren Teil an der allgemeinen Kritik abkriegte. Denn erstens hielt er es für eine ökonomische Notwendigkeit, Mittel aus dem militärischen in den zivilen Sektor zu verlagern, zweitens hatte er sowieso keine besondere Sympathie für die Armee (er war nie Soldat gewesen), und drittens verdankte er den beiden anderen Säulen des Staates — dem KGB und der Kommunistischen Partei — zuviel, als daß er sich zu jener Zeit offen mit ihnen anlegen konnte. Wie es den Anschein hat, war die Armee in diesem Stadium unfähig, mit Gorbatschow zu einem echten Einvernehmen zu gelangen. Die Offiziere aller Rangstufen wurden von der Heftigkeit, mit der sie plötzlich zur Zielscheibe der Kritik wurden, völlig überrascht. Sie widersetzten sich den meisten Änderungsvorschlägen, teils weil sie (wie alle Berufsmilitärs) eher konservativ eingestellt sind, teils aber auch, weil viele der Reformen dem Militär offenkundig absurd erschienen.

Die Öffentlichkeit, allen voran die Medien, stürzte sich mit Wonne auf die Kritik an der Armee. Dafür gab es mehrere Gründe. Zum einen lassen sich solche Angriffe als eine gesunde Reaktion interpretieren, denn während all der Jahre der Stagnation waren die Streitkräfte sakrosankt gewesen, und man hatte den Leuten endlos vorgekaut, daß die Sowjetarmee das Beste und Edelste des Landes verkörperte. Vielleicht stand gar nicht so sehr ein echtes Bedürfnis im Vordergrund, sie kritisch zu überprüfen oder mit den anderen Machtorganen im Staat zu vergleichen, sondern man hatte schlichtweg die Nase voll von der öden Breschnewschen Propaganda und freute sich, mit ansehen zu können, wie endlich einmal kräftig an den Säulen der Armee gerüttelt wurde. Einige Enthüllungen waren jedoch so schockierend, daß selbst jene aufschraken, die das Militär bisher befürwortet hatten. Was dabei ans Licht kam, betraf zur Hauptsache die *Dedowschtschina*, die systematische Drangsalierung der neuen Rekruten durch Soldaten, die schon länger gedient hatten. Schließlich mußte ja jeder Sohn einmal Wehrdienst leisten, und wenn die Bedingungen dieses Dienstes unzumutbar waren, war dies nicht länger eine interne Angelegenheit der Armee, sondern ein Problem von nationaler Tragweite. Im Herbst 1987 wurde der Roman *Noch hundert Tage bis zur Entlassung* von Juri Poljakow veröffentlicht, der die Schikanen in der Armee aus der Sicht eines Soldaten beschreibt. Dieser Roman löste ein Erdbeben aus, wie mir Soldaten und Offiziere versicherten, und als in den folgenden Monaten immer neue *Dedowschtschina*-Vorfälle publik wurden, ging das selbstgefällige Bild der Armee vollends in die Brüche. Die erschütterndste Episode betraf einen Rekruten namens Sokolauskus aus einem der baltischen Staaten, der von der Brutalität älterer Soldaten in den Wahnsinn getrieben wurde, wild um sich schoß und schlafende Menschen umbrachte. Zwar war man sich in der Armee dieses Problems mittlerweile bewußt geworden und hatte auch schon Maßnahmen getroffen, um die Zustände zu verbessern, doch dessenungeachtet fügte die öffentliche Diskussion über die *Dedowschtschina* ihrem Ansehen immensen Schaden zu.

Der zweite Haupteinflußfaktor für die veränderte Einstellung zur Armee war der Krieg in Afghanistan. Die letzten Truppen wurden im Februar 1989 abgezogen, genau zu dem Zeitpunkt also, als die Öffentlichkeit ihre Stimme wiederfand und das Rinnsal der Beschwerden zu einer wahren Sturzflut anschwoll. Fast 15 000 Offiziere und Soldaten waren während des zehn Jahre dauernden Feldzugs im Sarg in die Heimat überführt worden, ohne daß bislang eine nennenswerte öffentliche Kritik am Krieg laut geworden wäre. Nach dem Rückzug gewann die Kritik an der Rolle der Sowjetunion in Afghanistan jedoch zusehends an Schwung, und die politische Entscheidung zugunsten einer Invasion mitsamt dem damit verbundenen Verlust von

In einem Sammelzentrum am Stadtrand von Termes entspannen sich Rekruten nach der Mühsal des Krieges.

Ganz in der Nähe der »Drei Brüder«, dreier charakteristischer Felsen im Hafen von Petropawlowsk-Kamtschatka, nehmen zwei Such- und Rettungshubschrauber Mi-14 mitten im Winter an einer kleinen Übung teil.

Menschenleben wurde in erster Linie der Armee selbst angelastet. In einem bizarren Rundschlag wurden die Streitkräfte zum universalen Sündenbock für sämtliche Übel der Jahre unter Stalin und Breschnew gestempelt. An der ersten Sitzung des neugewählten Kongresses der Volksdeputierten im Jahr 1989 geriet die Armee unter direkten Beschuß von aktiven Offizieren wie auch von Zivilisten. Am Ende des Jahres war es nicht mehr zu übersehen, daß das Militär sehr viel von seinem ursprünglichen Ansehen eingebüßt hatte, und fast täglich erschienen in der Sowjetpresse Berichte, in denen die Armee auf die eine oder andere Weise Haare lassen mußte.

Zur selben Zeit begannen auch die militärischen Publikationen, unzufriedene Offiziere zu Wort kommen zu lassen. Genauso wie die Menschen der Sowjetunion ihre Stimmen wiedergefunden hatten und auf einmal ihre Gesellschaft zu kritisieren wagten, wurden jetzt auch unter den Angehörigen der Streitkräfte Klagen über ihre Lebens- und Arbeitsbedingungen und über die Politik ihrer Vorgesetzten laut. Bruchstücke solcher Darstellungen aus der Armeepresse wurden von den Medien flugs übernommen, um ihre Vorhaltungen gegen das Militär zu untermauern. Gerüchte, vereinzelte Vorfälle, Lügen, Verdrehungen und Wahrheit vermischten sich zu einem atemberaubenden Szenario angeblicher Mißstände. Wer seine Vorstellungen bloß auf diese Quellen abstützte, mußte unweigerlich zur Ansicht kommen, daß die Streitkräfte kurz vor einem heillosen Desaster standen, die Garnisonen in Auflösung begriffen waren und zügellose Soldaten Amok liefen. Gewisse westliche Kommentatoren, die sich auf solche Quellen beriefen, zogen denn auch genau diese Schlüsse, und selbst in Moskau fanden sich Leute genug, die mit ihnen einiggingen. Was ich jedoch während all der Zeit, die ich bei der Armee verbrachte, recherchierte, stimmt nicht ganz mit diesem Bild überein.

Ich fand eine Armee im Schockzustand vor. Sie war nicht nur unvermittelt in den Brennpunkt einer umfassenden Kritik gerückt, es standen ihr auch einschneidende Kürzungen bevor, was nichts anderes bedeutete, als daß möglicherweise bis zu einem Fünftel der Offiziere den Hut nehmen mußte. Viele von ihnen wirkten gehetzt und sorgten sich um ihre Stelle. Die militärische Gemeinschaft mußte sich mit der Tatsache vertraut machen, daß die Betroffenen einer ungewissen Zukunft mit düsteren Aussichten auf Arbeit und Wohnung entgegenblickten. Ich fand eine Armee vor, die zu einer Zeit, als im ganzen Land heftige antimilitärische oder sogar antisowjetische Gefühle geäußert wurden, weiterhin junge Männer einberufen mußte. Die Gesellschaft wurde von den Auseinandersetzungen zwischen verschiedenen Interessengruppen und Nationalitäten fast bis zum Zerreißen strapaziert, und dennoch oblag es der Armee, Jungen aus widerstreitenden Gemeinschaften zu einer einheitlichen Kampftruppe zusammenzuschweißen. Mit der Ausbreitung des zivilen Ungehorsams im ganzen Land sah sich die Armee mit allen Schrecknissen eines solchen Zwists konfrontiert. Zum ersten Mal fiel ihr in einem so großen Ausmaß die undankbare Aufgabe zu, verfeindete Gemeinschaften innerhalb der Sowjetunion im Zaum zu halten. Die Zahl der Waffen- und Munitionsdiebstähle aus Militärstützpunkten stieg sprunghaft an und kletterte in den ersten neun Monaten des Jahres 1989 bereits auf 250 000. Soldaten der betroffenen Minderheiten desertierten. Schlimmer noch waren die Ausbrüche von Gewalttätigkeit unter bewaffneten Zivilisten, die unlängst in der Armee Dienst geleistet hatten und deshalb wußten, wie sie mit den Ausrüstungsgegenständen umgehen mußten, die sie zuvor entwendet hatten. In Aserbeidschan wurden zahlreiche Soldaten von ehemaligen sowjetischen Armeeangehörigen mit gestohlenen Waffen getötet oder verwundet.

Ich fand eine Armee vor, die trotz all dieser Erschwernisse versuchte, ihren Auftrag zu erfüllen. Ich fand Offiziere, die trotz der Abstriche im Truppenbestand und bei der Ausrüstung alles daran setzten, die Kampfkraft ihrer Einheiten zu erhalten, und dies, wie mir schien, mit Erfolg. Es gelang ihnen nur, weil sie sich mit Improvisation und Flickwerk behalfen und sich selbst und ihre Mannschaften bis zum Umfallen anspornten — und weil ihnen nicht im Traum einfiel, sie könnten versagen. Sowohl in den Einheiten, die von Einsparungen bedroht waren, als auch bei

Ein Pilot im Cockpit seiner Maschine. Die Luftwaffe muß sich mit den gleichen Schwierigkeiten herumschlagen wie die ganze Armee.

jenen, wo dies nicht der Fall war, fand ich Offiziere, denen die Anforderungen des Dienstbetriebs in Fleisch und Blut übergegangen waren. Sie waren zäh und unverwüstlich, meist freundlich, zuweilen auch argwöhnisch, aber immer voller Humor. Ich fand ein System vor, das trotz all seiner Unzulänglichkeiten viel stabiler ist, als seine Kritiker zugeben möchten. Neue Waffensysteme werden nach den erforderlichen Richtlinien der Armee und nicht zur Befriedigung industrieller Bedürfnisse entwickelt, und die Wartungspläne sind realistisch auf die Kriegswirklichkeit zugeschnitten. Sowjetische Flugzeuge müssen beispielsweise häufiger gewartet werden als westliche, doch wenn man in Betracht zieht, wie kurz ihre Lebensdauer im Kampf ist, scheint ihnen dies kaum zum Nachteil zu gereichen. Viele Armeeausrüstungsgegenstände sind robust und strapazierfähig, und einige Modelle, wie etwa die automatische Kalaschnikow, haben sich von ihrer Konstruktion her als zeitlose Klassiker erwiesen, was sich von vielen anderen sowjetischen Produkten kaum behaupten ließe. Die schicke Zweckmäßigkeit vieler Armeegegenstände wurde auch von europäischen und amerikanischen Importeuren sowjetischer Armeearmbanduhren und Armeesonnenbrillen erkannt, die in letzter Zeit im Westen reißenden Absatz fanden.

Ein Fallschirmjäger mit dem berühmten blauen Käppi der Luftlandetruppen. Es spielt keine Rolle, daß das übliche rote Abzeichen fehlt – die Mütze wurde erst vor kurzem ausgegeben, und ihr Besitzer fand noch keine Zeit, es anzunähen.

Ich begegnete den Offizieren und Soldaten der Sowjetarmee anfänglich recht zynisch, denn ich ging davon aus, daß sie Ausländern bloß fromme Lügen auftischen würden. Instinktiv wollte ich nur das glauben, was ein schlechtes Licht auf die Armee warf oder eine negative Einstellung zu zeigen schien. Äußerungen, die mir zu glatt, zu positiv schienen, die zu sehr nach Propaganda rochen, nahm ich überhaupt nicht zur Kenntnis. Ich legte mir eine Methode zurecht, um die Mitläufer, die nur meine Zeit vergeudet hätten, von vornherein auszusieben. Ich bat um Erlaubnis, mit Soldaten meiner Wahl und in Abwesenheit von Offizieren zu sprechen. Ich versuchte auch, Offiziere abends zu Hause und nicht selten bei ein paar Drinks in ein Gespräch zu verwickeln.

Trotz all dieser Vorkehrungen kam ich zur Überzeugung, daß beim gewöhnlichen russischen Volk ein Patriotismus herrscht, wie er im Westen kaum mehr vorhanden ist. Die Stärke der Sowjetarmee liegt letzten Endes im Pflichtbewußtsein ihrer Offiziere begründet. Allen Schwierigkeiten zum Trotz, mit denen sich die Soldaten konfrontiert sehen, sind meines Erachtens viele von ihnen stolz darauf, ihrem Vaterland zu dienen. Manchen Leuten im Westen dürfte es außerordentlich schwerfallen, diese Gefühlshaltung richtig zu deuten, doch mir scheint, daß sie noch immer stark verwurzelt ist. Sie wurde mir einmal von einem unbedarften Rekruten vordemonstriert, der unbekümmert zugab, den Armeealltag nicht zu mögen und schon gegen fast alle Gesetze verstoßen zu haben. Als ich ihm vorhielt, er sei ein schlechter Soldat, zeigte er sich jedoch höchst beleidigt und beharrte darauf, es mache ihm bloß Mühe, die Vorschriften einzuhalten. Ich werde mich mit all diesen Gesichtspunkten noch auseinandersetzen, möchte jedoch schon jetzt betonen, daß man die Sowjetarmee nie richtig verstehen kann, wenn man die Möglichkeit einer ganz altmodischen Vaterlandsliebe nicht gelten lassen will. Unversöhnlicher Zynismus bietet gewiß keine bessere Garantie, die Wahrheit herauszufinden, als blauäugige Leichtgläubigkeit.

Diese Aspekte erscheinen mir deshalb besonders wichtig, weil meiner Ansicht nach die heutige Stellung der Armee sowohl in der Sowjetunion als auch im Westen nur allzuleicht falsch interpretiert werden könnte. Während ich bei den Streitkräften weilte, standen die Einheiten, die wir besuchten, keineswegs kurz vor dem Kollaps — eine gegenteilige Behauptung würde nicht nur die Fähigkeiten und den Charakter ihrer Offiziere, sondern auch die Stabilität der Armee grob unterschätzen. Wenn mich meine Zuneigung zu vielen Offizieren und Soldaten der Sowjetarmee dazu bewegt, ein klärendes Wort für sie einzulegen, drängt mich gleichzeitig ein anderer, viel unbestimmterer Impuls zu der Warnung, daß es für interessierte Strategen jedwelcher Provenienz höchst gefährlich wäre, die Schlagkraft und Entschlossenheit dieser außergewöhnlichen Kampftruppe zu unterschätzen.

2 Das militärische Establishment

Wer nach Moskau reist, wird selbst beim kürzesten Touristenbesuch bemerken, daß es hier von Soldaten nur so wimmelt. Ungeachtet der Tatsache, daß sehr viele Stellen in den Streitkräften abgebaut wurden, ist das Militär in der Sowjetunion noch immer weit besser sichtbar als in jedem westlichen Land. Man sieht nicht nur Soldaten, die, wie überall, die üblichen Staatszeremonien abhalten (zum Beispiel den Kreml bewachen), sondern in fast allen Straßen im Stadtzentrum auch einige Offiziere, welche ihre dienstlichen Aktentaschen umklammern und mit entschlossenem Schritt ihrem Ziel zustreben. Höchstwahrscheinlich trifft man auch auf ein paar auswärtige Soldaten, die irgendeinen Auftrag in der Hauptstadt erledigen müssen und sich dabei möglichst viel Zeit lassen.

Für den Neuankömmling mag leicht der Eindruck entstehen, dieses Land strotze vor Militär. Dieser Eindruck wird vielleicht noch dadurch verstärkt, daß die Uniform der *Milizia* (der gewöhnlichen zivilen Polizei) einen stark militärischen Anstrich hat. Noch bedeutsamer für das Stadtbild von Moskau ist jedoch die Tatsache, daß es in der Sowjetunion im Verteidigungsministerium praktisch keine Zivilbeamten gibt, wie sie der Westen kennt. Die Mitverantwortung für politische Entscheidungen, die im Westen dem Verteidigungsminister zukommt, wurde in der Sowjetunion dem Generalsekretär der Kommunistischen Partei und neuerdings dem Präsidenten übertragen. Das sowjetische Verteidigungsministerium ist in Wirklichkeit ein reines Verwaltungszentrum der Armee, und der Minister selber ist ein Armeeoffizier wie fast alle, die unter ihm arbeiten. Das wichtigste Planungs- und Exekutivorgan des Verteidigungsministeriums, der Generalstab, wird ausschließlich von Offizieren besetzt. Fast alle Verwaltungsbeamten, die erforderlich sind, um die riesige sowjetische Militärmaschinerie in Schwung zu halten, tragen Uniform (und die Russen sind keineswegs knauserig mit Bürohengsten). In Moskau trägt die Anwesenheit von Tausenden von Menschen, die in Wirklichkeit zivile Beamtenstellen im Generalstab einnehmen, aber wie Berufsmilitärs aussehen, demzufolge einiges zum Eindruck einer hochgradig militarisierten Gesellschaft bei. Tatsache bleibt jedoch, daß die Sowjetarmee riesengroß ist — selbst nach dem Abbau von 500 000 Planstellen bleibt sie die gewaltigste Einzelstreitmacht der Welt.

Nur sehr wenige Länder vereinen einen derart hohen Prozentsatz ihres militärischen Establishments in der Hauptstadt. In der Sowjetarmee herrscht eine straffe Zentralisierung. Ihr Nervenzentrum ist das Hauptgebäude des Verteidigungsministeriums zwischen Uliza Frunse und Kalinin Prospekt im Herzen von Moskau. Hier haben der Verteidigungsminister und der Generalstabschef ihre Büros. Der ganze Gebäudekomplex wird meist »das neue Generalstabs-

Ein Offiziersanwärter *(Kursant)* an der Parade.

Die Oberbefehlshaber der fünf Teilstreitkräfte auf dem Mausoleum an der Novemberparade 1989 auf dem Roten Platz. *Von links nach rechts:* Armeegeneral Tretjak (Luftverteidigung), Armeegeneral Warennikow (Landstreitkräfte), Luftmarschall Jefimow (der äußerst beliebte, heute pensionierte Chef der Luftwaffe), Armeegeneral Maksimow (Strategische Raketentruppen) und Admiral Tschernawin (Kriegsmarine).

Fallschirmjäger beim Parademarsch auf dem Roten Platz. Das offizielle Armeemaß des Roten Platzes beträgt 350 Schritte, zurückzulegen in 120 Schritten pro Minute. Der linke Flügelmann jedes Glieds schaut starr nach vorn, die anderen richten ihre Augen auf die Brust des vierten Manns, damit die Linie gerade ausgerichtet bleibt.

gebäude« genannt, im Gegensatz zum »alten Generalstabsgebäude« ganz in der Nähe am Gogolowski Boulevard, in welchem der restliche Generalstab sowie die Politische Hauptverwaltung tätig sind. Beide Gebäude tragen zusammen die offizielle Bezeichnung »Haus Nummer 1« des Verteidigungsministeriums. »Haus Nummer 2« liegt in der Uliza Rasina gleich neben dem Roten Platz mit Blick auf den Kreml. Dieses Verwaltungsgebäude dient hauptsächlich der Versorgung und Unterstützung der Armee. Seine Lage wird keineswegs geheimgehalten (die meisten in Moskau Dienst leistenden Offiziere kennen den Ort) und seine Funktion nicht etwa als neuralgischer eingestuft als jene der anderen Hauptsitze des Verteidigungsministeriums; doch während diese gleich wie die wichtigsten Ministerien in den meisten Hauptstädten allesamt öffentliche Wahrzeichen sind, hat eine überraschend hohe Zahl ziviler Moskowiter keine Ahnung, daß eins der größten Gebäude am Roten Platz von der Armee belegt ist. »Haus Nummer 3« schließlich, am Frunsenskaja-Damm gelegen, beherbergt die Verwaltung der Landstreitkräfte. Rund um die City liegen viele weitere Militärverwaltungen verstreut, so zum Beispiel der Kriegsmarinestab am Bolschoi Koslowskij Pereulok oder das Verwaltungszentrum der Luftwaffe an der Bolschaja Peragowskaja Uliza 23. Von den fünf Teilstreitkräften haben nur die Strategischen Raketentruppen ihr Hauptquartier nicht im Moskauer Stadtzentrum. Ihr Stab ist in Perchuschkowo untergebracht, eine halbe Stunde Autofahrt von Moskau entfernt. In der City und in ihrem Umkreis finden sich auch die vielen Militärhochschulen und Militärakademien.

Die Verwaltungsbehörden der Armee

Der Generalstabchef erstattet direkt an den Verteidigungsminister und den Obersten Militärrat Bericht. Die Kontrolle über die Streitkräfte liegt beim Verteidigungsminister und beim Obersten Militärrat. Dieser setzt sich aus dem Minister selbst, dem Leiter der Politischen Hauptverwaltung, dem Oberkommandierenden des Warschauer Pakts, dem Generalstabchef, den Chefs der fünf Teilstreitkräfte sowie allen anderen Stellvertretenden Verteidigungsministern einschließlich der Leiter des Militärinspektorats, der Rückwärtigen Dienste und der Zivilverteidigung zusammen. Der Oberste Militärrat hat die Aufgabe, den Minister kollektiv in politischen Angelegenheiten zu beraten, doch in Wirklichkeit ist es der Generalstab, der jede einmal getroffene Entscheidung ausführt.

Die Oberbefehlshaber der Teilstreitkräfte und der einzelnen Dienstzweige unterstehen dem Generalstabchef, ebenso der Leiter des sowjetischen Militärischen Nachrichtendienstes (GRU), dessen Mitarbeiterstab den Großteil der Informationen liefert, von denen die Planung im Generalstab abhängt. Auch die Woroschilow-Akademie des Generalstabs, ein äußerst wichtiges Forschungs- und Diskussionszentrum für sämtliche operationellen und strategischen Belange, steht unter der Kontrolle des Generalstabchefs. Der Generalstab ist folglich weit mehr als nur das Exekutivorgan des Verteidigungsministeriums: Er ist auch die treibende Kraft hinter den wichtigsten Entwicklungen im sowjetischen militärischen Denken und hat vermutlich fast alle Konzepte selbst ausgearbeitet, deren Umsetzung in die Praxis ihm im folgenden aufgetragen wurde. Der sowjetische Generalstab verfügt über ein Maß an zentraler Befehlsgewalt über die Streitkräfte wie keine NATO-Armee. Die Stärke des Generalstabs verringert denn auch die innermilitärischen Rivalitäten, mit denen die westlichen Streitkräfte oft zu kämpfen haben.

In gewissen westlichen Kreisen kursiert die modische Behauptung, daß die traditionelle Rolle des Generalstabs bei der Festlegung der sowjetischen Verteidigungspolitik weitgehend von Moskaus Zivilverteidigungsinstituten übernommen wurde — vom Europainstitut, vom USA-Kanada-Institut (oft einfach Arbatow-Institut genannt) und vom Weltinstitut für Wirtschaftsfragen (IMEMO). Die *Institutschiki*, wie ihre Mitarbeiter nicht eben liebevoll genannt werden, haben in den letzten Jahren zweifellos einen großen Einfluß ausgeübt. Sie reisen in den

Die Flaggen der Kriegsmarine, der Luftwaffe und der Landstreitkräfte.

Westen, haben Zugang zu allen ausländischen Publikationen und treffen sich mit Militärexperten und Meinungsmachern, wo immer sie sich gerade aufhalten. Sie verstehen etwas von Public Relations und sind Meister darin, geschickt und flexibel auf neue Entwicklungen zu reagieren. Im großen und ganzen entstammen sie demselben radikalen Partei/KGB-Milieu wie der Präsident selbst. Sie sprechen Gorbatschows Sprache und finden daher Gehör bei ihm. Der beschränkte militärische Sicherheitsfimmel ist ihnen ein Greuel, und so raffen sie Informationen zusammen, wo es nur geht, und geben sie großzügig weiter. Trotz ihres gewandten Auftretens und ihrer aus dem Ärmel geschüttelten Ratschläge hat sich herausgestellt, daß manches Rezept aus ihrer Küche viel zu wenig durchdacht war. In den letzten zwei Jahren haben sie für verschiedene Maßnahmen plädiert, die vom militärischen Gesichtspunkt schlicht dumm zu nennen sind. Die Armee mußte sich schwer ins Zeug legen, damit die Stimme des gesunden Menschenverstandes in all dem rhetorischen Palaver nicht einfach unterging. Die Bedeutung der *Institutschiki* und ihr Aufstieg zu Wortführern in militärischen Angelegenheiten hat in den letzten beiden Jahren einiges zum Prestigeverlust der Armee beigetragen. Mich dünkt jedoch, daß ihre Wichtigkeit im Vergleich zum Generalstab überbewertet worden ist. Sie werfen zwar gerne mit Zitaten um sich, können jedoch letztlich nie gegen den Professionalismus und die Erfahrung des Generalstabs ankommen, denn alles in allem hat bisher wohl keine andere Organisation auf der ganzen Welt soviel Energie darauf verwendet, die Militärwissenschaft und Kriegskunst zu studieren. Am Ende wird seine Stimme wieder gehört werden, und zwar aus dem einfachen Grund, weil sie so viel Wesentlicheres zu sagen hat.

Das größte Dilemma, vor das sich die Sowjetarmee gestellt sieht und von dem ihre zukünftige Form und Funktion am stärksten abhängen dürfte, ist die Unklarheit, welche Bedrohung als nächstes auf sie zukommt. Es zählt seit jeher zu den Aufgaben des Generalstabs, sich auf jede nur denkbare Weise darauf vorzubereiten, die Sowjetunion gegen jedwelche Bedrohung zu verteidigen. Bisher war es in Moskau ebenso klar wie in Washington und London, woher diese Bedrohung kam. Heute jedoch müssen sich die Russen mit demselben Problem herumschlagen wie die NATO — eine Strategie für einen nicht vorhersehbaren künftigen Krieg zu entwickeln. Es stehen ihnen aber keine Mittel zur Verfügung, um sämtliche möglichen Kriegsformen im voraus theoretisch durchzuspielen. Wenn aber der zukünftige Feind und der Charakter eines möglichen Konflikts nicht mehr identifiziert werden können, dürfte es für die sowjetischen Streitkräfte schwierig werden, sich entsprechend vorzubereiten, ohne ihre Betrachtungsweise ganz grundlegend zu ändern. Bisher lag das Schwergewicht einseitig auf dem akademischen Studium bewaffneter Konflikte, doch dies wird künftig einer flexibleren Haltung Platz machen müssen.

Die Verantwortlichkeit für sämtliche militärischen Belange der Sowjetunion liegt letztlich beim Präsidentschaftsrat und beim Präsidenten selbst, da dieser zugleich Oberbefehlshaber der Streitkräfte ist. Wichtige Entscheidungen über die Verteidigungspolitik und die Zuteilung der Finanzmittel werden grundsätzlich im Präsidentschaftsrat getroffen; da jedoch das Amt des Präsidenten und des Präsidentschaftsrats erst 1990 geschaffen wurde und sich alles in einem Zustand ständiger Veränderung zu befinden scheint, weiß niemand genau, wer gegenwärtig wirklich die Macht hat oder wie sich das neue System weiterentwickeln wird.

Die Struktur der Streitkräfte der UdSSR

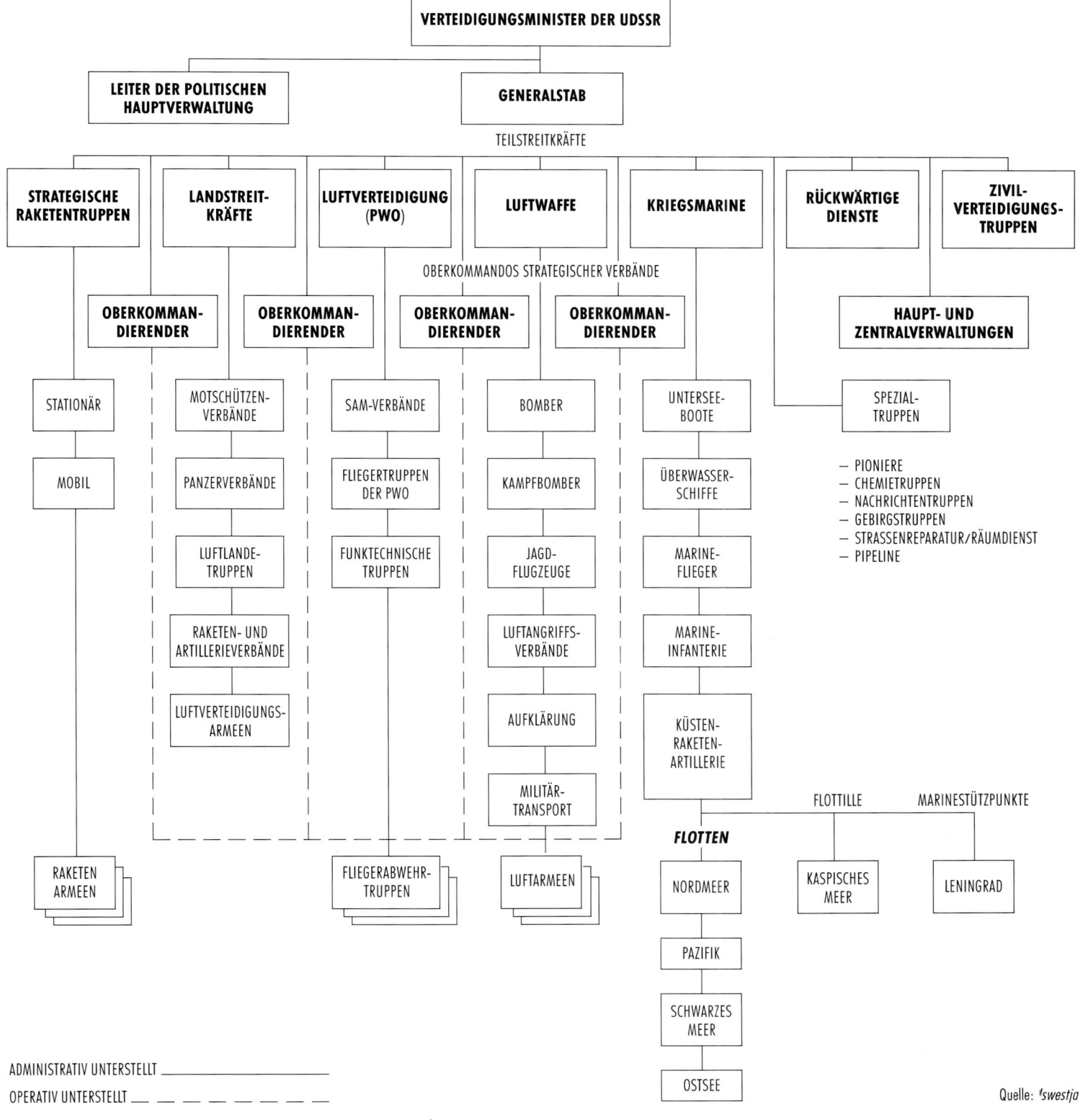

VERTEIDIGUNGSMINISTER DER UDSSR

LEITER DER POLITISCHEN HAUPTVERWALTUNG

GENERALSTAB

TEILSTREITKRÄFTE

| STRATEGISCHE RAKETENTRUPPEN | LANDSTREIT-KRÄFTE | LUFTVERTEIDIGUNG (PWO) | LUFTWAFFE | KRIEGSMARINE | RÜCKWÄRTIGE DIENSTE | ZIVIL-VERTEIDIGUNGS-TRUPPEN |

OBERKOMMANDOS STRATEGISCHER VERBÄNDE

OBERKOMMAN-DIERENDER · **OBERKOMMAN-DIERENDER** · **OBERKOMMAN-DIERENDER** · **OBERKOMMAN-DIERENDER**

HAUPT- UND ZENTRALVERWALTUNGEN

- STATIONÄR
- MOTSCHÜTZEN-VERBÄNDE
- SAM-VERBÄNDE
- BOMBER
- UNTERSEE-BOOTE
- SPEZIAL-TRUPPEN

- MOBIL
- PANZERVERBÄNDE
- FLIEGERTRUPPEN DER PWO
- KAMPFBOMBER
- ÜBERWASSER-SCHIFFE

— PIONIERE
— CHEMIETRUPPEN
— NACHRICHTENTRUPPEN
— GEBIRGSTRUPPEN
— STRASSENREPARATUR/RÄUMDIENST
— PIPELINE

- LUFTLANDE-TRUPPEN
- FUNKTECHNISCHE TRUPPEN
- JAGD-FLUGZEUGE
- MARINE-FLIEGER

- RAKETEN- UND ARTILLERIEVERBÄNDE
- LUFTANGRIFFS-VERBÄNDE
- MARINE-INFANTERIE

- LUFTVERTEIDIGUNGS-ARMEEN
- AUFKLÄRUNG
- KÜSTEN-RAKETEN-ARTILLERIE

- MILITÄR-TRANSPORT

- RAKETEN ARMEEN
- FLIEGERABWEHR-TRUPPEN
- LUFTARMEEN

FLOTTEN

FLOTTILLE — MARINESTÜTZPUNKTE

- NORDMEER
- KASPISCHES MEER
- LENINGRAD

- PAZIFIK

- SCHWARZES MEER

- OSTSEE

ADMINISTRATIV UNTERSTELLT _____

OPERATIV UNTERSTELLT __ __ __ __ __ __

Quelle: *Iswestja*

Die Streitkräfte

Im Gegensatz zu den meisten westlichen Armeen, die sich aus einem Landheer, einer Seekriegsflotte und einer Luftwaffe zusammensetzen, gliedert sich die sowjetische Streitmacht in fünf Teilstreitkräfte: Landstreitkräfte, Kriegsmarine, Luftwaffe, Luftverteidigung und Strategische Raketentruppen. In informellen Gesprächen werden die ersten vier der Einfachheit halber meist »die Armee« genannt.

1 Die Strategischen Raketentruppen *(Raketnije Woiska Strategitscheskowo [Nasnachenija])* gelten als Seniordienst und sind für alle landgestützten ballistischen Interkontinental- und Mittelstreckenraketen verantwortlich.

2 Die Landstreitkräfte *(Suchoputnije Woiska)* bilden bei weitem die größte Teilstreitkraft und sind in rund hundertvierzig Divisionen mit unterschiedlichem Bestand und Bereitschaftsgrad gegliedert. Sie bestehen zur Hauptsache aus mechanisierten Schützenverbänden, Panzertruppen, Raketen- und Artillerieverbänden, den Luftabwehrtruppen der Armee und den Luftlandetruppen. Nach der sowjetischen Volksmeinung sind die Luftlandetruppen *(Wosduschno-Desantnije-Woiska)* zweifellos die renommiertesten Einheiten. Sie haben einen eigenen Befehlshaber, der in Friedenszeiten zwar dem Chef der Bodentruppen unterstellt ist, im Kriegsfall dagegen vom Generalstab dem Kommando einer Front oder eines Operationsgebiets für spezifische Luftlandeeinsätze zugeteilt würde.

3 Die Luftwaffe *(Wojenno-Wosduschnije-Sili)* setzt sich aus folgenden vier Elementen zusammen: Langstreckenflug (nukleare strategische Bomber), Frontflug (alle taktischen Flugzeuge), Luftarmeen unter zentraler Führung (leichte und mittlere Bomber) und Transportflugzeug.

4 Die Luftverteidigung *(Woiska Protiwowosduschnoj Oboroni)* besteht aus Kampffliegern (Fliegerregimenter mit Abfangjägern) und Raketentruppen (Boden-Luft-Raketen) sowie aus einer funktechnischen Abteilung (Radar und andere elektronische Systeme) und einer Abteilung für Raketenabwehr. Die Sowjetunion ist in verschiedene Luftverteidigungsbezirke eingeteilt. Dieser Teilstreitkraft kommt eine sehr große Bedeutung zu. Moskau beispielsweise ist von einem doppelten Ring von Luftverteidigungs- und Weltraumraketenanlagen und Leningrad von einem einfachen Ring konventioneller Luftverteidigungseinrichtungen umgeben.

5 Die Kriegsmarine *(Wojenno-Morskoj Flot)* mit Überwasserschiffen und U-Booten, Marineinfanterie, Küstenraketen, Küstenartillerie und Marinefliegern ist in vier Flottenverbände — die Nordmeer-, Pazifik-, Ostsee- und Schwarzmeerflotte — und eine Flottille (im Kaspischen Meer) aufgeteilt.

Weitere Abteilungen der Streitkräfte umfassen die Pioniertruppen, die Chemieabwehrtruppen, die Versorgungstruppen und die Fernmelde- und Nachrichtentruppen, die alle direkt dem Generalstab unterstellt sind. Außerdem gibt es Baubataillone, die für zivile und militärische Bauprojekte eingesetzt werden, und nicht zuletzt die Truppen der Zivilverteidigung, die in das riesige Zivilverteidigungsnetz integriert sind, welches auf jedem Landwirtschaftskollektiv und in jeder Fabrik im ganzen Land zivile Vertreter stellt.

    Parallel zu diesen Abteilungen der Streitkräfte existiert eine administrative Kommandostruktur zu Friedenszeiten, die rein geographisch geordnet ist und der in Wirklichkeit viel mehr Gewicht zukommt. Zur Zeit ist das Land in dreizehn Militärbezirke aufgeteilt, doch dieses System steht unter Revision und könnte sich demnächst sehr leicht ändern. Vor dem Rückzug aus Osteuropa teilten sich die dort stationierten Truppen in vier Armeegruppen auf. Die Chefs der Militärbezirke unterstehen direkt dem Generalstabschef.

Die Bedeutung dieser Militärbezirke liegt vor allem darin, daß sie sich weitgehend selbst erhalten und ihre Kräfte im Falle eines Ausbruchs feindseliger Handlungen mit minimaler Unterstützung von Moskau auf Gefechtsbereitschaft umrüsten können. Zu Friedenszeiten sind sie für Einberufung und Mobilmachung der Rekruten, für die Garnisonen und für Ausbildung und Nachschub ihrer Truppen verantwortlich.

Die Rolle der Politischen Stellvertreter

Nach westlicher Auffassung ist die politische Hauptverwaltung der sowjetischen Armee und Seekriegsflotte (GlavPU) das wohl bizarrste Element im ganzen sowjetischen Militärsystem. Überall in den Streitkräften hatte bis vor kurzem jeder Chef einer Einheit einen für politische Belange zuständigen Stellvertreter, den *Sampolit*. Die Tätigkeit dieser Stellvertreter wurde von der politischen Hauptverwaltung koordiniert.

70 Jahre lang betrachtete es die Partei als ihre Pflicht, die Ausformung des Geistes junger Menschen und ihre Entwicklung zu ideologisch richtig denkenden Erwachsenen zu überwachen. Nur deshalb sind die städtischen Straßen, die Schulen und die Arbeitsplätze derart mit Propagandaplakaten vollgepflastert. Das automatische Anrecht der Partei auf die führende Rolle in der Gesellschaft ist zwar gegenwärtig umstritten, aber die heutigen Erwachsenen sind in einer Welt aufgewachsen, wo dies noch als selbstverständlich galt. Diese auffällige puristische Ideologiebesessenheit ist in Rußland nicht erst mit den Bolschewisten aufgekommen: Schon seit jeher gab es Auseinandersetzungen zwischen Orthodoxie und Häresie oder, wie es wohl viele Russen sehen, zwischen Ordnung und Chaos. Die Vorstellung eines offiziell ernannten Verkünders der reinen Wahrheit, für die meisten heutigen Menschen im Westen völlig unerträglich, hatte für viele Russen lange Zeit gar nichts Schreckliches an sich.

Nach langen Debatten über eine mögliche Reform der politischen Hauptverwaltung und des Systems der Politischen Stellvertreter wurde 1990 schließlich entschieden, sie in zwei Abteilungen zu gliedern. Die größere Abteilung wurde mit den Erziehungs- und Fürsorgeaufgaben betraut, und eine separate, kleinere Abteilung befaßt sich mit den Parteiangelegenheiten. Die meisten Sampolits in der Armee waren erleichtert, als diese Änderung angekündigt wurde. Sie waren bereits seit einiger Zeit hauptsächlich mit Fürsorgeaufgaben beschäftigt, so daß die Umstrukturierung eigentlich nur den Status quo bestätigte. Sie werden zwar immer noch oft als Sampolits angesprochen, können sich heute aber voll auf die zeitraubenden praktischen Probleme der Offiziere und Soldaten konzentrieren und sich besonders auch um die Schwierigkeiten kümmern, die Offiziere erwarten, die ihre Stelle verlieren. Ihnen obliegt es, alles nur Mögliche zu unternehmen, um zu verhindern, daß Familien von Armeeangehörigen, welche in abgelegenen und ungesunden Außenposten der Union ausharren müssen, unter der Anspannung auseinanderbrechen. Natürlich können sie auch nicht viel mehr tun, als mit den verfügbaren Ressourcen zu jonglieren und zu versuchen, das Los jener Familie zu erleichtern, die jeweils gerade mit den größten Schwierigkeiten zu kämpfen hat.

In vielen Einheiten, welche unter schwierigen Bedingungen leben, stehen die Sampolits selbst unter beträchtlichem Streß, weil sie die Last des Elends anderer Menschen mittragen müssen. Ein Politischer Stellvertreter in einer Luftwaffeneinheit berichtete uns, daß er wöchentlich eine Sprechstunde abhält und jeder Offizier vorbeikommen und seine persönlichen Probleme mit ihm besprechen kann. Woche für Woche dasselbe — die Wohnsituation. Er hört ihnen zu, was sie

Der Politische Stellvertreter (*Sampolit*) des Kommandanten eines Atom-U-Boots der Pazifikflotte.

Eine Panzerkompanie und eine Motorisierte Schützenkompanie bei Manövern im Militärbezirk Weißrußland.

auf dem Herzen haben, und ermuntert sie, sich ihre Sorgen von der Seele zu reden. Dann tischt er ihnen Lügen auf. Er erfindet Märchen über neue Wohnungen, die im Bau seien, oder gute, billige Unterkünfte, die bald im Dorf zur Verfügung stehen würden. Er meint, es sei immer noch besser, sie mit einem Funken Hoffnung als mit leeren Händen zu ihren Ehefrauen zurückzuschicken. Und dann geht er nach Hause und ekelt sich vor sich selbst.

Die Sampolits sind auch verantwortlich für alle Aspekte des Wohlbefindens der Rekruten, für eventuelle Probleme, die ihren Familien daheim entstehen, und für Schwierigkeiten, mit denen sie in der Armee konfrontiert werden. In einer Armee, die keine nennenswerte Unteroffiziersklasse kennt, ist es dringend nötig, daß irgend jemand Kenntnis davon hat, was in den Kasernen vor sich geht. Überdies fällt der Armee bei Rekruten so vieler verschiedener Nationalitäten und so unterschiedlicher Herkunft mit der Vermittlung einer elementaren staatsbürgerlichen Erziehung ganz klar eine wichtige Aufgabe zu, und es erscheint deshalb nicht unvernünftig, die Verantwortlichkeit für das persönliche Wohlbefinden und für eine allgemeine Bildung in die gleichen Hände zu legen.

Wie das System in der Praxis funktioniert, hängt völlig von den Betroffenen ab. Generelle Aussagen über die Beziehung zwischen den Offizieren und ihren Politischen Stellvertretern oder über deren menschliches Format lassen sich keine machen. Einige der fähigsten, freimütigsten und fortschrittlichsten Leute, die ich in der Armee angetroffen habe, waren Sampolits. Die besten unter ihnen waren fast unvermeidlich jene, die nicht auf den ersten Blick als politische Funktionäre erkennbar waren. Das Klischeebild des Sampolits — teils Witz, teils todernst — zeigte diesen als scheinheiligen Langweiler, der monoton seine Parteidogmen herunterleiert, als gesellschaftlichen Miesepeter und zweitklassigen Berufsmann. Solche gibt es immer noch, und sie entwickeln oft ein erstaunliches Geschick, der Partei, der Armee und dem Korpsgeist ihrer Einheiten zu schaden. Nach meiner Erfahrung ist es ein sicheres Anzeichen für ein besonders lausiges Exemplar, wenn einer mit starrem Blick und verzweifelt-sehnsüchtiger Stimme kundtut, er erwarte, bald nach Moskau an einen sehr wichtigen Posten versetzt zu werden. Ein guter Sampolit ist ein guter Vorgesetzter und ein geübter Profi und würde deshalb der Aussicht auf einen Job, der ihm keine Gelegenheit mehr bietet, zu fliegen oder in See zu stechen (oder was immer auch), mit gemischten Gefühlen begegnen. Gemessen an den Einheiten, die ich besuchte, sind die schlechten Sampolits nicht in der Überzahl. Das Dienstverhältnis zwischen den Offizieren und ihren Politischen Stellvertretern schien im allgemeinen recht eng und zufriedenstellend, und diese konnten sich nicht nur in politischen Fragen, sondern auch in vielen anderen Bereichen auf ihre Sampolits stützen.

Der eigentliche Prüfstein für die Politoffiziere liegt in der Wirkung, die sie im Gefechtsfall auf ihre Einheiten ausüben. Die Mehrheit der Offiziere, die wir kennenlernten und die in Afghanistan gedient hatten, war der Ansicht, daß alles in allem genommen das gegenwärtige System beibehalten werden sollte. (Ich muß hier betonen, daß die Veteranen von Afghanistan frei von der Leber weg reden — falls sie der Meinung wären, daß die Sampolits gehen sollten, würden sie dies auch sagen.) Einige der Offiziere, die in Afghanistan gekämpft hatten, schlugen jedoch vor, daß sie gewählt werden müßten und Sampolit keine Planstelle, sondern ein Ehrenamt sein sollte, das einem Offizier von seinen Kameraden verliehen wird.

Die Politischen Stellvertreter sind nicht das einzige Mittel, um in den Streitkräften politischen Einfluß und Kontrolle auszuüben. In jeder Einheit gibt es auch unabhängige Parteizellen, denen bislang traditionell ein beträchtliches Gewicht bei der Durchsetzung der erforderlichen Disziplin und eines politisch orthodoxen Denkschemas innerhalb der Armee zukam. Die Spaltungen innerhalb der Partei selbst haben aber zwangsläufig auch ihre eigene, bisher unangefochtene Autorität untergraben, und es bleibt abzuwarten, in welcher Form sie in den kommenden Jahren in den Streitkräften weiterbestehen wird.

Ein Feldlazarett während eines Manövers. Die Bezeichnung »Laboratorium« rührt daher, daß hier diagnostische Tests durchgeführt werden.

Auch der KGB hält ein wachsames Auge auf die Armee und übt eine gewisse politische Kontrolle aus. Die Spezialabteilung für Spionageabwehr *(Osobii Otdel)* durchsetzt die Streitkräfte bis hinunter auf Regimentsebene. Auf Divisionsstufe besteht die »Abteilung 00«, wie sie üblicherweise genannt wird, aus rund fünf Leuten, auf Regimentsebene gibt es meistens einen Offizier. Während die politischen Funktionäre ausnahmslos Wehrmänner sind und einen integralen Teil der Armee bilden, sind die *Osobists* ebenso offensichtlich keine Soldaten. Die dem Verteidigungsministerium unterstellte Armee zollt den Grenzwachttruppen und den anderen bewaffneten Einheiten des KGB im allgemeinen Respekt, doch die *Osobists* mit ihrer zuweilen recht freizügigen Auslegung von Gegenspionage bilden da eine Ausnahme. Wo immer ihre Berechtigung auch liegen mag — auf lokaler Ebene haben die Kommandanten nichts für sie übrig. Ihr Spottname *Molchi-molchi* (sinngemäß: »Halt die Klappe«) sagt alles.

Weitere Armeen

Dieses Buch befaßt sich grundsätzlich mit den Streitkräften, die dem Verteidigungsministerium unterstehen, doch daneben unterhalten noch zwei weitere Organisationen eigene »Armeen«. Die eine ist das Ministerium für Innere Angelegenheiten (MDW), dem 360 000 Mann kasernierte Truppen zur Verfügung stehen, welche eine Vielzahl von Funktionen wahrnehmen, unter anderem die Bereitstellung von Gefängnisaufsehern und Feuerwehrleuten in der ganzen Sowjetunion. Die MDW-Truppen spielen auch für die innere Sicherheit eine wichtige Rolle und sind daher in der Regel in Großstädten stationiert. Ein kürzlich auf ungefähr 72 000 Mann aufgestockter Bestand fungiert als zentrale Reserve für den Einsatz in Krisengebieten mit Unruhen im Volk. Diese Armee verfügt über eigene Hubschrauber, Panzerwagen und sogar Panzer. Mit Ausnahme der Eliteeinheiten des MDW (wie beispielsweise der erstklassigen Dserschinski-Division) sind die Truppen des Innenministeriums jedoch meist von minderem Format als die dem Verteidigungsministerium unterstellten Streitkräfte.

Ein Leutnant, der kaum älter aussieht als die Rekruten, instruiert eine Panzerbesatzung in Kasandschik in der Wüste von Turkestan.

Das Komitee für Staatssicherheit (KGB) herrscht über rund 220 000 Uniformierte inklusive Grenzwachttruppen, der Kremlwache, Schutztruppen für VIPs und gewisser Nachrichteneinheiten, die samt und sonders mit Angelegenheiten der Staatssicherheit befaßt sind. Die Soldaten des KGB — Offiziere wie Rekruten — sind gut ausgebildet und ausgerüstet. Sowohl der KGB als auch das Innenministerium verfügen über eigene *Speznas*-Einheiten, Truppen für Spezialeinsätze mit hochqualifizierten Fachleuten, die besonders heikle oder gefährliche Missionen ausführen können.

Die Zuständigkeitsverteilung unter diesen Streitkräften ist in der Theorie klar geregelt, in der Praxis gestaltet sich ihr Einsatz jedoch eher verwirrend. So haben beispielsweise Grenzschutztruppen des KGB am Krieg in Afghanistan teilgenommen, und als die Situation in Aserbeidschan völlig außer Kontrolle geriet, schickte die Regierung Truppen des Verteidigungsministeriums dorthin. Trotz ihrer unterschiedlichen Ausrichtung könnte also praktisch jede der einzelnen »Armeen« von der Regierung für Operationen eingesetzt werden, die militärische Streitkräfte erfordern.

❸ Das Offizierskorps

Die Streitkräfte der Sowjetunion sind völlig auf ihr Offizierskorps angewiesen. Seine Angehörigen sind Profis. Sie erhalten den Dienstbereich aufrecht, setzen den Maßstab für die Truppe und definieren den Charakter des Militärs. Zwar lassen sich bei den Offizieren viele gemeinsame Eigenschaften und auch viele gemeinsame Probleme feststellen, doch darf dabei nicht vergessen werden, daß jede Waffengattung ihren eigenen Offizierstyp hervorbringt, weil jede eine ganz besondere Form von Mut und Tapferkeit erfordert. Bei den Bodentruppen stehen alle bis hinauf zum Bataillonskommandeur dem Feind in Gewehrschußweite gegenüber. Matrosen hingegen (der Kapitän vielleicht ausgenommen) sehen den Feind nie, leben und arbeiten jedoch im ständigen Bewußtsein, daß sie in einem riesigen Metallsarg eingeschlossen unter der Meeresoberfläche sterben könnten. Piloten wissen, daß sie im Kriegsfall kolossalen Risiken ausgesetzt sind, dabei jedoch die Möglichkeit haben, sich vor ihrer Pflicht zu drücken, und ihr Mut mit einer großen persönlichen Integrität gepaart sein muß. Diese Charakteristika treffen natürlich nicht nur auf das sowjetische Militär zu, sondern gelten für alle Armeen und liegen den sie überlagernden spezifischen nationalen Eigenheiten zugrunde. In mancherlei Hinsicht ist das sowjetische Offizierskorps jedoch einzigartig, größtenteils wegen des historischen Stellenwerts, den die Armee in diesem Land innehat.

Seit jeher hat die Armee sowjetischen Männern attraktive Karrieremöglichkeiten geboten. In der Vergangenheit übte vor allem das Ansehen, das die Armee im Volk genoß, eine starke Anziehungskraft aus. Und natürlich gibt es immer wieder Männer, denen das rauhe Abenteuerleben im Militär ausgesprochen zusagt. Während der sowjetischen Ära sprach lange Zeit noch ein weiterer Beweggrund für eine Militärkarriere: Die moralischen Anforderungen an einen Offizier waren in der Armee weniger zwiespältig als anderswo. Wer für eine der beiden anderen Säulen (und Massenarbeitgeber) des Staates – die Partei oder den KGB – arbeitete, mußte unter gewissen Umständen damit rechnen, sich an Aktivitäten beteiligen zu müssen, die bestenfalls absurd und im schlimmsten Fall entsetzlich zu nennen waren. Zugegebenermaßen waren damit auch große Privilegien verbunden, doch selbst dann schlug einem eine gewisse Verachtung entgegen. Als Armeeoffizier teilte man gewisse Vorrechte von Parteifunktionären und Geheimdienstangehörigen, war jedoch Teil einer Organisation, der es im allgemein gelang, die schlimmsten Auswüchse zu vermeiden, für welche die anderen beiden Staatsorgane sehr anfällig waren.

Manche Offiziere der Sowjetarmee wären in westeuropäischen Ländern vermutlich Beamte im öffentlichen Dienst, Industrielle oder Akademiker geworden. Die sowjetische Bürokratie genießt jedoch längst nicht das gleiche Ansehen, das dem Staatsdienst in den meisten westlichen Ländern zukommt, und das zentralistische Planungssystem schuf nicht viele Möglichkeiten in der Industrie, wo fähige und ehrgeizige Leute ihr Potential ausschöpfen konnten. Ein akademisches Leben in der Sowjetunion konnte aufgrund unvorhersehbarer Veränderungen in

Ein Unterfeldwebel instruiert
während einer Ausbildungslektion
die Bedienungsmannschaft einer
Fliegerabwehrkanone.

der Politik und in der Beurteilung der Vergangenheit sehr kompliziert werden — nur allzuleicht verirrte man sich in gefährliche ideologische Ketzereien, und das Streben nach aktuellem Wissen war ohne Kontakt zu ausländischen Gelehrten und bei fehlendem Zugang zu Fachpublikationen ohnehin schon schwierig genug. Die Armee bot in dieser Situation praktisch das einzige Umfeld, wo man historischen und wissenschaftlichen Studien nachgehen konnte, ohne Gefahr zu laufen, als unpatriotisch verschrien zu werden. Über Clausewitz oder Chobham Armor zu debattieren galt nicht bloß als ungefährlich, solche Diskussionen wurden im Gegenteil offiziell gefördert. Die Armee bot also den jungen Leuten eine geachtete und ehrenhafte Berufslaufbahn an, und solche waren in der Sowjetunion unter Stalin und Breschnew sonst eher rar. In der *Glasnost*-Ära stehen heute weit mehr Karrieremöglichkeiten offen als früher, und gewisse Berufsstände wie Rechtswissenschaft und Psychiatrie leben langsam wieder auf, seitdem es möglich geworden ist, sie frei zu praktizieren. Die starke militärische Tradition in der Sowjetunion dürfte jedoch gewährleisten, daß die Armee weiterhin einen größeren Anteil der fähigsten jungen Männer anzieht als in den meisten westlichen Ländern.

Die militärischen Instrukteure, die in jeder Schule der Sowjetunion arbeiten (siehe Kapitel 4), haben ein wachsames Auge auf Schüler, die sich zu guten Offizieren entwickeln könnten. Sie sprechen ihnen zu und bereiten sie auf das Eintrittsexamen für die Militärhochschulen vor. Die *Woenkomats* (Militärkommissariate), die jeden Jungen im Teenageralter im Hinblick auf seinen Wehrdienst begutachten, haben ebenfalls Anweisung, nach geeigneten Kandidaten Ausschau zu halten. Im Gegensatz zu den ziemlich ineffizienten Militärinstruktoren stehen die Woenkomats den Jungen oft mit vernünftigen und nützlichen Ratschlägen zur Seite, wie sie die Zulassungsbedingungen für die Militärhochschulen erfüllen können, selbst wenn sie es von sich aus vielleicht nicht schaffen würden. Die meisten angehenden Offiziere scheinen von einem eher diffusen Bild vom militärischen Leben angezogen, das hauptsächlich auf Legenden, volkstümlichen Überlieferungen, Zeitungen, Romanen und Filmen gründet. Einen beträchtlichen Anteil der Anwärter von Militärhochschulen stellen die Söhne von Armeeoffizieren. Diese Tendenz wird von offizieller Seite gefördert, weil die Auffassung herrscht, daß junge Leute, die in Militärfamilien aufgewachsen sind, einigermaßen Klarheit darüber haben, was sie in der Armee erwartet. Sie sind mit den Schwierigkeiten des militärischen Lebens vertraut und beim Eintritt in die Militärhochschule bereits von dessen Kulturform durchdrungen. Aufgrund ihrer realistischeren Einstellung werden sie den Kursus vermutlich eher durchstehen und haben meist auch eine stabilisierende Wirkung auf ihre Kameraden.

Bemerkenswert scheint mir auch, daß sehr viele Jungen, die in Kinderheimen aufwuchsen, schließlich in der Armee landen. Während des Krieges verstärkte sich dieser Trend mit dem Ausbau der militärspezifischen Suworow- und Nachimow-Internatsschulen zur Aufnahme von Kindern, die ihre Eltern verloren hatten. Im allgemeinen findet sich in jedem Dutzend Obersten oder Generäle mindestens einer, der in einem Waisenhaus aufwuchs. Unter den hochrangigen Offizieren sind es besonders die schon früh verwaisten, die sich der Armee am meisten verbunden fühlen und populär und extravertiert sind. Bis jetzt hat sich also das System, Waisen zu ermuntern, in die Armee einzutreten, für beide Seiten als vorteilhaft erwiesen. Ob diese Tradition weiterbestehen wird, ist fraglich. Seit Kriegsende hat die Zahl der Waisen abgenommen, und heute findet man in den Heimen viel eher Kinder, deren einer oder beide Elternteile sich als erziehungsuntauglich erwiesen haben. Es ist bemerkenswert, daß das sowjetische Offizierskorps überwiegend aus Männern besteht. Es gibt keine Frauen in Gefechtspositionen. Die wenigen Frauen, die der Armee beitreten, arbeiten normalerweise als Ärztinnen, Krankenschwestern, Verwaltungsbeamtinnen oder im Nachrichtendienst. So will es die Armee — alle, mit denen ich sprach, fanden Frauen sollten von der Front ferngehalten werden, außer es gebe wieder einmal, wie im Zweiten Weltkrieg, zu wenig Männer.

Die Suworow- und Nachimow-Internatsschulen

Nach allgemeiner Auffassung ist es für einen Offizier noch immer am vorteilhaftesten, seine militärische Laufbahn in einem der schicken Suworow- oder Nachimow-Internate zu beginnen. Mehrere der ursprünglich bestehenden Militärschulen haben inzwischen ihre Pforten zugemacht. Übriggeblieben sind acht Suworow-Schulen, wo die Jungen auf alle Waffengattungen vorbereitet werden, und eine Nachimow-Schule, die speziell den Bedürfnissen der Kriegsmarine dient. Diese Internatsschulen stehen nicht mehr ausschließlich Waisen offen, obwohl die offiziellen Aufnahmebestimmungen noch immer festhalten, daß Waisen oder Kinder mit einem Elternteil bevorzugt Aufnahme finden sollten. Diese Prioritätenklausel kann sich in bestimmten Fällen auch auf andere Jungen erstrecken, die viel Leid erlitten haben. Nach dem Erdbeben in Armenien im Dezember 1988 beispielsweise wurden die Schulen angehalten, alle Jungen aus dieser Gegend aufzunehmen, welche die ärztliche Untersuchung bestanden und sich bewerben wollten. Die Mehrheit der »Suworowzi« (der Jungen in den Suworow-Schulen) stammt heute aus normalen Familienverhältnissen, und ein beträchtlicher Anteil sind Söhne von Offizieren. An der Nachimow-Schule in Leningrad stammen 30 Prozent der »Nachimowzi« aus Militärfamilien. 32 Prozent der restlichen Zöglinge sind Söhne von Arbeitern oder Bauern, 40 Prozent von Fachkräften. Fast ein Drittel sind Waisen oder haben einen Elternteil verloren. Schulgebühren werden keine erhoben, doch die Eltern versehen ihre Kinder mit einem Taschengeld (empfohlen sind höchstens fünf Rubel monatlich).

Jeder Junge, der in ein Suworow- oder Nachimow-Institut eintreten möchte, kann sich beim örtlichen Woenkomat darum bewerben. Die erste Schwierigkeit liegt darin, das Militärkommissariat davon zu überzeugen, daß man gesund und intelligent genug ist, um sich einen Platz zu verdienen. Die mündliche und die schriftliche Aufnahmeprüfung an der Schule selbst bilden die nächste Hürde. Um die Plätze herrscht ein großes Gerangel, doch die Schulen scheinen eher an der Motivation eines Anwärters als an akademischen oder athletischen Spitzenleistungen interessiert zu sein. An der Leningrader Nachimow-Schule äußerten die Schüler im ersten Schuljahr, die während des Auswahlverfahrens alle Mitbewerber kennengelernt hatten, daß jene Jungen am meisten Erfolg erzielten, die diese Schule um jeden Preis besuchen wollten. Seit 1969 werden Schüler vom fünfzehnten Altersjahr an für zwei Schuljahre aufgenommen, zuvor dauerte die Ausbildung sechs Jahre und stand bereits Zehn- oder Elfjährigen offen.

Damals studierten die Schüler noch eine viel breitere Palette von Fächern — unter anderem lernten sie auch fechten, reiten und tanzen. Der Standard des Fremdsprachenunterrichts war besonders hoch, und wer die Schule abgeschlossen hatte, galt als qualifizierter Dolmetscher. Die Lehrpläne gründen auf Vorstellungen des neunzehnten Jahrhunderts über eine vornehme Erziehung. Sie zielten darauf hin, geschliffene Offizierskadetten hervorzubringen, und dies offensichtlich mit Erfolg. Ein Suworowez vom alten Schlag ist auf allen Gebieten sattelfest. Viele der brillantesten Köpfe, die heute in der Armee dienen, wurden von den alten, sechsjährigen Suworow-Lehrgängen geprägt. In den auf zwei Jahre zusammengeschrumpften Kursen ist es den Schulen heute nicht mehr möglich, einen derart nachhaltigen Einfluß auszuüben oder denselben hohen Ausbildungsstandard zu gewährleisten, obwohl er nach allgemeiner Auffassung noch immer weit über dem Niveau einer normalen Sekundarschule liegt.

Die Suworow-Schulen haben das Ziel, ihre Schüler auf die Aufnahme in eine der Militärhochschulen vorzubereiten. Einem Suworowez stehen in der Regel alle Türen offen. Die Suworowzi vermitteln denn auch sehr stark den Eindruck einer Elite in der Armee. Trotz der einschneidenden Veränderungen stammt noch immer ein außergewöhnlich hoher Anteil unter den vielversprechenden jungen Offizieren aus diesen Schulen. Es kursieren viele Anekdoten von hochdekorierten Helden, die gesagt haben sollen, der Orden, den sie am meisten wertschätzten,

NÄCHSTE DOPPELSEITE: Suworow-Schüler an der Novemberparade. Während der Generalprobe riet ihnen der Verteidigungsminister, sich beim Marschieren mehr zu entspannen. »Die Luftlandetruppen sind darin Spitze, gleich danach folgt die Grenzwache«, meinte er und fügte hinzu: »Obwohl mir die Kriegsmarine sehr am Herzen liegt, mußte sie sich am meisten anstrengen.« Natürlich war ihm bewußt, daß die Waffen, die die Matrosen tragen, einen lockeren Schritt erschweren.

Ein Flottenleutnant während eines Manövers in Wladiwostok.

An der Nachimow-Schule für Flottenkadetten in Leningrad
studieren die Jungen zugleich normale akademische und
marinespezifische Fächer. Die 730 Schüler sind in sechs
Kompanien zu je vier Zügen (Klassen) eingeteilt. Zwischen
dem ersten und dem zweiten Schuljahr verbringen sie
15 Ausbildungstage auf einem Schiff auf hoher See.

In den Militärinternatsschulen wird wie überall in der
Armee sehr viel Gewicht auf körperliches Training gelegt.
Sportliche Erfolge erhöhen die Aussicht der Offiziere auf
eine Beförderung. Viele der international erfolgreichsten
Sportler des Landes sind dienstleistende Offiziere oder
Praporschtschiks (Berufsunteroffiziere).

sei das Schulabzeichen. Ein Suworowez ist nicht von gestern und weiß genau, daß er als junger Offizier von seinen Vorgesetzten eher für voll genommen wird, wenn er das Abzeichen trägt.

Zwischen der Nachimow-Schule in Leningrad und der Suworow-Schule in Moskau herrscht ein auffälliger Kontrast. Die Nachimow-Schule residiert in einem reizenden Palast aus dem achtzehnten Jahrhundert unten am Fluß und ist in jeder Beziehung erstklassig. Die Schulatmosphäre wirkte ernst und diszipliniert, und die Jungen machten auf mich einen hellen und selbstsicheren Eindruck und sahen der vor ihnen liegenden Karriere bei der Kriegsmarine mit freudiger Erwartung entgegen. An der Suworow-Schule hingegen schienen die meisten Jungen, mit denen ich mich unterhielt, rein gar nichts für eine der konventionellen Militärlaufbahnen übrig zu haben und wollten entweder Militärjournalisten oder Armeerechtsanwälte werden — alles, nur ja keine Soldaten! Zwei, drei zeigten Ehrgeiz zum Fliegen, aber nicht einer von denen, die ich antraf, äußerte die Absicht, später einmal eine Einheit zu kommandieren. Ein direkter Vergleich zwischen den beiden Schulen ist natürlich unfair, denn zu jener Zeit diskutierte die ganze Welt über die bevorstehenden einschneidenden Abstriche in der Sowjetarmee, während nirgendwo die Rede von einer Reduzierung der Seekriegsflotte war. Aus verständlichen Gründen faßten die Suworow-Jungen wohl eher Karrieren ins Auge, welche sich ebenso leicht außerhalb der Armee weiterverfolgen ließen. Doch davon abgesehen schien mir die Arbeitsmoral der Schüler in Moskau nicht gerade sehr hoch. Es gibt jedoch insgesamt acht dieser Suworow-Schulen, und einige von ihnen, wie etwa diejenige in Minsk, Kiew und Chabarowsk, stehen in einem durchaus besseren Ruf.

Die Militärhochschulen und Militärakademien

Die meisten künftigen Offiziere treten nach Abschluß der zehnjährigen Sekundarschulausbildung in eine Militärhochschule ein. Soldaten, die sich erst während ihres Wehrdienstes dazu entschließen können, sich als Offiziersanwärter zu bewerben, werden mit offenen Armen empfangen, sofern sie die notwendigen akademischen Qualifikationen besitzen. Bei ihnen weiß die Armee wenigstens, was sie sich einhandelt. Die Kurse an den Militärhochschulen dauern in der Regel vier Jahre. Wer daran teilnehmen möchte, muß sich beim örtlichen Woenkomat anmelden, genau gleich wie die Jungen, die auf einen Platz in einer Suworow-Schule hoffen. Die Anforderungen variieren recht stark. Die renommiertesten Hochschulen werden als eigentliche »Kaderschmieden« betrachtet, deren Institutsbehörden von ihren potentiellen Offizierskadetten einen höheren Grad an körperlicher und intellektueller Leistungsfähigkeit erwarten dürfen. Andere gelten als »waffenübergreifende« Hochschulen und bereiten Offiziere auf alle möglichen infanteristischen Aufgaben vor, während sich wiederum andere auf die Ausbildung von Geschützoffizieren, Fallschirmjägeroffizieren, Piloten, Flottenoffizieren usw. spezialisiert haben.

Einige einflußreiche Leute in der Armee sind der Ansicht, die Selektionsmechanismen für Offiziere bei den Woenkomats und den Militärhochschulen seien völlig unzureichend. Man hört, die Hochschulen würden keinen Versuch unternehmen, um das Führungspotential der Bewerber abzuklären, obwohl gerade diesem Punkt höchste Priorität zukommen sollte. Offensichtlich wird auch nicht genügend Gewicht darauf gelegt, junge Männer mit den für die verschiedenen Dienstzweige erforderlichen spezifischen Fähigkeiten auszuwählen. Allzu viele Hochschulen halten bloß Ausschau nach guten Allroundern, die sich ihrer Meinung nach überall bewähren können.

Im allgemeinen widmen die Militärhochschulen etwa 60 Prozent des Stundenplans militärisch relevanten Fächern wie Taktik oder Waffenkunde, rund 30 Prozent verschiedenen akademischen Fächern (Mathematik, Physik und eine Fremdsprache) und 10 Prozent der politischen Ausbildung. Vor ihrem Abschlußjahr verbringen die *Kursants* (Offiziersanwärter) zudem

Der Kommandeur des unabhängigen Luftlanderegiments in Fergana, Held der Sowjetunion Oberst Aleksandr Soljujanow. Wie viele der höchstdekorierten Soldaten des Landes ist er ein Absolvent der Suworow-Schulen.

durchschnittlich sechs Wochen als Zugführer in einer Armee-Einheit, um praktische Erfahrungen zu sammeln.

Alle Absolventen einer Militärhochschule erhalten zusätzlich zu ihrer militärischen Qualifikation ein ziviles Diplom (meist als Ingenieure verschiedenster Richtungen), damit sie nötigenfalls auch außerhalb der Armee eine Stellung finden können. Der Standard der Militärhochschulen (und damit auch der Marktwert ihrer Diplome) unterscheidet sich jedoch beträchtlich. Die Militärhochschule für Topographie in Leningrad soll auf ihrem Gebiet keinem anderen Institut auf der ganzen Welt nachstehen, und auch die Ingenieurhochschule für Panzertechnik von Uljanowsk genießt einen außerordentlich guten akademischen Ruf, ebenso wie die nach Lenins Komsomol benannte Hochschule für Unterwassertraining und die Kommandohochschule der Kriegsmarine, genannt nach M.W. Frunse (beide in Leningrad). Die Militärhochschule für verbundene Waffen in Ordschonikidse und die Hochschule für Panzeringenieure in Kiew gelten ebenfalls als erstklassige Offiziersausbildungsstätten. Mit Abstand am bekanntesten in der ganzen Sowjetunion scheint die Fallschirmjägerhochschule in Rjasan zu sein, und auch sie vermittelt ein solides professionelles Fachtraining.

Ein *Kursant* an einer Militärhochschule verdient etwa 20 Rubel im Monat, sofern seine Noten genügend sind, 25 Rubel für gute Noten und 30 Rubel für sehr gute. Viele Hochschulen richten auch fünf oder sechs spezielle, meist nach Lenin, Frunse und anderen Größen benannte Stipendien aus, die sich auf etwa 75 Rubel monatlich belaufen und an die Stelle der üblichen Bezahlung treten. Wenn ein Student während der Hochschulausbildung heiratet (was über ein Drittel tut), erhält er jeden Monat einen Zuschuß von rund 40 Rubel. Auf die Zuteilung einer separaten Wohnung durch die Ortsbehörden oder die Hochschulverwaltung besteht jedoch praktisch keinerlei Aussicht. Die meisten *Kursants* heiraten ein Mädchen aus der Stadt, in der sie studieren, und dessen Familie schafft es meist irgendwie, die beiden irgendwo unterzubringen. Gewöhnlich wird jedoch von einem verheirateten *Kursant* verlangt, daß er wöchentlich ein paar Nächte in den Studentenunterkünften schläft. Die meisten heiraten sowieso erst im Abschlußjahr, vielleicht, weil sie nicht von ihrer Freundin getrennt werden möchten, wenn sie zu ihrer Einheit versetzt werden.

Soll ein Offizier auf eine Stabs- oder Kommandostelle befördert werden, muß er zuerst eine der sechzehn Militärakademien besuchen, wo die Fähigsten aus jeder Generation für Posten bis zum Grad eines Divisionskommandeurs ausgebildet werden. Die meisten verbringen zwei bis drei Jahre dort. Nicht als Vollzeitstudenten zugelassene Offiziere können sich zuweilen für Fernkurse einschreiben, die ein Jahr länger dauern können. In diesem Fall besuchen sie in der Regel jedes Jahr kurze interne Kurse an der Akademie. Am Ende haben sie zwar dasselbe Diplom in den Händen wie die Vollzeitstudenten, doch die intellektuelle Stimulierung des akademischen Lebens entgeht ihnen so.

Die meisten Absolventen dieser Militärakademien stehen im Rang eines Hauptmanns oder Majors, an der Frunse-Akademie vielleicht sogar eines Oberstleutnants. Die Woroschilow-Generalstabsakademie, deren Studenten sich meist aus Obersten zusammensetzen, welche ein paar Jahre zuvor die Frunse-Akademie abgeschlossen haben, bildet eine Klasse für sich. Der erfolgreiche Besuch dieser Generalstabsakademie ist ein Leistungsausweis, der einen künftigen Höhenflug in den sowjetischen Streitkräften garantiert. Hier wächst das Holz, aus dem die Leute geschnitzt sind, die einmal die höchsten Posten in der sowjetischen Armee einnehmen werden. Hier bereitet man sie darauf vor, Kommandostellen in jedem beliebigen Dienstzweig oder sogar über eine ganze Waffengattung zu übernehmen, selbst wenn sie dort noch keine unmittelbaren Erfahrungen gesammelt haben. Diese Akademie ist nicht nur eine Schulungsstätte, sondern zugleich auch das wichtigste militärische Forschungszentrum im ganzen Land.

Ein Student der Juri-Gagarin-Militärakademie der Luftwaffe für Piloten (im Rang eines Hauptmanns) im Cockpit eines Flugsimulators.

Die erste Versetzung

In vielen Hochschulen dürfen die Studenten mit den besten Noten aus den verfügbaren Posten auswählen, wo sie am liebsten Dienst leisten möchten. Spitzenreiter bitten nicht selten absichtlich darum, an abgelegene Außenposten versetzt zu werden, wo sich das Leben alles in allem am härtesten gestaltet. Dies ist ein geschickter Schachzug für die eigene Karriere, und zwar gleich aus mehreren Gründen: Erstens beweist er, wie ernst es dem pflichteifrigen jungen Mann ist, zweitens garantiert er ihm einen warmen Empfang in der Einheit, die unter den schwierigsten Umständen weit im Norden, Osten oder Süden stationiert ist, und drittens steht vielleicht auch die Überlegung dahinter, daß ein Offizier, der seine ersten Dienstjahre in einer unattraktiven Gegend verbringt, später mit einem angenehmeren Posten rechnen darf.

Ein junger Offizier wird nach seinem Abgang aus der Militärhochschule fast immer zuerst als Zugführer eingesetzt. Hier lernt er alles Wichtige über das Leben in der Armee, was in der Schule selbst nicht zur Sprache gekommen ist. Es ist nicht immer leicht, die Rekruten im Zaum zu halten, besonders wenn sie gleich alt oder sogar älter und kräftiger sind und einen frischge-backenen Offizier als ein gefundenes Fressen ansehen. Trotzdem muß sich der Zugführer der Verantwortung für ihr persönliches Wohlergehen und ihre Ausbildung stellen. Nebenbei muß er auch an politischen Lektionen teilnehmen und Zeit für die fortlaufende innerdienstliche Ausbildung aufwenden, die unter der Bezeichnung »Kommandeursvorbereitung« bekannt ist. Dieser Aspekt des Dienstbetriebs ist für viele Offiziere recht lästig, denn er umfaßt oft nicht viel mehr als Drill und Schießübungen, die sich kaum von denen der Rekruten unterscheiden. Nur die wenigsten Offiziere sind der Meinung, ihr Können und ihre Fertigkeiten würden dadurch in irgendeiner Weise gefördert. Die Zeit, die ein Offizier für die »Kommandeursvorbereitung« aufbringen muß, hängt größtenteils vom Bestand seiner Einheit ab. Ist der Regimentsbestand sehr stark reduziert, muß er etwa einen Tag pro Woche dafür verwenden, doch wenn die Einheit mehr als die halbe Sollstärke aufweist, braucht niemand mehr als wöchentlich ein paar Stunden dafür zu opfern. Überdies müssen Offiziere genau wie die Soldaten hin und wieder vierundzwanzig Stunden am Stück Wachtdienst im Regiment leisten — auch dies dürfte eher zu den Schattenseiten des Offizierslebens zählen.

Ein junger Leutnant hat es also nicht gerade leicht. Nicht nur die Arbeit bringt Probleme mit sich — viele erhalten auch keine richtige Unterkunft zugewiesen und landen schließlich in einem Zimmer ohne Kochmöglichkeit in den »Hotels« ihres Regiments. Andere sind sogar noch schlechter dran und müssen zusammen mit den Soldaten in den Kasernen schlafen (wenigstens kriegen sie als Zeichen ihres Rangs manchmal zwei Matratzen). Es braucht etwas Zeit, bis man sich an das Leben in einer Garnison gewöhnt hat, besonders wenn man in der Stadt aufgewachsen ist. Auch für die Ehefrauen können sich die ersten ein, zwei Jahre recht schwierig gestalten. Vieles hängt natürlich vom Verhältnis der jungen Offiziere zu ihren Vorgesetzten ab. Dazu ein populärer Armeewitz, der die Ankunft dreier junger Leutnants bei ihrem Regiment beschreibt.

Frühmorgens kommt der erste an und klopft an die Tür des Obersten:

»Genosse Oberst, Leutnant Iwanow meldet sich zum Dienst in Ihrer Einheit zur Stelle.«

»Haben Sie alles sehr gute Noten an der Militärhochschule gehabt?«

»Jawohl, Genosse Oberst.«

»Gut. Dann sind Sie hier Zugführer.«

Nach dem Mittagessen erscheint der zweite Leutnant.

»Genosse Oberst, Leutnant Petrow meldet sich zum Dienst in Ihrer Einheit zur Stelle.«

»Haben Sie alles sehr gute Noten an der Militärhochschule gehabt?«

»Nicht ganz, Genosse Oberst.«

48 Das Leben in den Militärakademien

Der Besuch einer Militärakademie ist ein wichtiger Schritt in der Karriere eines Offiziers. Das Studium an diesen Akademien umfaßt eine fachtechnische Ausbildung an Simulatoren, taktische und strategische Diskussionen sowie Unterrichtslektionen über das Funktionieren von Waffen und Maschinen. An der Gagarin-Akademie für Piloten werden Flugsimulatoren verwendet, um die Reaktion der Studenten auf unerwartete Vorfälle beim Fliegen zu testen (unten rechts). Radar und elektronische Ausrüstung der Kommando- und Kontrollsimulatoren (rechts außen) entsprechen weitgehend den wirklichen Geräten in einem Fliegerregiment. Im Bild Mitte rechts diskutieren Studenten der Frunse-Akademie taktische Fragen. Unten wird an der Schukowski-Akademie ein Angriffshubschrauber MI-24 unter die Lupe genommen. Viele Militärakademien sind nicht nur Ausbildungsstätten, sondern auch wichtige Forschungszentren.

»Macht nichts, Genosse Petrow. Sie sind hier Zugführer und können etwas dabei lernen.«

Die Zeit verstreicht, und die Sonne geht unter. Schließlich gibt der Oberst das Warten auf den dritten Leutnant auf. Mitten in der Nacht wird er durch ein lautes Klopfen aufgeweckt. Im Dunkeln tappt er zur Tür. Ein junger Leutnant lehnt sich an den Türpfosten, die Hände in den Hosentaschen und viel zu beduselt, um sich aufrecht zu halten.

»Sind Sie der Regimentskommandeur?« fragt er.

»Ja, bin ich.«

»Prima. Und ich bin Leutnant Sidorow.«

»Na und, Sidorow?«

»Was na und? Unten wartet ein Wagen voll Weiber und Wodka.«

Worauf der Oberst seiner Frau zuruft: »He, hol mir schnell meine Uniform! Wir haben einen neuen Stabschef.«

Im Rückblick auf ihre Karriere äußern fast alle Offiziere, daß ihnen das Kommando eines Bataillons am meisten Freude bereitet hat. In diesem Stadium kennen sie ihre eigenen Fähigkeiten und genießen die Verantwortung. Hier haben sie engen Kontakt zur Truppe und fühlen sich eher als Soldaten denn als Verwaltungschefs, was später oft nicht mehr der Fall ist. Es gibt einen signifikanten Unterschied zwischen der Verantwortung auf Kompanie- und der auf Bataillonsstufe. Auf dieser Stufe beginnen die Offiziere (vor allem der gemischten Verbände) die Verantwortung für neue Aufgaben zu übernehmen, um die verschiedenen Gefechtseinheiten zu einem wirkungsvollen Team zusammenzuschweißen. Ein Bataillonskommandeur muß neben seiner eigenen Einheit zuweilen auch den Einsatz von Aufklärungsfahrzeugen und Hubschraubern dirigieren, und das mit einem Stab, der in der Regel nur aus vier Offizieren besteht. Das ist anspruchsvoll und erfordert geistige Beweglichkeit und viel Ausdauer.

Auf Bataillonsstufe wird die »Kommandeursvorbereitung« von der Division organisiert. Für die Bataillonskommandeure bringt das manchmal alle zwei Monate eine Woche Intensivausbildung mit sich. Diese Schulung wird im allgemeinen als weit nützlicher empfunden als jene auf Regimentsebene, weil sie viel direkter auf die spezifischen Aufgaben der Männer Bezug nimmt. Die Kommandeursvorbereitung umfaßt meistens Taktik (im Idealfall zu siebzig Prozent im Feld), Militärdidaktik, Psychologie, Aufklärung, elektronische Kriegführung und Vorbereitung zur Mobilmachung. Zu alledem kommt die politische Vorbereitung. Einige Offiziere sagten, sie müßten etwa zwanzig Lektionen pro Jahr besuchen und sich darauf jeweils zwei bis drei Stunden individuell vorbereiten. Andere sagten, sie erhielten überhaupt keine politische Schulung mehr. Zur Zeit finden in der Sowjetunion so fundamentale gesellschaftliche Veränderungen statt, daß viele Offiziere ihre politische Schulung plötzlich für sehr nützlich halten, obwohl sie früher vielfach als reinste Zeitverschwendung betrachtet wurde.

Offiziere müssen also mit den vielfältigsten Anforderungen jonglieren, die alle viel Zeit und Energie kosten. In erster Linie müssen die Männer unter ihrem Kommando kontrolliert und ausgebildet werden. Daneben müssen sie ihre eigenen Vorgesetzten zufriedenstellen, indem sie sich selbst entsprechend vorbereiten und auch politisch weiterbilden. Gleichzeitig sollte jeder Offizier, der noch einen Funken Ehrgeiz im Leib hat, bereits jetzt Pläne schmieden, wie er es bewerkstelligen könnte, in eine Militärakademie aufgenommen zu werden. Obwohl junge Offiziere lange Arbeitszeiten haben — zwölf Stunden sind die Regel, vierzehn oder fünfzehn nicht unüblich —, müssen sie Tatendrang und Initiative mit der Übernahme zusätzlicher Verantwortlichkeiten beweisen. Darunter fallen beispielsweise kurze Korrespondenzkurse für spezielle Dienstaufgaben, die Organisation von Übungen oder gesellschaftlichen Anlässen für die Soldaten und ein intensives sportliches Training. Sport ist wichtig in der Armee, und sportliche Qualifikationen verbessern die offizielle Leistungsbewertung eines Offiziers beträchtlich.

Hauptmann Labutkin, Kompaniechef in Petropawlowsk-Kamtschatka. Seine Soldaten sagen, er sei unglaublich gerissen und überliste sie immer wieder. Sie legen oft Fallen, damit jeder, der sich nachts der Kaserne nähert, viel Lärm macht und ihnen Zeit gibt, die Spuren ihrer verbotenen Aktivitäten zu verwischen. »Aber unser Kommandeur scheint fliegen zu können«, meinen sie.

Die militärische Laufbahn

Ein junger Offizier muß damit rechnen, durchschnittlich alle vier Jahre einer neuen Einheit zugeteilt zu werden, was jedoch je nach Person und Truppengattung stark variieren kann. Offiziere der gemischten Verbände werden vielfach nicht nur von einer Einheit zur anderen versetzt, sondern auch Tausende von Kilometern quer durchs ganze Land von einem Militärbezirk zum nächsten spediert. Demgegenüber haben viele Marineoffiziere, mit denen ich mich unterhielt, ihr ganzes dienstliches Leben bei derselben Flotte zugebracht. Im Armeereglement sind die Mindestdienstzeiten, die ein Offizier zwischen zwei Beförderungen leisten sollte, genau vorgeschrieben. Ein Leutnant beispielsweise wird zwei Jahre warten müssen, bis er Oberleutnant wird, ein Hauptmann drei Jahre bis zum Major usw. (siehe Anhang I, Tabelle 3). Nur in Ausnahmefällen kann jemand vorzeitig befördert werden. Je weiter ein Offizier auf der Karriereleiter der Armee vorrückt, desto unwahrscheinlicher wird eine Beförderung kurz nach Ablauf der Mindestwartezeit, denn auf jeder Stufe kann ihm der nächsthöhere Rang nur verliehen werden, wenn gerade eine geeignete Stelle für seinen Job frei ist. Bei der militärischen Aufklärung dienen zum Beispiel ein paar sehr distinguierte Oberstleutnants, die vermutlich kaum je weiterbefördert werden, da in ihrem Aufgabenbereich nur sehr wenige Plansteller für Obersten und Generäle verfügbar sind. Anderseits besetzen in weniger prestigeträchtigen Dienstzweigen einige nicht sehr helle Köpfe den Posten eines Obersten. Jeder weiß um diese offensichtlichen Ungereimtheiten. Für die Kommandozuteilung und Beförderung von Dienstgraden vom Major an aufwärts ist das GUK — die Kaderhauptverwaltung — zuständig; bis zum Major sind es die entsprechenden Waffengattungen oder die Einheiten selber. Über jeden höheren Offizier werden auf sowjetischen ES-10- und ES-35-Computern Personalakten geführt. Verfahrenstechnische Fragen wie beispielsweise die Dauer der Abkommandierung an schwierige Standorte unterstehen der Entscheidungsbefugnis der einzelnen Waffengattungen, wobei es dem GUK anheimfällt, die Rotation der Offiziere im Auge zu behalten, um zu gewährleisten, daß alles mit rechten Dingen zugeht.

In den sowjetischen Streitkräften bestimmt sich der Status eines Offiziers durch die Stellung, die er innehat, und nicht durch den Dienstgrad. Ein Offizier nimmt oft einen niedrigeren Dienstrang ein, als es seine Position offiziell erfordern würde. In der britischen Armee würde ihm in so einem Fall normalerweise der seiner Position entsprechende offizielle Dienstgrad verliehen, doch in der Sowjetarmee wird dies als unnötig erachtet, da man davon ausgeht, daß die Position den Amtsinhaber automatisch mit den nötigen Autoritätsbefugnissen ausstattet. Für fähige Offiziere, die eine maßgebliche Stellung erhalten haben, bildet die Möglichkeit einer späteren Beförderung einen wichtigen Anreiz. Das Gehalt jedes Offiziers setzt sich aus drei voneinander unabhängigen Komponenten zusammen. Zum einen wird er für seinen Dienstgrad bezahlt, zum anderen für die Stellung, die er bekleidet, und zum dritten erhält er eine Dienstalterszulage, die von der Dauer seiner bisherigen Armeezugehörigkeit abhängt. Außerdem gibt es Gehaltszulagen für die, die ihren Dienst in den unwirtlichsten Gebieten absolvieren. Die wichtigste (und variabelste) dieser drei Komponenten ist das Gehalt für die Position. Immer wieder wird betont, daß ein sehr hoher Dienstrang nicht unbedingt ungetrübtes Vergnügen bereitet. »Oberst macht am meisten Spaß«, vertraute mir ein Offizier im Generalstab an. Ein Major hat anscheinend noch nicht genügend Machtbefugnis, während Offiziere im Generalsrang wiederum so stark von Konventionen und Vorschriften eingeschränkt werden, daß auch ihr Leben in sehr engen Bahnen verläuft.

Die Karriere eines Offiziers wird durch die regelmäßige »Offiziersbeurteilung« strukturiert, anläßlich deren seine Leistungen bewertet werden. Dies kann eine reine Routineangelegenheit sein, aber auch sehr unangenehme Konsequenzen haben, sofern jemand aus der Reihe tanzt. Die

Oberst Wasnuk, der Kommandeur des Motorisierten Schützenregiments in Kamtschatka, gratuliert dem Sampolit einer Kompanie zu seiner Beförderung und übergibt ihm die Schulterstücke eines Oberleutnants. Die Beförderung war zwar zu erwarten, bietet aber dennoch Anlaß zu einer kleinen Feier. Falls der Sampolit und seine Freunde waschechte Offiziere sind, findet die eigentliche Feier jedoch erst später statt, wenn der neu erworbene Stern in ein Glas Wodka getaucht wird. Der beförderte Offizier muß das Glas in einem Zug kippen und den Stern dabei mit den Zähnen auffangen. Diese alte Armeetradition wird noch immer getreulich befolgt.

Ergebnisse aller Übungen in der Truppe werden festgehalten und als Bewertungsgrundlage für die Fähigkeiten des betreffenden Offiziers verwendet. Außerdem werden jedes Jahr über alle Offiziere vertrauliche Berichte erstellt. Die volle Beurteilungsprozedur geht in der Regel nur alle paar Jahre über die Bühne, kann aber auch jährlich erfolgen, wenn die Vorgesetzten es für nötig befinden, mehr als nur die üblichen Routinechecks durchzuführen. Manche Leute scheinen ständig unter diesen Kontrollen zu leiden. Grundsätzlich wechseln Offiziere im Laufe ihrer militärischen Laufbahn immer wieder zwischen einer Kommando- und einer Stabsstelle ab, wobei es natürlich auch Ausnahmen gibt. Sofern ein Offizier nicht durch Krankheit behindert oder zu einer vorzeitigen Pensionierung gezwungen wird, ist er für den Rest seines berufstätigen Lebens ein Rädchen in der riesigen sowjetischen Militärmaschinerie. Wie sich seine Laufbahn entwickelt, hängt weitgehend von ihm selbst ab, aber auch von den Kaprizen der internationalen Politik (welche die Größe und Zusammensetzung der Streitkräfte beeinflussen) — und nicht zuletzt von einem Quentchen Glück.

Das Leben in der Garnison

Ein Offizier kann dazu aufgefordert werden, unter den verschiedensten äußeren Umständen in irgendeinem Teil der Sowjetunion Dienst zu leisten, und doch wird er sich in jeder Einheit wie zu Hause fühlen. Für einen Offizier oder eine erfahrene Offiziersfrau wirkt schon bei ihrer Ankunft alles sogleich vertraut. Armeegarnisonen bringen leicht erkennbare Charaktere hervor. Da ist einmal der gesprächige Sampolit und dann der fidele Chef für Rückwärtige Dienste *(Sampotil)*, populär wie eh und je, weil er den Nachschub organisiert. Da ist die zähe, altjüngferliche Schulleiterin, die sich beim Regimentskommandeur und seinen Stellvertretern furchtlos für die Belange der Frauen und Kinder einsetzt. Sie ist oft die einzige, die sich dies herausnehmen kann, denn die anderen Frauen haben meist Angst, die Erfolgsaussichten ihrer Ehemänner zu schmälern, oder sind selbst mit dem Kommandeur oder einem seiner Stellvertreter verheiratet. Und da ist auch der Stabschef, der ständig belästigt wird, weil er für die Gefechtsausbildung und für Neuerungen oder Modernisierungen zur Steigerung der Effizienz zuständig ist.

Die Armee wird von einem sehr starken Gemeinschaftssinn getragen. Wo immer man auch hinkommt, kennen die Menschen einander. Der stellvertretende Kommandeur des einen Regiments drückte mit dem Kommandeur des anderen die Schulbank an der Militärhochschule, und der Stabschef hier lernte den Kommandeur dort vor einigen Jahren während eines Urlaubs in einem der »Rasthäuser« kennen. Die großen Militärfamilien und die Suworowtsi spielen beim Schmieden der Beziehungen, welche die Welt der Armee so vertraut erscheinen lassen, eine wichtige Rolle. Und auch in der Konstanz des militärischen Systems liegt zweifellos etwas sehr Beruhigendes.

Wird ein Offizier an einen neuen Ort versetzt, bezahlt die Einheit, die er verläßt, den Umzug seiner Familie und übernimmt kostenlos den Transport des Hausrats und seiner persönlichen Habe. Bei einem Kind sind drei Tonnen Gewicht zulässig, bei zwei Kindern fünf Tonnen usw. Bei der Ankunft in seinem neuen Regiment erhält er einen Zuschuß in der Höhe eines Monatsgehalts, um die Kosten für die Neueinrichtung seiner Wohnung zu decken. (Oft verkauft eine Familie, die ihre Wohnung aufgibt, den Neuzuzügern einen Teil ihrer Möbel oder Einrichtungsgegenstände wie Regale und Vorhänge.) KECh, die für Unterkunft zuständige Dienststelle, nimmt in den Wohnungen der Offiziere die nötigen Ausbesserungen vor oder überweist ihnen die Kosten für die Reparaturarbeiten, so daß sie die Wahl haben, entweder die Arbeiten selbst auszuführen oder jemanden damit zu beauftragen — dies alles natürlich nur unter der Voraussetzung, daß überhaupt eine freie Wohnung verfügbar ist. Für Tausende von Offizieren steht jedoch schlicht und einfach keine angemessene Unterkunft bereit. So bleibt ihnen oft

In einer Offizierswohnung in Kasandschik. Die Frau ist glücklich – sie hat eine eigene Wohnung und ihr Kind einen Platz im Kindergarten –, aber die Entfaltungsmöglichkeiten scheinen auch so eher beschränkt. Das Leben der Offiziersfrauen ist jedoch nicht so eingeengt, wie es den Anschein haben könnte. Sie leben in einer eigenen Welt, deren Zentrum meist der Offiziersklub ist. In der Regel gibt es hier ein Café, wo sich die Frauen treffen und Verbesserungen oder Vergnügungen planen. Sie organisieren sich und helfen einander beim Einkaufen und Kinderhüten oder legen notfalls ihre Mittel zusammen. Wer einen Offizier heiratet, muß mit allen gut auskommen können. Zänkische Frauen können eine kleine Garnison völlig in Aufruhr bringen.

nichts anderes übrig, als mit anderen eine Wohnung zu teilen oder zu häufig übersetzten Preisen in nicht sehr appetitlichen Häusern ein Zimmer zu mieten. Selbst wenn die zur Verfügung gestellten Annehmlichkeiten alles andere als angemessen sind, gibt sich das Regiment im allgemeinen sehr viel Mühe, dem Neuankömmling einen herzlichen Empfang zu bereiten. Ich habe Einheiten besucht, wo die Freundschaften zwischen den Offizieren und einzelnen ihrer Familien ungeachtet aller Mühsal ein Gemeinschaftsklima erzeugten, wo man sich bemerkenswert glücklich fühlte und viel Spaß miteinander hatte.

Die Öffentlichkeit hegt zwar einen gewissen Unmut über die Privilegien, welche die Offiziere angeblich genießen, doch in den Augen der »Privilegierten« ist das Leben alles andere als leicht. Viele von ihnen müssen endlos lange Jahre in einigen der unwirtlichsten Landstrichen der Welt ausharren; andere werden so oft von einem Ort zum anderen versetzt, daß weder sie noch ihre Familie je die Möglichkeit haben, sich irgendwo häuslich einzurichten und Fuß zu fassen. Es ist durchaus nicht ungewöhnlich, daß jemand während seines ganzen Berufslebens auf irgendeiner Warteliste steht und jedesmal, wenn er zuoberst auf die Liste vorgerückt ist und endlich eine Wohnung erhalten könnte, versetzt wird und wieder ganz unten anfangen muß. Der Mangel an geeigneten Unterkünften erzeugt ein weitverbreitetes Gefühl von Unsicherheit. Selbst wenn eine Familie zeitweilig über eine anständige Wohnung verfügt, weiß sie nie, was bei der nächsten Versetzung auf sie wartet. In vergangenen Jahren konnte ein Offizier zwar tatsächlich häufig mehr Geld verdienen als Zivilisten gleichen Alters, doch heute ist dies nicht mehr der Fall. Die meisten sowjetischen Familien können ihren Lebensunterhalt sowieso nur unter der Annahme bestreiten, daß auch die Frau ganztags arbeitet. Für viele Offiziersfrauen ist dies ein Ding der Unmöglichkeit, denn meist besteht an den Orten, wo sie hingeschickt werden, keine Möglichkeit, irgendeine Arbeit zu finden, für die sie qualifiziert wären (und eine andere häufig auch nicht). Wenn sie jedoch nicht arbeiten, verlieren sie ihren Rentenanspruch, und die Familie muß für die Zukunft Geld zur Seite legen. Auch wenn die Offiziere selbst ein gutes Gehalt kriegen sollten, stehen ihrem Haushalt oft weniger finanzielle Mittel zur Verfügung als bei vergleichbaren zivilen Familien.

Dies führt zu einer weiteren Schwierigkeit, mit der sich viele Offiziere abfinden müssen — mit einer Frau zusammenzuleben, die sich tödlich langweilt, Tausende von Kilometern von Familie und Freundinnen entfernt ist und es sich nicht leisten kann, sie öfter einmal zu besuchen. Viele Zivilisten glauben auch, daß das Militär in Saus und Braus lebt und daß in seinen exklusiven Läden ein verwirrendes Angebot von leckeren Konsumgütern winkt, von denen gewöhnliche Sterbliche bloß sehnsüchtig träumen können. Wir haben in einigen Garnisonen tatsächlich Läden gefunden, die sicher besser bestückt waren als gewöhnliche sowjetische Geschäfte, doch meiner Ansicht nach war der Unterschied nicht frappant. Sie lagen meist in Gegenden wie der Ukraine, wo es sich allgemein recht gut leben läßt. Tatsache ist, daß auch manche Fabriken oder andere große Arbeitgeber in der Sowjetunion für ihre Belegschaft Läden mit einem überdurchschnittlichen Warenangebot organisieren. Andernorts, wie etwa in den Wüsten von Turkmenistan, wo kein vernünftiger Europäer je freiwillig leben würde, war das Warenangebot der Militärläden sogar für sowjetische Begriffe äußerst kärglich. Nachdem zur Zeit in vielen Teilen der Sowjetunion Rationierungsmaßnahmen eingeführt werden, erhalten Militärfamilien zudem oft keine Lebensmittelmarken, um in zivilen Läden einzukaufen, so daß Offiziersfrauen zuweilen nicht einmal die Waren kaufen können, die sonst allen Leuten zugänglich sind.

Ein weiteres dem Militärsystem inhärentes Problem ist die Erziehung und das Wohl der Kinder. Kinder von Armeeangehörigen müssen gezwungenermaßen die Schule wechseln, sobald ihr Vater einen neuen Posten antritt, so daß man nicht selten Jugendliche findet, die im Verlauf von zehn Jahren vier oder fünf verschiedene Schulen besucht haben. In vielen abgelegenen Garnisonen setzt sich der Lehrkörper zudem fast ausschließlich aus Offiziersfrauen zusammen,

Kapitän zweite Klasse Ostrowski (vorne) spielt mit seiner Tochter und einem anderen Offizier im Schnee. In der ganzen Sowjetunion unterhält das Verteidigungsministerium »Rasthäuser« für Offiziere und ihre Familien, komfortable Hotels mit guten Einrichtungen für Sport und Erholung. Um hier seine Ferien verbringen zu können, benötigt ein Offizier einen Gutschein, der nicht immer leicht zu erhalten ist.

Eine typische Szene auf dem
Exerzierplatz vor der Kaserne des
in Petropawlowsk-Kamtschaka
stationierten 30. Rote-Fahne-
MotSchützenregiments. Die
Soldaten, die bald Wachtdienst
haben, stellen sich auf, um
Anweisungen entgegenzunehmen.

Ein Marineinfanterist mit Frau und Kind bei einem Sportwettkampf am Stadtrand von Wladiwostok.

die meist überhaupt keine Lehrerausbildung genossen haben. Eine weitere Sorgenquelle für den Offizier bildet die Gesundheitsfürsorge für seine Familie. Obwohl auf jedem Militärstützpunkt eine gewisse ärztliche Grundbehandlung gewährleistet ist, fehlen in der Regel die Mittel, um Frau und Kindern eine Spezialpflege zukommen zu lassen. Ich traf einen Oberleutnant, der kurz davor gestanden hatte, aus der Luftwaffe auszutreten, denn sein schwer behindertes Kind bedurfte dringend einer Behandlung, die in der Gegend, wo er Dienst leistete, nicht möglich war. In diesem einen Fall gelang es den Politischen Offizieren seines Regiments, scheinbar unüberwindliche bürokratische Hürden zu überspringen und zu erreichen, daß das Mädchen von den besten Spezialisten untersucht wurde. Der junge Offizier wird also den Streitkräften weiterhin erhalten bleiben, doch andere nehmen aus ähnlich gelagerten Gründen den Abschied.

Das Offizierskorps hat diese Umstände seit jeher als gegeben angenommen. Die Offiziere murrten zwar, wenn sie unter sich waren, und beschwerten sich an geeigneter Stelle, und schon vor der gegenwärtigen Öffnung in der Presse gab es in den Militärzeitungen vereinzelt Diskussionen über die Schwierigkeiten, unter denen die Armee Dienst leisten muß. Doch im Offizierskorps überwiegt die Einstellung, ein Offizier sei trotz der vielen Probleme stolz darauf, Soldat zu sein, stolz auf die Tradition, zusammen mit Frau und Familie mit allen Schwierigkeiten zurechtzukommen. Unter den Offizieren herrscht seit jeher ein sehr strenger Moralkodex, der meinen Beobachtungen zufolge nichts von seiner Wirkung eingebüßt hat. Er schreibt vor, um jeden Preis seine Pflicht zu erfüllen und in der Öffentlichkeit kein Gezeter loszulassen.

Der russische Kult des Dienens

Der Geist des Offizierskorps rührt sicher zum Teil von einer gemeinsamen europäischen Militärtradition her, doch scheint mir, daß der Begriff des Dienstes in der Sowjetunion tiefer verwurzelt ist und kompliziertere Verästelungen aufweist als anderswo. In der russischen und letztlich auch in der sowjetischen Armee gilt nach volkstümlicher Meinung und auch ganz grundsätzlich das Ertragen und Erdulden als eine der hervorstechendsten militärischen Tugenden. Diese Betonung auf einem heroischen Ausharren hat sich im Guten wie im Schlechten sehr stark auf das Land ausgewirkt. Rußland — das christliche wie das sozialistische — neigt seit jeher dazu, aus der Selbstaufopferung einen Kult zu machen. Boris und Gleb, die ersten russischen Märtyrer, sind in gewisser Weise die Quintessenz eines russischen Heiligen und werden ihrer willigen Selbsterniedrigung wegen von der orthodoxen Kirche noch heute liebevoll verehrt. Wenn sich orthodoxe Theologen über das Wesen von Christus auslassen, kreisen sie mit Vorliebe um den Gedanken der *kenosis*, der »Entäußerung« von Macht und Ruhm, deren es bedurfte, damit Gott Mensch werden konnte. Für russische Christen ist die Vorstellung von Gott, der sich erniedrigte und an unserem Menschsein teilnahm, fast unerträglich rührend. In der Orthodoxie wird Demut weit über starre Rechtschaffenheit gepriesen, steht Mitleid über der buchstabengetreuen Befolgung des Gesetzes. Puritanismus kommt dem Göttlichen bestimmt nicht am nächsten.

Für die russische Kirche hat der Begriff des Auserwähltseins keinerlei Bedeutung. Der Prinz und die Hure, der Bojare und der Bettler galten gefühlsmäßig stets beide in eine einzige Gemeinschaft eingebunden, wo Erlösung im Annehmen und in der Vergebung der Schwächen unserer Mitmenschen lag. Die frühen Protestanten mochten geglaubt haben, sie würden in den Himmel kommen, wenn sie besser waren als das breite Volk, doch die russischen Christen wissen, daß sie nur dorthin gelangen, wenn sie am Menschsein aller aus tiefstem Grund teilhaben. Aus dem gleichen Grund wurden jene Befehlshaber, die an der Mühsal ihrer Truppen Anteil zu nehmen schienen, in der Armee am meisten verehrt. Von Suworow (gest. 1798), dem größten aller russischen Feldherren, der im Volksglauben fast als Heiliger gilt, erzählt man mit Vorliebe, er habe seine Hafergrütze mit seinen Männern geteilt. Wegen der Liebe, die er für seine Leute empfunden haben soll, wird er noch heute geliebt. Nicht, daß er sie etwa besser behandelt hätte als seine Zeitgenossen — General Potemkin, der Befehlshaber des Semenowski-Regiments, war allen Berichten zufolge freundlicher zu den Soldaten und mehr um ihr Leben besorgt. Doch die Truppen glaubten, daß Suworow verstand, was sie durchmachen mußten. Er hielt rücksichtslos auf Disziplin und war ein eifriger Verfechter der Rangunterschiede, doch seine kultivierten Exzentrizitäten und seine Fähigkeit, mit den bäuerlichen Soldaten in einer Sprache zu sprechen, die sie verstanden, prägten ihn zur unvergeßlichen russischen Symbolfigur eines guten Befehlshabers. Zwar repräsentierte er die Autorität und Macht, die das Land regierte, doch er wußte, was es hieß, ein einfacher Soldat zu sein.

In der sowjetischen Ära brachte der Zweite Weltkrieg eine reiche Ernte an guten militärischen Führern hervor. Die Historiker sind vor allem von der Figur des intellektuellen, geschliffenen Marschalls Konstantin Rokossowski fasziniert, der während des ganzen Krieges mit einer 1938 über ihn verhängten Todesstrafe im Nacken Dienst leistete. Der gewöhnliche Soldat zog wohl eher einen Mann wie Marschall Georgi Schukow vor, der sich wie Suworow aus den untersten Rängen zur Spitze emporgearbeitet hatte. Auch hier ging es den Soldaten nicht um verweichlichte Disziplin oder liberale Prinzipien. Sie konnten verzeihen, was nachträglich als Grausamkeit erscheinen mochte, und sie konnten Rücksichtslosigkeit bewundern. Wie Suworow ging auch Schukow manchmal sehr leichtfertig mit dem Leben seiner Soldaten um, doch wie jener schien auch er mit ihren Strapazen mitzufühlen. Und letzten Endes war es nur das, was bei den Männern wirklich zählte.

Westliche Beobachter zeigten sich alarmiert, weil im sowjetischen Offizierskorps alles auf einen zunehmenden Nationalismus hindeute. Die Sehnsucht, die verlorengegangene eigene Vergangenheit wiederzuentdecken, ist jedoch bei einem Volk, das versucht, sich von siebzig Jahren obrigkeitlich oktroyiertem Gedächtnisschwund zu erholen, eine durchaus verständliche Reaktion. Vieles aus der sowjetischen Ära, selbst viele ihrer angeblich größten Errungenschaften, gelten manchen Russen heute als Lug und Trug. Der Staat, in den alle zur Zeit Dienst leistenden Offiziere hineingeboren wurden, gilt als moralisch bankrott. Es kommt daher keineswegs überraschend und ist auch durchaus nicht verwerflich, wenn sich die Leute — und mit ihnen auch Soldaten — in einer Zeit politischen Aufruhrs und moralischer Verwirrung auf ihre nationale Vergangenheit zurückbesinnen, um besser zu verstehen, wer sie sind, und um ihrem weiteren Verhalten in der Zukunft eine Richtung zu geben.

Die dunkle Seite dieses Nationalismus liegt in Wirklichkeit im Fremdenhaß. Der stärkste Rassenhaß in der Sowjetunion richtet sich gegen die Juden. Auch in der Armee ist der Antisemitismus endemisch. Nach meinen Erfahrungen reicht er vom stillschweigenden Einverständnis, das sich in ziemlich harmlosen Witzchen manifestiert, bis zu furioser Leidenschaftlichkeit. Am seltsamsten für uns im Westen mutet wohl die Tatsache an, daß viele Russen offensichtlich nie mit der Auffassung konfrontiert wurden, offener Antisemitismus sei gesellschaftlich unakzeptabel. Bei mehr als einer Gelegenheit war ich Zeuge, wie in einem Gespräch das Thema Juden aufgeworfen wurde, und zwar unter der Annahme, dies sei ein völlig unumstrittener Diskussionspunkt, bei dem sicher alle einer Meinung seien. Der Hinweis, daß sich der Antisemitismus in der Sowjetunion nicht auf die Armee beschränkt, erübrigt sich eigentlich. Zu seiner Ehrenrettung hörte ich aus dem Offizierskorps oft Stimmen, man gebe ja zu, daß man die Juden nicht möge, doch wenn es zu größeren Pogromen kommen sollte, wäre es die Armee, die eingreifen und die Juden retten würde. Dies ist zweifellos wahr.

Unter den Armeeoffizieren haben die Erfahrungen aus dem Zweiten Weltkrieg eindeutig zu einer gewissen Sentimentalität gegenüber Mütterchen Rußland beigetragen. Sie haben eingesehen, daß der Krieg letzten Endes von russischen Bauern gewonnen wurde, die auf russischer Erde kämpften. Nach der Revolution kursierten die wildesten Phantasien über die

Auch Reservisten nehmen an Manövern teil. Dieser Mann trägt keine Schulterstücke, ist also vermutlich kein Offizier.

zukünftige Entwicklung des Landes. Maschinen, Traktoren und Flugzeuge — dies war es, was ein rückständiges Volk aus dunkelstem Aberglauben und Knechtschaft befreien würde. Es war wie ein wilder, wahnsinniger tausendjähriger Traum, der denen, die zu träge waren, um zu begreifen, welche Möglichkeiten er ihnen bot, mit Gewalt aufgezwungen werden mußte. In den berauschenden Tagen des Aufbaus des Sozialismus wurden die Erde, der Dreck und der Staub von Rußland verachtet und gingen vergessen. Doch dann kam die deutsche Invasion, und die Armee mußte sich wieder mit der harten Wirklichkeit herumschlagen. Ein Kriegslied, an welches sich fast alle Russen eines bestimmten Alters erinnern, ruft dieses heftige Wiedererwachen eines Verständnisses für das Land ins Gedächtnis zurück:

Erinnerst du dich noch an die Straßen rund um Smolensk, Aljoscha,
an den endlos fallenden, fauligen Regen . . .
Ich glaube, auch du weißt: Das Mutterland
ist gewiß nicht die Stadt, wo ich einst fröhlich lebte.
Es sind diese Dörfer, wo unsere Großväter vor uns gestorben sind,
mit einfachen Kreuzen auf ihren russischen Gräbern.

Nach dem Krieg war »Zukunft« nie mehr das, was sie vorher gewesen war. Die schlimmste Ausbeutung des Landes stand zwar erst noch bevor und führte schließlich in den atemberaubenden Pioniertagen des Wettlaufs um den Flug zum Mond zum wohl größten Triumph des Sowjetsystems, doch der unbekümmerte Optimismus aus den ersten Tagen des Sozialismus wollte sich nie wieder einstellen. Aus militärischer Sicht war klargeworden, daß die Bedeutung der ländlichen Gegenden und ihrer Bewohner nie wieder unterschätzt werden durfte. Das Interesse der Armee am Land ist jedoch nicht nur beruflicher Natur. Die fähigsten Offiziere sprechen heute über die Umwelt und über alle von Menschen verursachten Katastrophen, die nach ihren Befürchtungen auf Rußland zukommen. Mir scheint, daß der ökologischen Krise im Vergleich zu den vielen anderen Problemen des Landes vom Militär höhere Priorität eingeräumt wird als von der Zivilbevölkerung. Immer wieder erzählte man mir von Initiativen der Militärs, die Landschaft zu schonen und die Verschmutzung von Luft und Wasser bei allen Aktivitäten ihrer Einheiten möglichst gering zu halten.

Die Sentimentalität gegenüber dem alten Rußland bildet nicht die einzige Grundlage für die Offizierskultur. Einen großen Einfluß üben auch die klassischen Männlichkeitsideale aus. Mir ist aufgefallen, daß bei einigen Offizieren eine beinahe römische Auffassung männlicher Tugenden vorherrscht, die sich aus einem hohen intellektuellen Anspruch, atheistisch geprägtem Mut und vorbehaltloser Kritik an sich selbst und am anderen zusammensetzt. Ein edler Mann sollte darauf hinwirken, sich seiner Lebtag zu vervollkommnen. Für einige Offiziere scheint dabei die Kultivierung körperlicher Leistungsfähigkeit so etwas wie einen moralischen Anstrich zu erhalten. Brillante Köpfe sagen auch, ohne zu zögern, wie wichtig es für einen Mann ist, gut auszusehen. Und natürlich stehen Wagemut und Körpereinsatz in der sowjetischen Armee — wie wohl in jeder anderen auch — ganz hoch im Kurs.

Die Helden von Afghanistan

Die wohl interessanteste und wichtigste Gruppierung in den sowjetischen Streitkräften sind gegenwärtig jene Offiziere, die sich in den besten Einheiten in Afghanistan im Kampf ausgezeichnet haben. Der zehnjährige Krieg in Afghanistan war der erste wirkliche Einsatz für die Armee seit 1945. Die tüchtigen Veteranen haben sich dabei Erfahrungen angeeignet, wie sie sonst nur altgediente Männer in den Streitkräften aufwiesen. Die meisten der einschlägigen jungen Offiziere bekleiden heute den Rang eines Oberstleutnants oder Generalmajors. Wer noch

LINKE SEITE: Auf einer Sammelstelle in der Nähe von Termes in Usbekistan sind Truppen versammelt, die im Februar 1989 aus Afghanistan abgezogen wurden.

Im Museum der Schukowski-Fliegeringenieurakademie, zu deren Absolventen auch der erste Kosmonaut, Juri Gagarin, und wichtige ehemalige sowjetische Militärführer wie Fliegermarschall Werschinin zählen.

RECHTE SEITE: Major Walentin Iwanow, Kommandeur eines Fliegerangriffbataillons, beim Nachrichtenverkehr während eines Manövers.

Oberst Ruslan Auschew (zum Zeitpunkt dieser Aufnahme noch Oberstleutnant), hier mit den Truppen seines Regiments in Ussurisk, ist einer der bekanntesten Helden der Sowjetunion aus dem Afghanistan-Krieg. Wie viele andere Offiziere muß auch er die Anforderungen des Dienstbetriebs mit denen seines Amts als Mitglied des Kongresses der Volksdeputierten unter einen Hut bringen. Einige Abgeordnete geben freimütig zu, sie hätten nie geahnt, wieviel Zeit der Kongreß wegfrißt, und künftig werden wohl weniger Offiziere für eine Wahl kandidieren.

höher in der Rangleiter steht, wurde bereits viele Jahre in der Armee geformt, bevor man ihn nach Afghanistan schickte; wer dagegen einen geringeren Rang einnimmt, ist in der Regel noch sehr jung und zuwenig selbstbewußt, um sich über seine Haltung zu den wichtigsten Fragen im klaren zu sein. Sicher jedoch ist eins: Die Erfahrungen in Afghanistan waren für jeden ein schweres Trauma, denn sie alle waren auf die Kriegsrealität und auf die Verantwortung, die sie plötzlich tragen mußten, völlig unvorbereitet.

Zu der Gruppe der Veteranen von Afghanistan mit ihren jungen, fünfunddreißig bis fünfundvierzig Jahre alten Obersten und Generälen zählt eine bedeutende Zahl von Männern, die mit der Auszeichnung »Held der Sowjetunion« bedacht wurden. Einige von ihnen sind zu einem festen Begriff geworden, und im ganzen Land hat man Komsomolgruppen, Schulen und Straßen nach ihnen benannt. Andere haben weit weniger Publizität erhalten, obwohl diese Ehrung dafür garantiert, daß keiner ihrer Träger je wieder ganz aus dem Blickfeld der Öffentlichkeit verschwindet. Es ist nicht wirklich ersichtlich, weshalb einige so viel berühmter geworden sind als die anderen. Zu den bekanntesten Helden von Afghanistan zählt sicher Ruslan Sultanowitsch Auschew (zur Zeit Oberst). Nach ihm ist so ziemlich alles benannt worden, was überhaupt benannt werden kann. Als aktives Mitglied des Kongresses der Volksdeputierten muß Auschew für alle Kongreßsitzungen nach Moskau reisen und das Wohl seines heimatlichen Wahlkreises im Auge behalten. Seine Autorität und Selbstbeherrschung machen ihn für jeden zum Vorbild eines Armeeoffiziers. Er ist nicht der Mann, irgendwelche Zweifel zu äußern, die er vielleicht hegen mag. Sein Führungsstil in Afghanistan und daheim in der Sowjetunion soll von der Fähigkeit geprägt sein, Probleme rasch zu identifizieren und praktische, oft neuartige Lösungen zu finden, was ihn nicht nur für die Armee höchst wertvoll macht, sondern auch seiner Arbeit als Kongreßmitglied zugute kommt. Der Pilot Ruzkoi, auch er ein Oberst, ist eine andere allgemein bekannte Figur. Er wurde während seiner vierhundertachtundzwanzig Kampfeinsätze in Afghanistan viermal getroffen. Zweimal gelang es ihm, sicher zu landen, das dritte Mal wurde er von einer Stinger-Rakete erwischt und mußte den Schleudersitz betätigen. Das vierte Mal wurde seine Maschine von einer pakistanischen F-16 getroffen, die mit Sparrow-Raketen bestückt war, und er mußte in Pakistan notlanden. Fünf Tage lang war er auf der Flucht, blutend, ohne jede Nahrung und Wasser. Schließlich verlor er das Bewußtsein und wurde von einer Gruppe Afghanen gefangen. Man sprang nicht gerade sanft mit ihm um. Vierundzwanzig Stunden lang hing er mit zusammengebundenen Händen und Füßen an einem Pfahl in der Luft. Später wurde er den Pakistani übergeben und darauf den sowjetischen Behörden überhändigt. Zur Zeit dieses Vorfalls durfte er erwarten, daß man ihm für seine bisher bewiesene Tapferkeit die Auszeichnung »Held der Sowjetunion« verlieh, doch angesichts der traditionell unversöhnlichen Haltung der Sowjets gegen Leute, die in Gefangenschaft gerieten, würde dies nun wohl widerrufen werden. Aber die Zeiten hatten sich geändert, und Ruzkoi erhielt am 8. Dezember 1988 die Ehrenauszeichnung dennoch.

Bei der Zivilbevölkerung scheinen Auschew und Ruzkoi viel berühmter zu sein als die meisten anderen Helden, doch vom Blickwinkel der Armee sind sie nur zwei unter vielen. Auschew, zur Zeit Offizier bei den gemischten Verbänden, ist ganz klar auf Erfolgskurs und kann mit Ausnahme der Flotte in jede Waffengattung oder Dienstabteilung befördert werden. Sehr viele der Helden sind jedoch Offiziere der Luftlandetruppen. In Afghanistan fand kein Krieg mit starken mechanisierten Verbänden und Panzern statt, und die schwierigsten Missionen wurden von den Fallschirmjägern (Luftlandeinfanteristen) ausgeführt. Die heute maßgeblichsten unter ihnen sind der äußerst einnehmend wirkende Waleri Wostrotin sowie Sergei Koslow, den Ruslan Auschew als einen der besten Offiziere in der Armee charakterisiert hat. Großen Einfluß übt auch der Held der Sowjetunion Alexander Petrowitsch Soljujanow aus, der gerade das unabhängige Luftlanderegiment in Fergana in Usbekistan befehligte, als ich ihn kennenlernte.

Aleksandr Iwanowitsch Lebjed (heute Generalmajor) in Rjasan. »Meine Aufgabe ist es, die Regimenter meiner Division zu einer geballten Faust zusammenzuschweißen«, sagte er uns.

Als Kommandeur des Luftlanderegiments war er zugleich Chef der Garnison von Fergana und damit gewissermaßen ein Nachfahre der alten russischen Militärgouverneure in dieser Gegend. Er war sich dieser Tradition durchaus bewußt und zeigte sich bei mehr als einer Gelegenheit sehr beschlagen, als er davon sprach, welche Verdienste sich seine Vorgänger bei der Entwicklung dieses Landstrichs erworben hatten, als sie Obstgärten anlegen ließen und die weniger greifbaren Früchte der Zivilisation einführten. Ein schönes Zeugnis dafür ist der liebliche alte Gouverneurssitz mit seinem weinbewachsenen Laubengang und dem hübschen Garten. Doch auch vor diesem Hintergrund kolonialer Eleganz macht Alexander Petrowitsch den Eindruck eines Mannes, der ständig auf der Hut ist, was hinter seinem Rücken (und auch vor seiner Nase) alles passieren könnte, und was die Verwaltung der Armeebestände an Menschen und Material und die Ausführung einmal getroffener Entscheidungen betrifft, soll er äußerst gewissenhaft vorgehen.

Eine der eindruckvollsten Gestalten unter all den Afghanistan-Veteranen ist Generalmajor Alexander Iwanowitsch Lebjed, Kommandeur der in Tula stationierten 106. Garde-Luftlandedivision. Weil er einige Jahre an der Fallschirmjägerhochschule in Rjasan als Zugführer und Kompaniechef wirkte, ist er bei den gleichaltrigen oder etwas jüngeren Fallschirmjägeroffizieren bestens bekannt. Daraufhin befehligte er ein Bataillon in Afghanistan mit Auszeichnung. Nur wenigen Leuten in den Streitkräften wird soviel Zuneigung entgegengebracht. In Reitstiefeln und Reithose streift er durch sein Territorium, meist mit einer Zigarette im Mund. Lebjed ist in jeder Hinsicht eine Führerfigur. Selbstironisch meint er von sich, seine tiefe Baßstimme sei sein wichtigstes Kapital als Vorgesetzter. Wer sie erstmals zu Gehör bekommt, staunt auch wirklich nicht schlecht. Als ich Lebjed zum ersten Mal in seinem Regiment in Rjasan zufällig über den Weg lief, wollte er wissen, was zum Teufel wir hier zu suchen hätten, und nahm dabei kein Blatt vor den Mund. Später zeigte er sich sehr liebenswürdig und gastfreundlich, und zwar weit mehr, als es die Dienstpflicht erfordert hätte. In seinem Regiment in Tula wurde uns unter anderem vorgeführt, wie man Fahrzeuge für das Absetzen mit dem Fallschirm vorbereitet. Kurz danach rannten wir beinahe in Alexander Iwanowitsch hinein, der uns barsch fragte, wie wir vorankämen. Ich berichtete ihm, wie interessant dies alles für uns sei, doch er hob nur die Oberlippe auf der einen Seite etwas an, rümpfte die Nase und knurrte irgend etwas Abfälliges über diese unmännliche Antwort. Lebjeds Schroffheit ist jedoch gepaart mit unbestreitbarem Aplomb und mit Eleganz. In der Messe spricht jeder nur von seinem guten Herzen, und unter den Fallschirmjägerrekruten, die nicht selten einen richtigen Kult um ihren Kommandeur treiben, ist er vermutlich der meistgeachtete Mann der ganzen Luftlandetruppen. Alle meine Bekannten, die ihn je getroffen haben, glauben, sie hätten einen ganz speziellen Draht zu Lebjed, und jedem, vom Rekruten bis zum weltverdrossenen Intellektuellen, ist diese Beziehung sehr viel wert.

Die Afghanistan-Veteranen sind alle sehr auffällige Individualisten und ganz offensichtlich auch gute Offiziere, doch ihre eigentliche Bedeutung liegt in der Gruppe, die sie bilden. Zusammengenommen sind sie weit mehr als die Summe aus den einzelnen Teilen. Man spürt förmlich, wie sie einander mögen und wie entspannt sie miteinander umgehen. Über viele Themen denken sie auffallend ähnlich. Sie halten den Kontakt untereinander aufrecht und organisieren immer wieder Zusammenkünfte. Was in Afghanistan geschah, schmiedete sie stärker zusammen als alle die üblichen Bande zwischen Soldaten, die gemeinsam studiert oder Dienst geleistet haben. Sie scheinen sich mit den Erfolgen und Mißerfolgen ihrer Kampfgefährten zu identifizieren. Die meisten von ihnen vermitteln den Eindruck, sie seien sehr viel älter, als sie in Wirklichkeit sind, und hätten viel mehr Lebenserfahrung, als dies tatsächlich der Fall sein kann. Sie strahlen ein Selbstvertrauen, eine Autorität und ein gewisses gravitätisches Wesen aus, wie sie oft bei viel höherrangigen Offizieren nicht anzutreffen sind. Nach der Gewißheit des

Schlachtfelds sind ihnen der Lärm und das Getue der Städte und Stäbe ein Greuel. Sie haben den Gefahren und den Schrecken des Kriegs ins Auge geblickt und lassen sich deshalb von keinen Risiken mehr einschüchtern, die zuweilen in der Vorstellung anderer Offiziere herumgeistern — das Mißfallen der Vorgesetzten zu erregen, sich eine Beförderung zu verscherzen oder den Zorn der Sicherheitskräfte auf sich zu ziehen.

In der Vergangenheit hat das sowjetische sozialistische System die Entwicklung von Unternehmungsgeist und Talent eher gehemmt. Nach westlichen Maßstäben hat die Sowjetarmee seit jeher weniger Gewicht auf Einzelinitiative als auf gut eingeübten Drill gelegt. Unter den in Afghanistan vorherrschenden Umständen erwies sich das daheim an der Militärhochschule Gelernte jedoch bald einmal als nutzlos. Die Offiziere mußten eigene Initiative entwickeln und lernen, schnell zu reagieren. Hier ging es um die Kriegswirklichkeit, nicht um Ideologie oder um korrekt abgefaßte Rapporte. Heute zeigt sich fast jeder Sowjetbürger ungehalten über die Bürokratie, doch im Gegensatz zu den meisten von ihnen sind die Offiziere von Afghanistan gewohnt, radikale Maßnahmen zu ergreifen, um bürokratische (und auch andere) Hindernisse zu überwinden, dabei aber auch die Verantwortung für die sich daraus ergebenden Konsequenzen zu übernehmen. Ihr Prestige und ihre Furchtlosigkeit verleihen dieser Gruppe heute ein großes Gewicht in der Armee, und in der Zukunft dürfte sich ihr Einfluß wohl eher noch verstärken.

Man hört oft, das Militär sei das konservativste Element in der sowjetischen Gesellschaft. Bis zu einem gewissen Grad trifft dies zweifellos zu — auch in den meisten westlichen Ländern sind Berufssoldaten konservativer eingestellt als andere Bevölkerungsteile. Das Offizierskorps zeigt sich sehr besorgt über den Zusammenbruch von Gesetz und Ordnung in weiten Teilen der Sowjetunion und drängt darauf, daß die politische Führung des Landes solchen Mißständen Einhalt gebietet. Ich glaube jedoch, man tut der Armee unrecht, wenn man sie bloß als ein Relikt aus den schlechten alten Zeiten betrachtet. Jeder, mit dem ich in den Streitkräften gesprochen habe, von ganz oben bis zuunterst, ist sich der Fehler, der Mißwirtschaft und der Tragödien aus der Vergangenheit bewußt. Die intelligentesten Köpfe der Armee im Generalstab und in den Einheiten manifestieren jedoch ein Selbstbewußtsein, das anderswo in der sowjetischen Gesellschaft meist fehlt. Sie wissen nur zu gut, daß die Armee inmitten aller vergangenen Übel stets eine der Stützen des Staates war und deshalb zum Teil für das bisher Geschehene mitverantwortlich ist. Nach meiner Erfahrung sind sie sich der Implikationen der jüngsten öffentlichen Enthüllungen durchaus bewußt und wissen, daß jeder Erwachsene, der nicht offen als Dissidenter auftrat, heute damit rechnen muß, als Mitläufer zu gelten. Wie bereits erwähnt, schiebt ein einflußreicher Teil der sowjetischen Medien der Armee nur allzugern die Schuld an fast allem in die Stiefel, was in der sowjetischen Ära an Schlechtem passiert ist. Man scheut keine Mühe und vergeudet sehr viel Druckerschwärze, um die Ansicht zu verbreiten, die Armee sei die Wurzel allen Übels gewesen. Aber waren denn alle Parteimitglieder, alle Journalisten, alle in den Ministerien Beschäftigten, all jene, die ihren Teil zu dem beitrugen, was heute als Lüge und Repression gebrandmarkt wird, nicht ebenso schuldig? Wenn schon so vieles im Staat faul war, so hat jedes einzelne Rädchen im Getriebe — und ganz besonders jene, die heute sagen, sie hätten das System schon immer gehaßt — dazu beigetragen und trägt jeder an der Verantwortung mit. Wer die Armee zum Sündenbock für alle Schrecken der Vergangenheit stempelt, perpetuiert damit nur das Kernübel des Systems: daß es die Leute dazu ermutigte, ihre moralische Verantwortung zu negieren. In Moskau hängt heute jeder munter sein Mäntelchen in den Wind. Wenn die Armee dabei eine gewisse Vorsicht walten läßt, sollte dies meiner Meinung nach vielfach eher dahingehend interpretiert werden, daß sie sich der schmerzlichen Ironien der heutigen Situation mit Würde bewußt ist und nicht einfach nur ein eingefleischter Widerstand gegenüber Veränderungen dahintersteht.

4 Die Einberufung

Jedes Jahr zwischen Januar und März muß sich jeder junge männliche Sowjetbürger, der das siebzehnte Lebensjahr erreicht hat, beim lokalen Woenkomat (Militärkommissariat) melden. Dort wird abgeklärt, ob er für den Militärdienst taugt und mit achtzehn Jahren eingezogen werden kann. Diese »Frühlingsvisite« beim Woenkomat ist für den jungen Mann jedoch nicht der erste Kontakt zum Militär. Zum einen sind die Streitkräfte in der Sowjetunion in der Öffentlichkeit viel präsenter als in jedem westlichen Land, zum anderen ist allen Sowjetbürgern von Kind auf eingeimpft worden, wie wichtig es ist, ihr Vaterland zu verteidigen. Sogar die Preise, die für die Turnprüfungen an den Schulen verliehen werden, tragen die Bezeichnung »Bereit zur Arbeit und Verteidigung«. Viele Kinderbücher, selbst solche für Sieben- und Achtjährige, beschreiben die kühnen Taten wirklicher oder fiktiver militärischer Helden und preisen die Tugenden der Tapferkeit und des Widerstands gegen die Torturen und Ränke des Feindes. Die Helden dieser Geschichten sind oft selbst Kinder und gemahnen den Leser daran, daß jeder Sowjetbürger, wie jung er auch sei, für die Verteidigung mitverantwortlich ist. Natürlich liefern der Bürgerkrieg und der Zweite Weltkrieg reiches Material für Abenteuergeschichten. Im besetzten sowjetischen Territorium gab es viele gut dokumentierte Fälle von Heldenmut unter sowjetischen Kindern und Jugendlichen — schade ist nur, daß die offizielle Darstellung ihres Lebens sie so oft zu unerträglichen Märtyrern hochstilisiert hat.

In der Vergangenheit legten die Jugendorganisationen des Landes für Kinder ab sieben Jahren mit Ausflügen zu Kriegsdenkmälern usw. den Grundstein zu einer militärisch-patriotischen Erziehung. Die Jungpioniere (die Parteiorganisation für Kinder zwischen neun und vierzehn) führten diese Aktivitäten weiter und hielten auch jährlich Sommerlager ab, wo ein Spiel namens *Sarniza* (Wetterleuchten) gespielt wurde, eine Mischung aus Versteckspiel und Militärübung en miniature. Die Komsomolbewegung der jungen Kommunisten, der Kinder ab vierzehn Jahren beitreten können, organisierte ebenfalls Lager, diesmal mit einem schon raffinierteren quasimilitärischen Spiel namens *Orljonok* (junger Adler). Noch heute besuchen die meisten Kinder die Lager der Jungpioniere und scheinen Spaß daran zu finden (und glaubt man ihren Müttern, kehren sie mit sehr viel besseren Manieren zurück). Sobald sie jedoch ins Teenageralter kommen, möchten sie ein unabhängigeres Leben führen, und so verzichten viele von ihnen lieber auf die organisierten Vergnügungen der Sommerlager.

In einigen Landesgegenden werden *Sarniza* und *Orljonok* noch heute organisiert und erhalten starken Zulauf. Anderswo, vor allem in den Städten, kennen die Schulkinder diese Spiele nur vom Hörensagen, und niemand hat sie je dazu eingeladen. Selbst dort, wo sie noch durchgeführt werden, steht das Militärische nicht mehr so sehr im Vordergrund, und es wäre sicher falsch, ihm allzuviel Bedeutung beizumessen, denn wenn die Spiele gut organisiert sind, machen sie vor allem sehr viel Spaß.

Im ganzen Erziehungssystem — in den Schulen wie den politischen Organisationen — wird

Rekruten auf der Einberufungsstelle in Kiew. Der Wahlspruch auf der Mauer besagt: »Die Verteidigung des sozialistischen Vaterlands ist die heilige Pflicht jedes Bürgers der UdSSR.«

heute sehr viel weniger Gewicht auf militärische Ausbildung gelegt als in den frühen achtziger Jahren. Die militärische und patriotische Erziehung konzentriert sich oft stärker auf die Zivilverteidigung und die sowjetischen Friedensinitiativen als auf die Verteidigungsvorbereitungen. Heutzutage ist ein intelligenter dreizehnjähriger Moskauer Schüler vielleicht schon nicht mehr in der Lage, den Unterschied zwischen der Uniform eines Hauptmanns und der eines Obersten zu erklären — ein Versäumnis, das noch vor wenigen Jahren unvorstellbar gewesen wäre. Bis Mitte der achtziger Jahre hätte jeder Junge etwa vom zehnten Altersjahr an die wichtigsten Insignien der Sowjetarmee gekannt und vermutlich auch die geläufigsten Handfeuerwaffen, Panzer und Flugzeugtypen unterscheiden können, die in der Sowjetunion und in Deutschland während des Zweiten Weltkriegs zum Einsatz kamen. Trotz alledem bekommt (vor allem in Rußland und in der Ukraine) ein Teenager wahrscheinlich noch immer sehr viel mehr militärische Informationen mit auf den Weg als seine Altersgenossen im Westen.

Die vormilitärische Ausbildung

Mit fünfzehn Jahren wird jeder Junge in einer Ortsklinik einer medizinischen Untersuchung durch das Militär unterzogen. Wenn etwas mit ihm nicht in Ordnung ist, folgen Behandlungen und Nachuntersuchungen. Einer inoffiziellen Schätzung eines ukrainischen Woenkomats zufolge stehen 20 Prozent der Jungen nach ihrer ersten Untersuchung weiterhin unter Beobachtung. Diese Zahl dürfte je nach Region beträchtlich variieren und hängt vom allgemeinen Gesundheitszustand der Lokalbevölkerung, aber auch von der Gründlichkeit der untersuchenden Ärzte ab. In der zehnten Schulklasse, im Alter von fünfzehn oder sechzehn Jahren also, beginnt für die Jungen die spezifische vormilitärische Ausbildung. Im Laufe der nächsten zwei Schuljahre werden 140 Stunden dafür aufgewendet, während welcher sich die Instrukteure bemühen, Grundkenntnisse im Drill und im Umgang mit Waffen zu vermitteln. Diese Militärlektionen gehören zum Pflichtteil eines Schullehrplans und werden von militärischen Spezialisten unter der Aufsicht des lokalen Woenkomats unterrichtet. Die Noten dafür sind im Abschlußzeugnis des Schülers festgehalten. Im Idealfall sollten die militärischen Instrukteure pensionierte Offiziere sein, oft sind es jedoch bloß ehemalige *Praporschtschiks* (Berufsunteroffiziere), und man hat mir von Fällen erzählt, wo sogar frühere Feldwebel, also einberufene Soldaten, für diese Aufgabe angestellt wurden. Eine ganz ähnliche vormilitärische Ausbildung wird auch in Fabriken und Landwirtschaftskollektiven, an Technischen Schulen (Technikums) und an den Technischen Spezialschulen und Berufsschulen (SPTUs) durchgeführt. Vielerorts wird deutlich, daß der Lehrkörper als Ganzes wie auch der Schulleiter wenig für den Militärinstrukteur übrig haben. Wenn es nötig wird, den Routineschulbetrieb zu unterbrechen, müssen fast unausweichlich seine Schulstunden als erste darunter leiden. Einige Schüler behaupten auch, es sei ziemlich harmlos, die Stunden für militärische Vorbereitung zu schwänzen, und werde längst nicht so streng geahndet, wie wenn man beispielsweise den Mathematik- oder Naturkundelektionen fernbleibe. Es kursieren sogar Geschichten über Schulen, wo die militärischen Lektionen ans Ende des täglichen Unterrichts verlegt werden und einen Teil des Jahres im Dunkeln stattfinden müssen. Viele Berichte lassen vermuten, daß die militärische Ausbildung an Technischen Schulen und am Arbeitsplatz sogar noch weniger ernst genommen wird. Obwohl jede Bildungseinrichtung und jedes Unternehmen, das junge Leute beschäftigt, gesetzlich dazu verpflichtet ist, seinen Schülern und jungen Arbeitern eine vormilitärische Ausbildung zu gewährleisten, sind sich manche Soldaten (vor allem solche aus den asiatischen Republiken) gar nicht so sicher, inwieweit sie tatsächlich in den Genuß einer solchen Ausbildung kamen.

Zusätzlich zu den wöchentlichen militärischen Lektionen werden Sommerlager abgehalten, die die etwas beunruhigende Bezeichnung »Militärische Lager für Sport und Hygiene« tragen.

Abschiedsszene auf der Einberufungsstelle.

Alle Jungen im Alter von etwa sechzehn Jahren sollten zwei Wochen und im folgenden Jahr nochmals fünf Tage daran teilnehmen, für Schüler erfolgen diese Lager also in der zehnten und elften Klasse. Auf dem Programm stehen Orientierungsläufe, Handgranatenwerfen, Exerzieren und Ausbildung an Handfeuerwaffen, außerdem lernt man hier die Grundtechniken des Campierens und Überlebens, so zum Beispiel, wie man ein Feuer entfacht. Die Teenager, und zwar Mädchen wie Jungen, werden auch dazu angehalten, sich in der DOSAAF (der Freiwilligen Gesellschaft für die Zusammenarbeit mit der Armee, Luftwaffe und Flotte) einzuschreiben, einer riesigen Organisation, welche für sämtliche Sportarten, die auf irgendeine Weise fürs Militär relevant erscheinen, Mittel zur Verfügung stellt. Die DOSAAF wurde kürzlich umbenannt und heißt jetzt »Union der Gesellschaften und Organisationen zur Unterstützung der Nationalen Verteidigung«, wird aber überall noch mit dem ursprünglichen Akronym bezeichnet. Fliegen, Schießen, Fallschirmspringen, Segeln und Tauchen zählen eindeutig zu den Hauptaktivitäten, daneben finden aber auch Go-Kart-Rennen und Kurse für Modellflugzeugbau, Funken und Schiffsmodellbau statt.

Der Jahresbeitrag für die DOSAAF beträgt dreißig Kopeken. Jeder, der älter als vierzehn Jahre ist, kann teilnehmen, eine Altersbeschränkung nach oben gibt es nicht. Ältere Leute, besonders Kriegsveteranen, leisten ihren Obolus häufig im Sinn einer kleinen Spende, andere sind, wie mir ein Sprecher der DOSAAF mitteilte, weit weniger altruistisch motiviert und bezahlen die dreißig Kopeken nur, damit sie Lose für die ungemein beliebten DOSAAF-Lotterien kaufen können. Es gibt wohl an die hundert Millionen nominelle Mitglieder. Die Behörden versuchen gegenwärtig, diese Zahl zu reduzieren und dafür zu sorgen, daß in Zukunft nur aktive Teilnehmer auf den Mitgliederlisten stehen. Offenbar fällt es leicht, die schwarzen Schafe unter den Sektionen herauszufinden — sie weisen zwar viele Mitglieder auf, verfügen aber über keine Fahrzeuge, Flug- und Sportausrüstung. Mitglieder dürfen kostenlos in allen Sportarten trainieren. Die Einrichtungen der DOSAAF sind in der Regel weit besser als alles, was den Jugendlichen anderswo zur Verfügung steht. Man nimmt an, daß etwa dreieinhalb Millionen Menschen bei der DOSAAF regelmäßig am Schießen, an der populärsten Sportart, teilnehmen. Bei den anderen sportlichen Aktivitäten ist es schwieriger, genaue Angaben über die Teilnehmerzahl zu machen, weil so viele Mitglieder nicht mehr aktiv sind und viele Aktivmitglieder mehr als eine Sportart betreiben.

Es bleibt offen, inwieweit alle diese genannten Aktivitäten wirklich etwas zu einer erfolgreichen Vorbereitung der jungen Männer auf den Militärdienst beitragen. Einige frisch rekrutierte Soldaten scheinen über die Gegebenheiten und Erfordernisse des militärischen Lebens sehr gut informiert, andere wirken völlig unvorbereitet, und es ist kaum zu glauben, daß soviel Zeit und Mühe in ihre vormilitärische Ausbildung geflossen sein soll. Armeegeneral Lisitschew, der 1989 der Politischen Hauptverwaltung vorstand, meinte dazu: »Viele junge Männer, die direkt aus der Schule in die Armee eintreten, sind körperlich ungenügend trainiert, nicht angemessen darauf vorbereitet, unabhängige Entscheidungen zu treffen, und noch viel weniger dazu fähig, die Anstrengungen und Entbehrungen des Militärdienstes zu ertragen. Viele stammen von Eltern, die selbst schwierige Zeiten durchmachen mußten und deshalb meinen, ihren Söhnen müsse dies alles erspart bleiben. Und infolgedessen erziehen sie sie zu Mimosen, die Angst vor dem kleinsten Windstoß haben und nur gewohnt sind, zu konsumieren, statt etwas Produktives zu leisten. Für mich ist dieser Zustand völlig unbefriedigend.« Verschiedentlich wurden praktische Maßnahmen ergriffen, um den Standard der vormilitärischen Ausbildung zu heben. So zum Beispiel wurde in den späten achtziger Jahren eine Kampagne organisiert, um je zwei Moskauer Schulen einen eigenen Schießstand oder eine Schießanlage zur Verfügung zu stellen. An vielen Schulen scheint jedoch das Problem eher in der Qualität der Instrukteure als bei der Ausrüstung zu liegen. In Großstädten finden viele Jungen, ihre militärischen Instrukteure seien intellektuell unbedarft und wüßten über die neuesten Entwicklungen in der heutigen

In der Regel reisen die Rekruten mit der Bahn zu ihrer Einheit.

Gesellschaft weniger Bescheid als ihre übrigen Lehrer. Auf dem Land ist es häufig noch viel schwieriger, Instrukteure mit dem nötigen Kaliber zu rekrutieren. Die Reaktion der Jungen auf die militärischen Lektionen und auf ihre Instrukteure ist offensichtlich stark von der aktuellen antimilitärischen Haltung in der Gesellschaft geprägt. Wenn ein einflußreicher Teil der öffentlichen Meinung dem Militär und den militärischen Werten so abwehrend gegenübersteht, wird es für den Lehrer praktisch unmöglich, Begeisterung für die vormilitärische Ausbildung zu wecken. Eine interessante Entwicklung in den letzten paar Jahren ist die Gründung von Unabhängigen Militärisch-Patriotischen Klubs, die meist unter der Führung von Afghanistan-Veteranen stehen. Sie haben sich zum Ziel gesetzt, die Lücken im offiziellen Militärvorbereitungsprogramm auszufüllen. Zu ihren Aktivitäten zählen unter anderem Gewehr- und Pistolenschießen, waffenloser Nahkampf und Drill, und im Gegensatz zu den militärischen Lektionen an der Schule sind diese Klubs vor allem bei den Jungen aus der Arbeiterklasse in den Städten sehr beliebt.

Die Musterung der Rekruten

Jedes Jahr stellt die Zweite Abteilung jedes Woenkomats, die für die Rekrutierung zuständig ist, eine Liste aller jungen Männer zusammen, die im folgenden Frühjahr aufgeboten werden sollen. Diese Listen werden aufgrund von Informationen geführt, welche von sämtlichen Erziehungsinstituten und Arbeitgebern der jeweiligen Region sowie von den Wohnbehörden stammen, die über sämtliche Bewohner ihres Amtsbereichs Buch führen. Ein Woenkomat ist für ein Gebiet von bis zu einer halben Million Einwohner zuständig. Jeder junge Mann, der im Frühjahr hier vorspricht, kommt vor eine Zuteilungskommission. Diese setzt sich aus dem die medizinische Untersuchung leitenden Arzt, aus Vertretern des Bezirksexekutivkomitees, der Lokalpartei und der Komsomolorganisationen sowie aus dem regionalen Hauptstellvertreter des Ministeriums für Innere Angelegenheiten zusammen. Kommissionsvorsitzender ist jeweils der Chef des Woenkomats, in der Regel ein pensionierter Oberst. Sind Jungen dabei, die bereits mit dem Gesetz in Konflikt gekommen sind, nimmt auch ein Vertreter der örtlichen *Milizia* (Polizei) in der Kommission Einsitz (laut Armeegeneral Lisitschew betraf dies 1989 25 Prozent aller Jungen).

Vor dem Gesprächstermin liegen der Kommission für jeden Rekruten Referenzen von Schule, Komsomol und DOSAAF und natürlich sämtliche medizinischen Unterlagen vor. Aus dem Schema »Charakterbeurteilung für Rekruten« (siehe Anhang III) wird ersichtlich, welche Informationen in diesen Referenzen enthalten sein sollten. Abschnitt 4 mit dem Titel »Individuelle psychologische Qualitäten« illustriert sehr schön, welche Bedeutung dem Begriff »Psychologie« vom sowjetischen Amtsschimmel üblicherweise beigemessen wird: Aus den einzelnen Fragen geht klar hervor, daß die Militärbehörden nur an geistigen und körperlichen Eigenschaften interessiert sind, welche die Fähigkeiten eines Jugendlichen zur Ausführung bestimmter Aufgaben beeinflussen könnten. Es besteht nicht das geringste Bedürfnis, die tiefsten Abgründe seiner Seele zu erforschen — die Armee interessiert sich lediglich dafür, was der Soldat leisten kann. Das »Rekrutendiagramm« (siehe Anhang), das jeder Einheit zusammen mit dem Rekruten zugestellt wird, vermittelt ein gutes Bild von den durch die Kommission zusammengetragenen Informationen.

Die eigentliche Musterung findet zweimal jährlich von Mai bis Juni und von November bis Dezember statt. Die Aufgabe des Woenkomats besteht nicht etwa darin, für jeden jungen Mann den besten Platz zu finden. Vielmehr muß es die Quoten erfüllen, die ihm zwei oder drei Monate vor jedem Einberufungstermin von der Hauptverwaltung für Organisation und Mobilisierung (einer Abteilung des Generalstabs) zugeschickt werden. Diese Quoten benennen die erwartete Anzahl Rekruten für die einzelnen Dienstzweige in den verschiedenen Militärbezirken und

Bei der medizinischen Untersuchung kommen viele Beschwerden ans Licht, die von den zivilen Ärzten übersehen wurden.

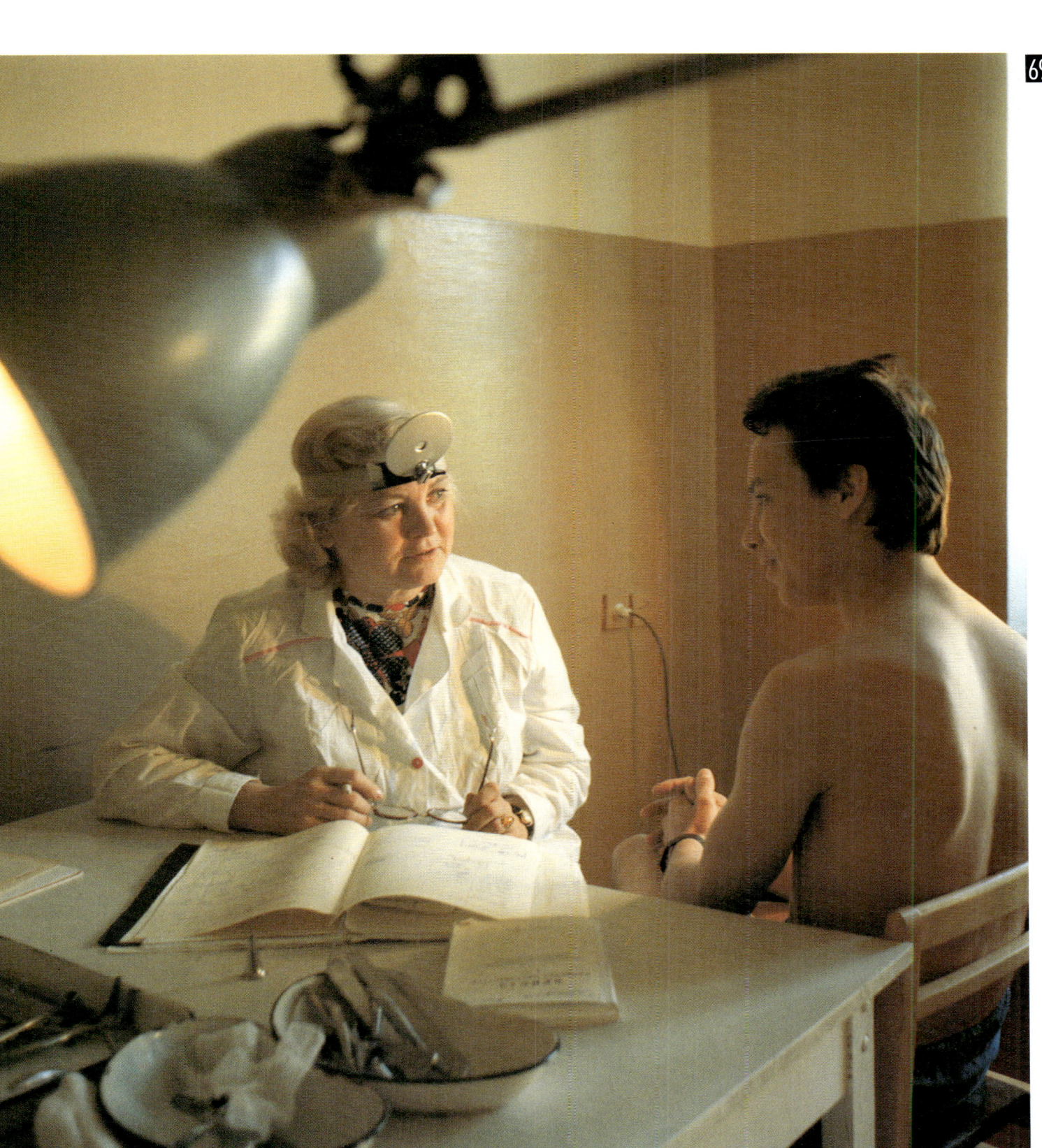

Keine russische Mutter würde ihren Sohn ins Militär ziehen lassen, ohne ihm auf die Reise etwas für den Magen und fürs Gemüt mitzugeben.

Flotteneinheiten. Für einige Truppengattungen fällt dies manchmal gar nicht so leicht, doch bisweilen verfügen die Woenkomats auch über mehr gutqualifizierte junge Männer, als sie eigentlich liefern müßten. Oft bilden sie deshalb einen Pool von Rekruten ihres Einzugsgebiets, so daß jeder Mangel in einem Bezirk durch den Überschuß in einem anderen aufgewogen werden kann.

Nicht nur das Verteidigungsministerium benötigt Rekruten — die Grenzschutztruppen und die Kremlwache (beide unter dem KGB), das Ministerium für Streitkräfte des Inneren und zu einem kleinen Teil auch die *Milizia* fordern ebenfalls ihren Anteil. Man sagt, die besten Allrounder würden der Kremlwache, dem Grenzschutz und den Strategischen Raketentruppen und die körperlich Leistungsfähigsten den Luftlandetruppen zugeteilt. Auch die Marineinfanterie und die Kriegsmarine erhalten gute Leute, wogegen der Luftwaffe weniger Priorität eingeräumt wird, weil ihre Rekruten nur mit der Wartung der Flugzeuge und der Ausführung von Routineaufgaben beschäftigt sind. Das Ministerium für die Streitkräfte des Innern benötigt seit jeher politisch zuverlässige und psychologisch stabile Soldaten, da seine Truppen als erste aufgeboten werden, um gegen zivile Unruhen im Land vorzugehen. Neustens hört man jedoch, daß das zuständige Ministerium davon absehen möchte, junge Männer einzuberufen, und ausschließlich mit Freiwilligen arbeiten will. Die verschiedenen Dienstzweige stellen ganz spezifische Anforderungen an die körperliche Leistungsfähigkeit und die gewünschten Charakterzüge. Die Vorschriften verlangen unter anderem, daß ein Panzergrenadier nicht größer als 1,70 m sein und ein Fallschirmjäger nicht mehr als 90 kg wiegen sollte. Solche Richtlinien sind offiziell geregelt, doch daneben grassieren viele Theorien über Zuteilungskriterien, die ganz eindeutig nicht zutreffen. So wird zum Beispiel oft behauptet, nur die zuverlässigsten Rekruten würden zum Dienst in Osteuropa abkommandiert, mit anderen Worten also niemand jüdischer Abstammung oder Anhänger anderer Religionen. In Wahrheit leisten dort jedoch sowohl Juden als auch Gläubige Dienst. Ich begegnete bereits 1982, also lange bevor die *Perestroika* die Politik der Woenkomats beeinflußt haben konnte, dem Sohn eines orthodoxen Priesters, der in Ostdeutschland diente. Die weniger fähigen Rekruten werden in der Regel den Rückwärtigen Diensten und den Pioniertruppen zugewiesen, die politisch oder psychologisch Unzuverlässigsten landen meist in einem Strojbat *(Stroitelnji Batalon)*, einem Baubataillon.

Kurz vor oder nach seiner Frühlingsvisite beim Woenkomat muß sich der junge Mann einer zweiten, gründlicheren ärztlichen Untersuchung unterziehen. Sie schließt auch einen Intelligenztest und eine Bewertung der manuellen Geschicklichkeit mit ein und dient der Kommission als Entscheidungsgrundlage für die endgültige Zuteilung des Rekruten. Diese medizinische Untersuchung bietet einer kleinen, aber fest entschlossenen Minderheit die größte Aussicht, dem nationalen Wehrdienst zu entgehen. Aus mehreren Gründen wird dies jedoch immer schwieriger. Erstens sind in den letzten paar Jahren die medizinischen Ansprüche eher gesunken, weil während des Krieges in Afghanistan so viele Rekruten wie nur möglich benötigt wurden und weil durch die niedrige Geburtenrate unter den Slawen der Pool der verfügbaren jungen Männer zahlenmäßig stark geschrumpft ist. Wer früher beispielsweise über »schlechte Füße« klagte, durfte fast sicher mit einem Ausschluß rechnen, heute wird er jedoch höchstwahrscheinlich in einem Baubataillon Dienst leisten müssen, wo Exerzieren und Marschtüchtigkeit weniger im Vordergrund stehen. Zweitens sind die Kosten, um einen Arzt zu bestechen, ein Attest über einen fiktiven gravierenden Krankheitszustand auszustellen, durch die Inflation stark angestiegen. Und das allerletzte Abschreckungsmittel gegen eine Einberufung — eine völlig unnötige Operation, bei welcher ein Arzt ein Anästhetikum verabreicht, einen spektakulären Einschnitt macht und ihn dann so zusammennäht, daß sich eine gut sichtbare Narbe bildet — können sich nur noch schwerreiche Eltern leisten (Gerüchten zufolge schwankt der Preis dafür zwischen 10 000 und 50 000 Rubel oder liegt sogar noch darüber).

Die erhöhte Wachsamkeit der Armeeärzte ist heutzutage wohl der größte Stolperstein für einen jungen Mann, der versucht, dem Militärdienst zu entrinnen. In früheren Jahren führten ausgeklügelte Vorbereitungen häufig zum Erfolg: Man fastete, trank Unmengen schwarzen Kaffee oder fügte sich Prellungen zu, um zu beweisen, daß man während eines epileptischen Anfalls umgekippt war (nebst vielen anderen Kniffen, die eine ernsthafte Krankheit vortäuschen sollten). Solche Tricks waren jedoch von unangenehmen Nebenerscheinungen begleitet — der Notwendigkeit beispielsweise, sich einer lästigen ärztlichen Behandlung unterziehen zu müssen und die Prozedur jedesmal zu wiederholen, wenn es dem Woenkomat gefiel, einen Drückeberger erneut vorzuladen. Und Armeeärzte sind bekanntlich erbarmungslos. Eine berühmte Szene aus »Kommando 33«, einem Film über das Leben in der Armee, soll laut Aussage unglücklicher Soldaten gar nicht so unrealistisch sein. Dort versucht ein Jugendlicher der Einberufung zu entgehen, indem er vorgibt, schrecklich zu stottern. Er beteuert dem Arzt in einem fast unverständlichen Gestammel, wie gern er der Armee beitreten möchte. Der Arzt kommt darauf ganz allgemein auf die Eigenheiten des Stotterns zu sprechen und meint, wie seltsam es doch sei, daß jeder echte Stotterer ein ganz bestimmtes mehrsilbiges Wort ohne alle Schwierigkeiten aussprechen könne. Er fragt den Jungen, ob auch er dieses Wort zustande bringe. Ohne zu zögern, spricht dieser das Wort perfekt aus, worauf der Arzt triumphierend »Hat ihn schon!« (oder ein russisches Äquivalent dafür) ruft.

Die Ärzte kennen nicht nur sämtliche Tricks, sie wissen auch genau, welcher Menschenschlag mit hoher Wahrscheinlichkeit versuchen wird, dem Wehrdienst zu entgehen. Die angeblichen Gebrechen von Kindern liberaler Intellektueller und reicher Profitmacher verdienen offensichtlich besondere Aufmerksamkeit. Junge Männer, die nicht mit reichen Eltern gesegnet sind, organisieren sich oft ihre eigene Freistellung. Die Lieblingsmethode dazu ist nicht ohne Risiko: Man schneidet sich tief in die Handgelenke, schmiert überall Blut herum, preßt die Hände fest an die Schultern und ruft darauf den Notfalldienst an. Es ist ratsam, einen Freund aufzubieten, der bereitsteht und die Nummer wählt, falls sich dies als notwendig erweisen sollte. Ein Selbstmordversuch trägt mit Sicherheit den in gewissen Kreisen höchst begehrten »Status 7b« — Geisteskrankheit — ein und sichert eine definitive Freistellung vom Wehrdienst. Die Polizei von Moskau und Leningrad, die versucht, den *Farzowschtschiki* (den jungen Männern, die bei den Ausländern herumhängen, um illegal Geld zu wechseln oder westliche Kleider zu kaufen) das Handwerk zu legen, fragt schon gar nicht mehr, weshalb sie nicht bei der Armee seien — jeder kann schließlich sehen, daß es sich um Verrückte handelt. Mitte der achtziger Jahre nahm die Zahl derer, die versuchten, eine Krankheit vorzutäuschen, um dem Militärdienst zu entrinnen, drastisch zu. Einesteils war dies dem Krieg in Afghanistan zuzuschreiben, andernteils aber auch dem Umstand, daß die *Dedowschtschina*, die institutionalisierte Drangsalierung, welche die Armee verseucht, damals besondere Blüten trieb. Einige junge Männer meinten im Gespräch, sie würden sich heute weit eher damit abfinden, Wehrdienst zu leisten, als dies früher unter den gegebenen Umständen der Fall war.

Zurückstellung und Befreiung vom Wehrdienst

Heute ist für viele junge Männer die Frage, wie sie dem Militärdienst entrinnen könnten, gegenstandslos geworden. Seit August 1989 werden Studenten, die einen Studienplatz an einer Universität oder einem Institut erhalten haben, automatisch zurückgestellt. Häufig bedeutet dies, daß sie praktisch vom Wehrdienst befreit sind. Nach der neuen Regel gelten Studenten an Universitäten und Instituten, die eine eigene militärische Abteilung führen, bei Studienabschluß als Reserveoffiziere, obwohl die von ihnen absolvierte militärische Ausbildung selten mehr als die lustlose Teilnahme an einem mehrwöchigen Militärlager umfaßt. Sofern ein Hochschulab-

72 Das Aufgebot

Wir beobachteten diese Jungen achtzehn Monate lang, vom Einrücken über den Aufenthalt in einem Schulungszentrum für Feldwebel bis zu ihrer Versetzung in eine Panzereinheit bei Minsk. Sie wurden im Frühjahr 1989 kurz nach dem Rückzug aus Afghanistan eingezogen. Erstmals seit zehn Jahren konnten die jungen Männer wieder sicher sein, nicht in den Krieg geschickt zu werden. Die meisten Rekruten aus dieser Gruppe wurden jedoch schon nach zwölf Monaten zur Friedenssicherung im Kaukasus eingesetzt.

Beim Impfen

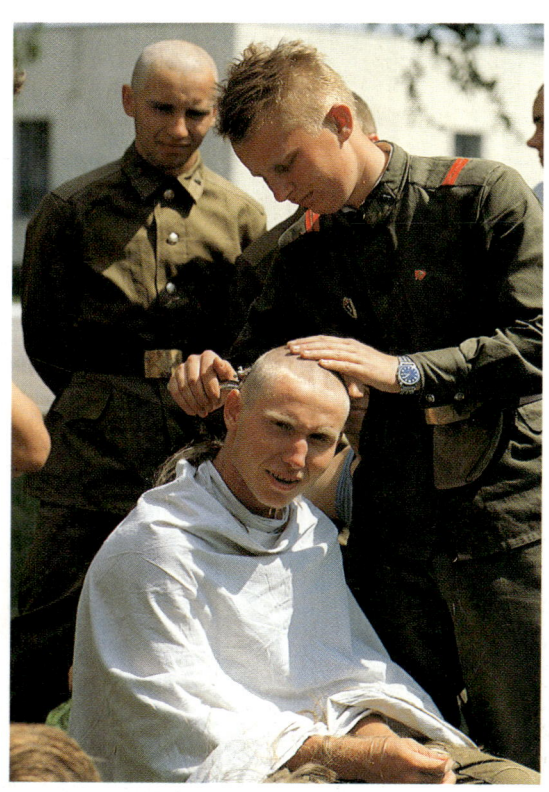

Nach seiner Ankunft im Schulungszentrum in Borissow bei Minsk erhält Juri Badeschko einen sauberen militärischen Haarschnitt verpaßt.

Die erste Mahlzeit in der Armee.

Die neuen Rekruten erhalten ihre Uniform – Armeekleider fühlen sich anfänglich oft recht ungewohnt an.

Herbst 1989: Trotz anfänglicher Bedenken gefiel drei Rekruten der Gruppe das Leben in der Armee so sehr, daß sie sich später um Aufnahme an die Panzeringenieurhochschule in Kiew bewarben.

solvent über spezifische Fertigkeiten verfügt, die in der Armee benötigt werden — wenn er beispielsweise eine ausgefallene moderne Fremdsprache beherrscht oder spezialisierte wissenschaftliche Kenntnisse hat —, könnte er theoretisch als Offizier eingezogen werden. Wie die Studenten jedoch selber zugeben, ist dies in der Praxis in Friedenszeiten höchst unwahrscheinlich geworden, obgleich es früher nicht ungewöhnlich war, in solchen Fällen ein Aufgebot zu erhalten. Absolventen von Universitäten und Instituten ohne eigene militärische Abteilung müssen heute damit rechnen, für eine einjährige Dienstzeit einberufen zu werden, während der sie meistens als Feldwebel dienen.

Der Besuch einer Universität oder eines Instituts ist natürlich nur einer der vielen Gründe für eine Zurückstellung vom Wehrdienst. Für einen definitiven Ausschluß sind zwei Ursachen maßgeblich: Entweder liegen schwerwiegende medizinische Gründe vor, oder jemand hat bereits eine mehr als zweijährige beziehungsweise zwei kürzere Gefängnisstrafen verbüßt. Um in den unmittelbaren Genuß einer definitiven Freistellung aus medizinischen Gründen zu kommen, muß man schon ein schweres Gebrechen nachweisen, das einen permanent militärdienstuntauglich macht. (In Wirklichkeit wird eine solche Freistellung heute kaum noch gewährt und nur Leuten zugesprochen, die offiziell als »Behinderte ersten Grades« anerkannt sind.) In den letzten paar Jahren wurden auch die Minimalanforderungen an die Sehkraft der Rekruten gesenkt und betragen jetzt bei aufgesetzter Brille (oder Kontaktlinsen) nach sowjetischer Meßweise 0,05 im einen Auge bei mindestens 0,5 im zweiten. Die erforderliche Mindestgröße für Rekruten liegt bei 142 cm, das Minimalgewicht beträgt 48 kg. Wenn ein Jugendlicher zu klein für die Armee ist, versuchen die medizinischen Experten zuerst ein Turn- und Ernährungsprogramm für ihn zusammenzustellen, bevor sie die Hoffnung endgültig aufgeben und ihn definitiv vom Dienst freistellen. Falls jemand einen Monat bis ein Jahr lang krank gewesen ist, kann er ein halbes oder ein ganzes Jahr zurückgestellt werden und wird nach drei Jahren wiederholtem Aufschub oft definitiv vom Wehrdienst befreit. Wer zur Strafverbüßung im Jugendgefängnis saß oder mit der *Milizia* in Konflikt kam, aber nur verwarnt oder mit einer Buße belegt wurde, ist jedoch dienstpflichtig. Meine Informanten aus der sowjetischen Unterwelt behaupteten, daß junge Männer, die ihre Wehrpflicht nicht erfüllt haben, in Gefängnissen für Erwachsene eine besonders schwierige Zeit durchmachen. Die älteren Verbrecher dort sind offenbar der Auffassung, ein Junge solle zuerst seine patriotischen Pflichten erfüllen, bevor er sich seinem einschlägigen Handwerk zuwendet, und jeder, der dies versäumt, sei ein Drückeberger.

Es ist auch möglich, aus familiären Gründen eine Zurückstellung vom Wehrdienst zu erwirken. Ein junger Mann kann einen solchen Aufschub erhalten, wenn er:

- zwei Kinder hat
- mit einer Frau verheiratet ist, die offiziell als Behinderte ersten oder zweiten Grades gilt
- arbeitsunfähige Eltern hat, die finanziell von ihm abhängig sind
- vaterlos ist und eine berufstätige Mutter sowie Geschwister unter acht Jahren hat
- keinen Vater hat, seine Mutter arbeitet und zwei oder mehr als Invalide ersten oder zweiten Grades anerkannte Geschwister über sechzehn Jahren vorhanden sind (usw.)

Die ersten beiden »Mißgeschicke« bringen einem jungen Mann automatisch eine Zurückstellung ein, während in anderen Fällen die Entscheidung bis zu einem gewissen Grad im Ermessen der zuständigen Untersuchungskommission liegt. Jedes Woenkomat hat seine problematischen Fälle, die je nach der Veränderung der Familienumstände zum Besseren oder zum Schlechteren oft jahrelang unter Revision stehen. Ein Aufschub wird auch gewährt, um einem Jugendlichen zu ermöglichen, seine Ausbildung zu beenden. Die meisten Teenager schließen die Schule zwar mit siebzehn oder achtzehn Jahren ab, wer jedoch erst mit neunzehn fertig wird (mit zwanzig ist auch für den letzten Schluß), wird vom Woenkomat zurückgestellt, bis er seine Abschlußprüfung

Rekrut Troschtschinski (Bildmitte) war gewiß kein Bilderbuchsoldat. Die ersten acht Monate steckte er ständig in Schwierigkeiten, weil er zuviel schwatzte, alles vergaß oder so viele scheppernde Gegenstände bei sich hatte, daß man ihn meilenweit hören konnte. Sein unverwüstlicher Optimismus war seine einzige Rettung. Er war immer gut aufgelegt und beliebt bei seinen Kameraden, so daß ihm die anderen jeweils aus dem ärgsten Schlamassel halfen.

hinter sich hat. Diejenigen, die versuchen, an einer Universität, einem Institut oder einer Militärhochschule Aufnahme zu finden, erhalten im vernünftigen Rahmen Aufschub und dürfen nötigenfalls sogar das Eintrittsexamen wiederholen.

Die Einstellung der Bevölkerung zur Einberufung

Wie nicht anders zu erwarten ist, schwankt die Haltung zur Einberufung in der Sowjetunion enorm. Bei seiner Entlassung mag ein Rekrut ganz anders darüber denken, doch bevor er in die Armee eintritt, wird seine Einstellung hauptsächlich von den Ansichten in seiner Familie beeinflußt und bis zu einem gewissen Grad von der Auffassung seiner Altersgenossen und der Medien mitbestimmt. Wie seine Familie reagiert, läßt sich mit ziemlich hoher Wahrscheinlichkeit voraussagen und hängt von ihrem ethnischen und sozialen Hintergrund und ihren allgemeinen Einstellungsmustern ab. Am rückhaltlosesten sprechen sich die baltischen Nationalitäten gegen die Rekrutierung ihrer Söhne aus; nach ihnen kommen die Juden, westlich orientierte Intellektuelle und einige (aber längst nicht alle) Kaukasier und Bewohner Zentralasiens. Ein gewisser Widerstand gegen die Einberufung findet sich auch unter den Westukrainern. Die positivste Einstellung scheinen die Russen, die Weißrussen, die ukrainische Landbevölkerung und Familien mit militärischer Tradition zu haben. Diese Tradition beschränkt sich nicht etwa nur auf Offiziere. Viele Rekruten, deren Großväter (oder andere Verwandte) im Großen Vaterländischen Krieg mit Auszeichnung als gewöhnliche Soldaten oder Matrosen kämpften, sind wie ihre Eltern stolz darauf, der Armee beizutreten.

Junge Männer, die gegen die Einberufung eingestellt sind, versuchen im allgemeinen, dem ganzen Prozedere bis zu dem Zeitpunkt, wo sie von der Rekrutierungsstelle zu ihrer Einheit abtransportiert werden, möglichst wenig Beachtung zu schenken. Die meisten von ihnen unternehmen nichts Besonderes, um sich dem Militärdienst zu entziehen, doch wer dank der neuen Vorschriften über die Dienstverpflichtung von Studenten noch einmal davongekommen ist, freut sich natürlich diebisch. Die Einstellung dieser Gruppe junger Leute läßt sich wohl am besten mit dem bekannten russischen Sprichwort »Das Leben ist ein Buch, die Armee zwei herausgerissene Seiten« verdeutlichen. Sie sehen im Wehrdienst nur zwei vergeudete Lebensjahre, haben sich aber so ziemlich damit abgefunden. In gewissen Kreisen gilt jeder, dem es gelungen ist, sich dem Aufgebot zu entziehen, als ein Held. Weit üblicher ist jedoch, daß selbst jene, denen vor dem Gedanken graut, Wehrdienst leisten zu müssen, eine gewisse Verachtung für Leute verspüren, die sich vor ihrer nationalen Pflicht drücken.

Noch immer dienen viele junge Männer ziemlich gern in der Armee und betrachten diese Zeit als eine Art Übergangsritual. Für einige gibt nur schon die Möglichkeit, fahren zu lernen, dem Armeeleben einen gewissen Reiz, denn dadurch erhöhen sich ihre Aussichten, später einmal eine gute Stelle zu finden. Eine kleine, aber signifikante Minderheit gibt sogar zu, sich vor der Musterung etwa ein Jahr lang seriös auf den Militärdienst vorbereitet zu haben. Die meisten von ihnen ließen durchblicken, die offizielle militärische Vorbereitung sei für sie völlig irrelevant gewesen. Sie versuchten, sich körperlich so fit wie möglich zu halten, indem sie am Konditionstraining teilnahmen und verschiedene Sportarten betrieben. Viele schrieben sich für das Training bei der DOSAAF ein, wo sie sich besonders im Schießen übten, andere traten Militärisch-Patriotischen Klubs bei oder besuchten Selbstverteidigungskurse. Bis vor wenigen Jahren war Karateunterricht für Zivilpersonen verboten, doch heute dürfen öffentliche Kurse abgehalten werden und finden regen Zulauf. Wer sich selbst verteidigen lernt, bevor er der Armee beitritt, profitiert gleich doppelt: Erstens wird er ein besserer Soldat, und zweitens läßt er sich nicht mehr

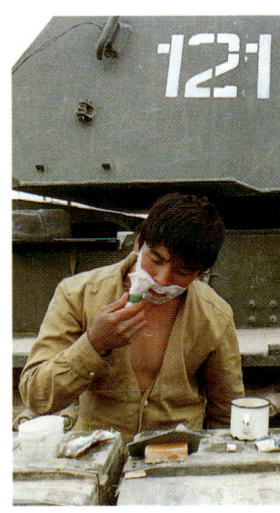

Ein Rekrut rasiert sich wenige Stunden nach der Rückkehr aus Afghanistan bei seinem Panzer.

so leicht von der *Dedowschtschina* beeindrucken, wenn er in eine Einheit versetzt wird, wo Gewalttätigkeiten unter den Rekruten die Regel sind.

In den letzten Jahren mußten sich die Armeebehörden mit einem neuen Problem herumschlagen: Eine große Zahl junger Männer weigerte sich schlicht, ihrem Aufgebot nachzukommen. Dies ist etwas völlig anderes als der Versuch, die Armeeärzte hinters Licht zu führen. Jugendliche, welche versuchen, dem Militärdienst aus medizinischen oder persönlichen Gründen zu entgehen, bewegen sich immer noch im Rahmen des Gesetzes — sie probieren bloß aus, wie sie die Vorschriften so zurechtbiegen können, daß sie ihren Bedürfnissen entsprechen. Es gibt jedoch heute Gegenden, wo der Einberufungsprozeß buchstäblich zum Erliegen gekommen ist und ein bedeutender Prozentsatz der Jungen alles ignoriert, was von den Woenkomats kommt. Wenn dies früher bei ganz wenigen Gelegenheiten geschah, nahm die lokale *Milizia* den Missetäter einfach fest. Sobald jedoch viele gleichzeitig so handeln, wird die Polizei nicht mehr mit ihnen fertig. Im Frühjahr 1990 folgten durchschnittlich 26 Prozent weniger Rekruten dem Aufgebot als ein Jahr zuvor. Die Armeezeitung *Roter Stern* schreibt in ihrer Ausgabe vom 12. Juli 1990, daß in der Sowjetrepublik Georgien die Aushebung im Frühjahr 1989 noch 94 Prozent ihres Ziels erfüllte, wogegen die Zahl genau ein Jahr später auf 27,5 Prozent sank. In Armenien fielen die entsprechenden Sollzahlen sogar von 100 Prozent auf 9,5 Prozent. Woenkomats wurden von Demonstranten umstellt, und es gibt Berichte, wonach versucht wurde, einzelne Gruppen von Rekruten an der Abreise zu ihren Einheiten zu hindern. Angesichts der ausgedehnten zivilen Unruhen in der Sowjetunion sehe ich keinen Grund, solche Berichte in Zweifel zu ziehen. Zur Zeit der Niederschrift dieses Buches scheinen sich wenigstens die slawischen Sowjetbürger im allgemeinen noch einigermaßen mit dem Wehrdienst abzufinden, aber in einer so unbeständigen Situation, wo die Medien einen so starken Einfluß ausüben und zufällige Geschehnisse die öffentliche Meinung sehr schnell umstimmen können, läßt sich nur schwer vorausahnen, was die Zukunft bringen wird.

5 Der soldatische Alltag

Die ersten Wochen in der Armee befindet sich ein junger Soldat im Schockzustand. Wie gut er sich auch auf den Wehrdienst vorbereitet haben mag, anfänglich wird er das Leben dort als extrem hart empfinden. Vom Moment an, wo er — meist schon etwas mitgenommen vom Abschied von Schulfreunden und Familie — bei der Rekrutierungsstelle vortrabt, untersteht er der militärischen Disziplin. Jetzt dämmert ihm plötzlich, daß dies die Realität ist, auf die ihn seine Militärinstrukteure an der Schule, die Sommerlager und die Besuche beim Woenkomat vorbereitet haben. Er muß vielleicht noch eine Nacht auf der Rekrutierungsstelle verbringen, aber nicht länger. Wenn nichts dazwischenkommt, sind er und die übrigen innerhalb von vierundzwanzig Stunden in Begleitung eines Offiziers (meist eines Oberleutnants) und einiger Feldwebel bereits auf dem Weg zu ihrer jeweiligen Einheit.

Selbst wenn ein Junge stolz darauf ist, seine patriotische Pflicht zu erfüllen, macht er sich spätestens jetzt Gedanken, was ihm da wohl blühen wird. Ganz sicher hat er schon die schlimmsten Horrorgeschichten über die Armee gehört, und sie werden ihm nun alle wieder in den Sinn kommen. Das Elendeste, was ich in der Armee zu Gesicht bekam, war eine Gruppe eingeschüchterter Rekruten auf einer Rekrutierungsstelle in Kiew, die fast nur mit Lumpen bekleidet waren und wie die Kriegsgefangenen in alten Filmwochenschauprogrammen umherschlurften. Sie machten einen ziemlich desolaten Eindruck. Ihr Erscheinungsbild ließ darauf schließen, daß man ihnen geraten hatte, ihre ältesten Klamotten anzuziehen, weil ihnen alles, was sie zu ihren Einheiten mitnähmen, dort gestohlen werde. (Dieser Ratschlag wird heute generell befolgt, so daß sich unmöglich feststellen läßt, ob er überhaupt seine Berechtigung hat.)

Schon die Interviews und die ärztlichen Untersuchungen im Woenkomat gelten als eine militärische, offizielle Prozedur. Die künftigen Rekruten werden in knappem militärischem Ton angesprochen, in der Regel aber nicht ruppig behandelt. Die ersten Stunden in der Armee führen jedoch zu einem unsanften Erwachen. Viele Militärwitze leben vom Befehlsjargon, einem speziellen russischen Idiom mit einer Mischung aus ein paar wenigen rüden Grobheiten und sehr vielen zur Veröffentlichung ungeeigneten Obszönitäten. Der junge Offizier, der mit der erforderlichen Anzahl Rekruten zu seiner Einheit zurückkehren muß, wird sie ganz sicher nicht mit Samthandschuhen anfassen, denn für einen Leutnant ist es gewiß kein Vergnügen, zwanzig bis dreißig grollende und undisziplinierte junge Männer (viele von ihnen in angetrunkenem Zustand) Hunderte oder gar Tausende von Kilometern mit der Eisenbahn quer durch die Sowjetunion zu begleiten.

Aus jedem Trupp Rekruten werden einige bereits im voraus für die Feldwebelausbildung ausgewählt. (In der Sowjetarmee sind fast keine Feldwebel Berufssoldaten.) Diese werden nicht zu ihren Einheiten geschickt, sondern speziellen Schulungseinheiten zugeführt, wo sie die ersten sechs Monate zubringen. Auch Rekruten, die für verschiedene Spezialaufgaben (wie zum Beispiel als Motorfahrer) vorgesehen sind, können zuerst in einem Intensivkurs landen. Im Prinzip

Für die Friedenssicherung im Kaukasus aufgebotene Fallschirmjäger arbeiten an einem neuen Lied. Die Soldaten stecken sehr viel Energie in die Vorbereitung von Konzerten und Shows, die meist als »Volkstheater« bezeichnet werden. Solche Aktivitäten werden von offizieller Seite gefördert, da sie die Monotonie des Dienstbetriebs auflockern und die Moral der Truppe verbessern. Soldaten, die gut singen können oder ein Instrument spielen, sind eine willkommene Bereicherung für jede Einheit.

Überwachung und zeitliche Abstimmung einer Panzerübung durch einen Rekruten in einem Schulungszentrum bei Aschchabad. Die Ausbildung der Soldaten ist meist sehr elementar. Sie konzentriert sich vor allem darauf, einfache Aufgaben so lange zu wiederholen, bis sie ihnen in Fleisch und Blut übergegangen sind.

Ein Soldat steht Wache in der Kaserne der Ersten Kompanie im Ersten Bataillon des in Petropawlowsk-Kamtschatka stationierten MotSchützenregiments. Diese Kompanie ist eine der beiden in der Sowjetunion, die sich rühmt, Lenin zu ihren Ehrenmitgliedern zählen zu dürfen. Laut Dienstvorschrift sollte der Wachtposten einer Kompanie mit folgendem versehen sein: einem (hölzernen) Podest, einem Telefon, dem Dienstreglement der Streitkräfte der UdSSR und Brandlöschausrüstung.

sollten natürlich nur die fähigsten und zuverlässigsten Rekruten als künftige Feldwebel ausgelesen werden, doch in der Praxis sind viele Offiziere unzufrieden mit den Feldwebeln, die ihnen von den Schulungseinheiten zugeteilt werden. Kritisiert wird nicht nur ihre unzulängliche Ausbildung, sondern auch der ursprüngliche Auswahlprozeß selbst, der gelinde gesagt völlig willkürlich zu verlaufen scheint. Zwar existieren diesbezüglich sicher offizielle Richtlinien, doch weder in den Woenkomats noch in den Einheiten wußte jemand Genaueres darüber.

Bestimmte Regimenter wählen sich aus jedem neu ankommenden Schub von Rekruten ihre eigenen Feldwebel und lassen sie in der Einheit ausbilden. Obwohl ein solches Verfahren den Offizieren mehr Arbeit abverlangt, ist man fast einhellig der Meinung, daß daraus bessere Feldwebel hervorgehen. Genau gleich wie die Militärhochschulen, wo kaum versucht wird, bei der Auswahl künftiger Offiziere die potentiellen Führungsqualitäten eines Bewerbers zu bewerten, scheinen auch die Woenkomats während der Rekrutierung bei der Auswahl von Feldwebeln nicht besonders auf diesen Punkt zu achten — obwohl diese Fähigkeit für einen einberufenen Feldwebel, der später einmal die Führung über andere Soldaten übernehmen muß, ohne sich im Vorteil einer verlängerten Ausbildung oder des mit dem Rang eines Offiziers verbundenen Status zu wissen, von grundlegender Wichtigkeit wäre.

Manche Soldaten empfinden die Schulungseinheiten viel unangenehmer als die regulären Einheiten. Die Offiziere haben keine Zeit, die Rekruten richtig kennenzulernen, daher entgleiten viele der auftretenden Probleme ihrer Kontrolle. In den Kasernen herrscht unter den Soldaten verschiedener Nationalitäten häufig ein hochaggressiver Umgang, und Berichten zufolge wird sehr viel gestohlen. Auch für einen wohlmeinenden Offizier ist der Dienst in einer solchen Schulungseinheit eine ziemlich undankbare Aufgabe, denn sobald die Jungen langsam zu richtigen Soldaten taugen, werden sie auch schon wieder versetzt.

Ankunft und Initiation

Die Mehrzahl der Rekruten wird direkt zu ihrem Regiment geschickt. Bei ihrer Ankunft müssen sie sich einer weiteren ärztlichen Untersuchung unterziehen und werden mit ihrer Uniform ausgestattet. Abgesehen von ein paar drastischen Fällen, wo den Jungen Marschstiefel ausgehändigt wurden, in denen sie kaum gehen konnten, scheinen die meisten Rekruten mit Uniformen ausgerüstet zu werden, die einigermaßen passen. (Anhang VII enthält eine Liste der einzelnen an die Rekruten ausgegebenen Uniformstücke mit ihrer voraussichtlichen Lebensdauer.)

Alle Rekruten, wo immer sie auch eingeteilt sind, leben in nahezu identischen Kasernen. Die Anordnung der Räume mag sich zwar leicht unterscheiden, doch die Kasernengrundrisse sehen sich in der ganzen Sowjetunion weitgehend ähnlich. Jedes Stockwerk ist so gestaltet, daß in der Regel eine Kompanie, mit anderen Worten bis zu hundert Soldaten, Platz findet. Auf jedem Stock liegt meist gleich links vom Eingang eine mit Eisenstäben gesicherte Waffenkammer, in welcher Munition in kleinen Mengen aufbewahrt wird. Dem Eingang gegenüber ist der Wachtposten, wo der wachthabende Soldat steht. Vom Wachtposten aus muß die Waffenkammer unbehindert sichtbar sein. Außerdem gibt es einen Lagerraum für Uniformen und Bettzeug (die *Kaptiurka*), ein Zimmer, wo sich die Soldaten die Haare schneiden, ihr Schuhwerk reinigen und ihre Kleider bügeln können, und gewöhnlich auch einen geheizten Raum (die *Suschilka*) zum Trocknen nasser Kleidungsstücke. Dann folgt das Büro des Kompaniekommandanten und ein Zimmer, wo jüngere Offiziere arbeiten oder Soldaten ausfragen können. Jede Kaserne verfügt über ein »Lenin-Zimmer« mit einer kleinen Bibliothek, die ein paar politische und historische Bücher und einige Zeitungen und Zeitschriften seriöser oder angeblich erbaulicher Natur enthält. Dieser Raum wird für politische Lektionen, für private Lektüre oder zum Lernen verwendet.

Am hinteren Ende läuft der Schlafsaal der ganzen Breitseite der Kaserne entlang. Kahle Eisenbetten stehen paarweise nebeneinander, neben jedem Bett ist ein einfacher Holzspind. Sogar die Größe der Betten ist genormt (66 x 193 cm), und das Armeereglement schreibt vor, daß für jeden Rekruten 2,5 m² freier Platz vorhanden sein muß. Im Schlafsaal steht ein Fernsehgerät und oft auch ein Aquarium — Fische sollen bekanntlich eine beruhigende Wirkung ausüben und den Streß und das Heimweh lindern, unter denen die Soldaten leiden. Neben dem Eingang zum Schlafsaal liegen gewöhnlich die Waschräume mit Toiletten und Waschbecken.

Jeder Soldat in der Sowjetarmee beginnt seinen Waffendienst in einer besonderen Kompanie mit anderen neuen Rekruten mit dem »Kursus für den jungen Soldaten«, der üblicherweise drei bis vier Wochen dauert und einen Einstieg ins militärische Leben vermittelt. Auf dem Programm stehen formale Ausbildung, Turnen, Handfeuerwaffen, einfache Schießübungen und das Studium der Dienstvorschriften. Dieser Zeitraum wird oft auch als »Quarantäne« bezeichnet und ermöglicht es der Einheit, das menschliche Rohmaterial zu studieren, das ihr von den Woenkomats zugestellt wurde. Am Ende sollte der Rekrut mit der militärischen Disziplin und Dienstroutine einigermaßen vertraut sein, so daß mit der eigentlichen militärischen Ausbildung begonnen werden kann.

Der erste Markstein in der Dienstzeit eines Rekruten liegt am Ende des »Kursus für den jungen Soldaten«, wenn er seinen Fahneneid leistet. Erst nachdem er diesen Eid abgelegt hat, gilt ein junger Mann rechtlich als Soldat. Die Vereidigungszeremonie wird auf Regimentsstufe organisiert. Jeder Soldat wiederholt dabei der Reihe nach die vertrauten Worte:

Ich, ein Bürger der Union der Sozialistischen Sowjetrepubliken, lege beim Eintritt in die Reihen der Streitkräfte der UdSSR den Eid ab und verspreche hiermit feierlich, ein ehrenwerter, tapferer, disziplinierter und wachsamer Soldat zu sein, unsere militärischen und staatlichen Geheimnisse strikt zu bewahren und den Dienstvorschriften und Befehlen meiner Kommandeure und Vorgesetzten ohne Widerrede nachzukommen.

Ich schwöre, die militärischen Wissenschaften gewissenhaft zu studieren, militärisches und nationales Eigentum zu schützen und unserem Volk, unserer sowjetischen Heimat und der sowjetischen Regierung bis zum letzten Atemzug zu dienen.

Ich werde jederzeit bereit sein, auf Befehl der sowjetischen Regierung meine Heimat, die UdSSR, zu verteidigen, sie als Soldat ihrer Streitkräfte geschickt und mutig, mit Würde und Stolz zu verteidigen und notfalls mein Blut und mein Leben zu opfern, um einen vollständigen Sieg über unsere Feinde zu erringen.

Und wenn ich diesen feierlichen Eid je brechen sollte, will ich die strengen Strafen des sowjetischen Gesetzes erleiden und dem allumfassenden Haß und der Verachtung des sowjetischen Volkes anheimfallen.

Dieser Text sollte den Rekruten eigentlich vertraut sein, denn er ist am Anfang des an jeder Schule verwendeten Lehrbuchs zur militärischen Vorbereitung abgedruckt, doch auffallend wenige unter ihnen haben ihn auswendig gelernt. Die meisten lesen von einer Karte ab, die ihnen vorgehalten wird. Die Ablegung des Eides gilt traditionell als wichtiges Übergangsritual für sowjetische Männer und wird im allgemeinen immer noch sehr ernst genommen. Selbst Jungen, die der Armee nur widerwillig beigetreten sind, räumen ein, daß sie es aufrichtig meinten, als sie den Eid ablegten. Zu der Zeremonie werden jeweils die Eltern und Freunde der Rekruten eingeladen, und wenn die Anreise nicht zu beschwerlich ist, nehmen sie gewöhnlich daran teil.

Neben dieser formellen Feier werden die Rekruten auch anderweitig in die soldatische Welt mit all ihren Ritualen und ihrem Idiom eingeweiht. Ein Rekrut, der frisch in die Armee eingetreten ist, wird als *Duch* (Geist) bezeichnet. Nachdem er den Kursus für den jungen Soldaten abgeschlossen und den Eid abgelegt hat, wird er ein *Molodoi* (Jugendlicher), in einigen

Regimentern ein *Slon* (Elefant), angeblich ein Akronym für »Ein Soldat liebt große Schwierigkeiten«. Nach sechs Monaten schließlich wird er ein *Bik* (Bulle), ein *Schtschegol* (Stieglitz) oder ein *Tscherpak* (einer, der Essen serviert). Ein Mann, der bereits ein Jahr gedient hat, gilt als *Fasan* oder als *Tscherpak* (in Einheiten, wo dieser Begriff vorher noch nicht verwendet wurde). Nach eineinhalb Jahren schließlich ist er ein privilegierter *Ded* (nach dem russischen Wort für Großvater) und kann alle anderen herumkommandieren. Dieser schöne Zustand dauert an, bis alle sechs Monate das ministerielle Dekret zur Genehmigung der Demobilisation der dienstältesten Rekruten erlassen wird. Dies ist in der Regel zwischen dem 25. und 27. März und zwischen dem 25. und 27. September der Fall, zuweilen verspätet es sich um ein oder zwei Tage. Mit der Veröffentlichung des Erlasses ändert sich automatisch der Status jedes Soldaten in der Armee. Ein *Molodoi* wird zum *Schtschegol* und so weiter, bis hinauf zum *Ded*, der schließlich den Status eines *Dembel* (eines, der demobilisiert wird) erhält. Der Erlaß tritt bereits etwa drei Monate bevor die meisten *Dembels* nach Hause gehen dürfen, in Kraft. Von diesem Augenblick an betrachten sie sich nicht mehr wirklich als Soldaten. Die Bezeichnungen *Ded* und *Dembel* scheinen überall in Gebrauch zu sein, die anderen variieren. Seltsamerweise existiert für einen Mann, der bereits entlassen wurde, kein idiomatischer Ausdruck — für die Soldaten selber ist er ein gewöhnlicher *Graschdanin* (Bürger).

Dedowschtschina

In jüngster Zeit erscholl in der Öffentlichkeit ein Aufschrei der Empörung über Berichte von *Dedowschtschina*, der institutionalisierten Drangsalierung neuer Rekruten durch dienstältere Soldaten (*Deds*). Wie in jeder geschlossenen Männergesellschaft beruht auch in der Armee ein großer Teil der Gemeinschaftskultur auf Rangunterschieden, die von der Dauer der Dienstzugehörigkeit abhängen. Das Leben in der Armee muß hart und diszipliniert sein, und je schneller die Rekruten dies kapieren, desto bessere Soldaten werden aus ihnen. In den achtziger Jahren wurde jedoch deutlich, daß die *Dedowschtschina* nicht nur nichts zum Befehls- und Kontrollsystem der Armee beitrug, sondern dieses im Gegenteil unterminierte. Die Schikanen waren so weit verbreitet und so brutal geworden, daß sie vielerorts jede andere Disziplin verdrängten. Die Erfahrungen in Afghanistan zwangen die Armee, sich diesem Problem zuzuwenden, nachdem sich gezeigt hatte, daß vor allem in einigen mechanisierten Schützenregimentern die *Dedowschtschina* den lebenswichtigen Zusammenhalt innerhalb der kleineren Einheiten zerstörte. Die Beziehungen in den *Otdelenijes* (Abteilungen) waren oft schon so zerrüttet, daß die Soldaten mehr Haß aufeinander verspürten als gegen den Feind. Die Problematik jener Tage wird vielleicht nie in ihrem ganzen Ausmaß enthüllt werden, doch es besteht kein Zweifel, daß sie einzelne Jungen dazu provozierte, einen Mord oder Selbstmord zu begehen. Es dauerte einige Zeit, bis die Armee die Verbreitung und Intensität solcher Brutalitäten anerkannte, nicht zuletzt auch deshalb, weil ihr eigenes internes Kontroll- und Meldesystem zusammengebrochen war und niemand an der Spitze mehr wußte, was in den Kasernen eigentlich vorging. Die Arbeitsbelastung der unteren Offiziersränge war so intensiv, daß sie keine Zeit fanden, die Soldaten richtig zu überwachen. Es muß jedoch betont werden, daß die Armee diese Tatsachen als erste publizierte, sobald sie einmal ans Licht gekommen waren, und in den letzten Jahren mit beträchtlichem Erfolg energische Anstrengungen unternommen wurden, um den Gewalttätigkeiten einen Riegel vorzuschieben.

Die meisten Fälle von *Dedowschtschina*, von denen man hörte, betrafen *Duchs*, die gezwungen wurden, Routinearbeiten zu übernehmen, damit die länger dienenden Soldaten auf der faulen Haut liegen konnten. So mußten sie beispielsweise deren Waffen reinigen, ihre Uniformen pflegen und ähnliches. Für die *Duchs* ist das Leben in der Armee schon schwierig genug, weil sie

NÄCHSTE DOPPELSEITE: Reparatur eines getarnten Raupenfahrzeugs im Felddienst.

Soldaten beim Waschen in der »Zeltstadt«, wo sie während der Übungen hausen.

sich noch nicht richtig eingelebt haben, und durch diese Schikanen kommen sie oft zu sehr wenig Schlaf und haben keine Freizeit mehr. Im allgemeinen läuft der Hase so, daß die eine Generation die nächste zu Extraarbeiten zwingt, um sich selbst das Leben möglichst bequem zu machen. Ältere Soldaten halten sich in der Regel keinen persönlichen Sklaven, also handelt es sich hier nicht so sehr um individuelle Ausbeutung als vielmehr um die Unterdrückung einer ganzen Gruppe durch eine andere. Es kursieren Geschichten über abscheuliche Strafen, die widerspenstigen *Duchs* auferlegt wurden — zu den Rennern zählt offenbar, sie mit der Zahnbürste oder mit einer Rasierklinge die Latrinen reinigen zu lassen. In den letzten zwei Jahren sind solche Fälle jedoch eher unüblich geworden, und ich habe niemanden getroffen, der zuzugeben bereit gewesen wäre, er sei persönlich zu etwas dergleichen gezwungen worden. Die Berichte, die mir zu Ohren kamen, betrafen regelmäßig »den Freund eines Freundes«. Das Maß an Brutalität scheint heute von Einheit zu Einheit sehr stark zu schwanken. Eine gewisse Gewalttätigkeit ist dem System offensichtlich inhärent, doch vielerorts wird ihr ein neuer Soldat, der tut, was die älteren Männer ihm auftragen, nicht offen begegnen. Die widerlichsten Praktiken in Verbindung mit der *Dedowschtschina* florieren zur Zeit fast nur noch unter den nicht sehr renommierten Truppen, das heißt vor allem in einzelnen Baubataillonen und in Versorgungs- und Pioniereinheiten. In den Einheiten, in denen sich dieses Problem am dringlichsten stellt, herrscht oft ein konspiratives Stillschweigen. Die jungen Soldaten lernen schnell, daß es besser ist, sich mit den Zuständen abzufinden, wie schrecklich diese auch sein mögen, als die Angelegenheit nach oben zu melden, denn es wird eine Zeit kommen, wo sie selber den anderen das Leben sauer machen können.

Jedem Soldaten wird heute eingeschärft, daß Gewalttätigkeit gegen einen jüngeren Soldaten zu einem Aufenthalt in einem Disziplinarischen Bataillon (Disbat) führen kann. Ein Rekrut, der eines solchen Verhaltens verdächtigt wird, wird zweimal vom Militärbezirksanwalt offiziell verwarnt, das dritte Mal wird er in eins der ehemaligen Strafbataillone geschickt. Um in dieser Sache Dampf aufzusetzen, erhalten die meisten Unteroffiziere und Mannschaften jetzt ein offizielles Papier, das sie unterschreiben müssen. Es hält fest, daß sie sich der gesetzlichen Strafen für verschiedene Vergehen — unter anderem auch solcher im Zusammenhang mit der *Dedowschtschina* — bewußt sind. Oft warnt ein Anschlagbrett an der Kasernenmauer, welche Strafen einem verurteilten Rowdy blühen, und nennt ihre Namen und ihr Schicksal in Großschrift: »Gemeiner Soldat Iwanow, verurteilt zu drei Jahren in einem Disbat wegen irregulärer Beziehungen.« (Mit »irregulären Beziehungen«, das heißt Beziehungen, die im Dienstreglement nicht aufgeführt sind, ist natürlich die *Dedowschtschina* gemeint.) Diese Liste wird manchmal mit den Konterfeis der Sünder illustriert und ist meist mit einer eindrücklichen Titelzeile vom Typ »Halt, Soldat! Denk zuerst nach!« versehen.

Manche Jungen verlassen ihr Elternhaus schon vor ihrer Einberufung, weil sie eine Technische Schule oder eine SPTU in einiger Entfernung von ihrem Zuhause besuchen. Wer je in einem Studentenwohnheim wohnen mußte, wird sich wohl kaum über die Drangsalierung in der Armee beklagen — neben der nackten Gewalt, die in diesen Institutionen herrscht, verblassen sogar die Schrecken der *Dedowschtschina*. Richtig ist sicher auch, daß die *Dedowschtschina* in der Armee ziemlich genau die Zustände in einer bedeutenden Anzahl sowjetischer Fabriken widerspiegelt, wo die jüngsten oder zuletzt eingestellten Arbeiter unverhältnismäßig viel Arbeit leisten müssen, damit es sich die alten Füchse gutgehen lassen können. Wie die Militärbehörden häufig betonen, sind die in den Einheiten auftretenden Probleme letztlich nur eine Folge der Konflikte und Spannungen, welche die sowjetische Gesellschaft als Ganzes kennzeichnen, und haben ihren Ursprung nicht ausschließlich in der Armee.

Anfangsschwierigkeiten

Ein Sowjetrekrut wird sich meist unvermutet in einer Kaserne mit Vertretern vieler verschiedener Nationalitäten wiederfinden. Für einen jungen Mann aus einer der kaukasischen oder zentralasiatischen Republiken ist dies vielleicht der erste wirkliche Kontakt mit anderen sowjetischen Nationalitäten (obwohl er wahrscheinlich schon früher mit Russen in Berührung gekommen ist, sofern er nicht aus der tiefsten Provinz stammt). Für einen Slawen kann es ein beängstigendes Erlebnis sein, sich plötzlich in der Minderheit zu befinden. Glaubt man den russischen Soldaten, ist das Schlimmste, was einem passieren kann, die Versetzung in eine Einheit mit vielen Aserbeidschanern, weil sich diese offenbar zu Banden zusammenschließen und alle anderen terrorisieren. Die Usbeken gelten als nicht ganz so schlimm, doch auch sie machen oft Scherereien. Sie halten wie Pech und Schwefel zusammen und wollen mit den anderen möglichst nichts zu tun haben, und wenn sich einer von ihnen jemanden zum Feind macht oder in einen Kampf verwickelt wird, kommt ihm der ganze Haufen zu Hilfe. Ich weiß nicht, weshalb sich die slawischen Rekruten nicht auch zusammenschließen, um sich zu verteidigen — sie selbst meinen, daß unter ihnen keine sehr starke ethnische Identität herrsche und sie sich nicht gerne in anderer Leute Dinge einmischen. Solche Stammesfehden sind heute vielfach das größte Problem für die Soldaten und häufig noch weit akuter als die *Dedowschtschina*. Sie können zwischen Soldaten aller Nationalitäten ausbrechen, doch meistens sind Kaukasier oder Zentralasiaten daran beteiligt. Streitereien werden oft dann vom Zaun gebrochen, wenn die eine Gruppe glaubt, die andere drücke sich vor der Arbeit. Die Slawen sind im großen und ganzen keine Hitzköpfe. Sie legen vielleicht eine gewisse Überheblichkeit an den Tag, zeigen jedoch wenig Interesse, sie mit Gewalt unter Beweis zu stellen. Auch die Balten fangen kaum je Streit an. Von ihrem Standpunkt aus ist Rassendünkel in einer sowjetischen Militärkaserne nichts, was einen Kampf lohnen würde, und die meisten von ihnen haben sowieso nicht das geringste Interesse am Militär.

Ein frischgebackener Rekrut leidet wohl ebensosehr unter dem Heimweh wie unter den Schikanen. Sieht man von den behaglichen Lagern der Jungen Pioniere ab, verlassen fast alle Soldaten mit dem Eintritt in die Armee das erstemal ihr Elternhaus. Die meisten Slawen stammen aus Kleinfamilien mit einem oder zwei Kindern. Viele sind bei Großmüttern aufgewachsen, die in der elterlichen Wohnung oder in der Nähe lebten und ihnen alles durchgehen ließen, und fast ausschließlich von Frauen unterrichtet worden, weil es an sowjetischen Schulen nur sehr wenige Lehrer gibt. Die russischen Frauen gelten in jeder Hinsicht als freundlich, nachgiebig und übertrieben fürsorglich, deshalb werden die meisten Jungen so richtig verhätschelt. Viele von ihnen trifft es daher besonders hart, wenn sie die traute Welt der Mütter und Großmütter mit der Welt männlicher Strebsamkeit in der Armee vertauschen müssen. Die zentralasiatischen Rekruten stammen häufig aus sehr großen Familien, wo acht oder sogar zehn Kinder nichts Ungewöhnliches sind. Obwohl dort ganz andere familiäre Lebensmuster vorherrschen, besteht auch bei diesen Familien die Tendenz, die Söhne nach Strich und Faden zu verwöhnen.

In diesen schwierigen ersten Wochen ist für den Soldaten ein Kreis von Verwandten und Freunden, die ihm schreiben, etwas vom Wichtigsten. Einige Rekruten können ihren Familienangehörigen ihre Militäradresse schon mitteilen, bevor sie ihr Zuhause verlassen, und so erhalten sie die ersten Briefe vielleicht bereits bei ihrer Ankunft. Andere müssen zuerst Zeit finden, um ihren Eltern zu schreiben, bevor sie hoffen dürfen, etwas von ihnen zu hören, und warten manchmal wochenlang auf einen Brief. Weiß ein Soldat, daß seine Familie stolz auf ihn ist und hofft, er werde in der Armee sein Bestes geben, wird er viel eher mit den Beschwernissen fertig, als wenn er sich einsam und verlassen fühlt. Zentralasiatische Rekruten, die aus einem Milieu

Ein Soldat in der Heckluke eines Artillerieschleppers. In der Armee wird jeder Aspekt seines Lebens von Dienstvorschriften geregelt. Man sagt zu einem Vorgesetzten nicht einfach »ja«, sondern »richtig« *(Tak totschno),* und auch nie »nein«, sondern »absolut nicht« *(Nikak njet).* Wenn es sich um etwas Dienstliches handelt, sollte er sogar seine Mitrekruten in der Höflichkeitsform »wi« ansprechen, doch diese Vorschrift wird natürlich nicht immer streng befolgt.

stammen, wo man sich herkömmlicherweise kaum Briefe schreibt, und deren Eltern vielleicht sogar Analphabeten sind, leiden häufig ganz besonders unter dem Heimweh und einem Gefühl der Isolation von Familie und Freunden, das sich natürlich noch verstärkt, wenn andere Soldaten Briefe und Pakete von zu Hause erhalten.

Die von einem Woenkomat eingezogenen Rekruten werden stets gruppenweise zu den Einheiten geschickt. Das Leben eines Soldaten gestaltet sich sicher leichter, wenn er mit Freunden von zu Hause in derselben Einheit landet. Findige Jungen lassen sich zuweilen einiges einfallen, um etwas nachzuhelfen, damit sie zusammen Dienst leisten können. Ich traf eine Gruppe Rekruten, die schon zusammen die Schulbank gedrückt hatten und auch in der Armee nicht auseinandergerissen werden wollten. Sie stellten sich am festgesetzten Tag bei der Rekrutierungsstelle ein und warteten wie alle anderen darauf, bis man sie zu ihren Einheiten spedierte. Sie wußten, daß sie aufgeteilt und in verschiedene Teile des Landes geschickt werden sollten. Im Laufe des Tages gelang es ihnen jedoch, der jungen Frau habhaft zu werden, die für ihre Unterlagen zeichnete, und sie überredeten sie, alle ihre Papiere auf denselben Stoß zu legen, so daß sie schließlich alle im gleichen Regiment landeten. Dort war es ihnen ein leichtes, so eng zusammenzuhalten, daß man sie alle derselben Kompanie zuteilte.

Ausbildung und Dienstpflichten

Das Militärjahr gliedert sich in zwei »Ausbildungsperioden«, zwei ungleiche Semester, die von Anfang Januar bis Ende Mai und von Juli bis November reichen. Dieser Grundrhythmus im militärischen Leben wird jedoch von der halbjährlichen Rotation der Rekruten überlagert. Alle sechs Monate verläßt ein Viertel der Soldaten die Armee und wird durch Neuankömmlinge ersetzt. Die Armee befindet sich also in einem ständigen Absorptionsprozeß neuer Rekruten, die schon nach wenigen Monaten ihrerseits mithelfen, den nächsten Schub einzuführen. Jeden Frühling und Herbst stoßen jene, die in die Schulungszentren geschickt wurden, als Feldwebel und Spezialisten zu ihren Einheiten, kurz vor dem nächsten, sechs Monate nach ihnen einberufenen Trupp Rekruten. Und jeden September treffen junge Leutnants aus den Militärhochschulen ein und werden zu Beginn der wichtigen Winterausbildungsperiode als Zugführer eingesetzt. Überall in den Streitkräften ist die Rekrutenausbildung einfach und repetitiv und beruht auf unkomplizierten eingedrillten Gefechtsübungen.

Zwischen den einzelnen Ausbildungsperioden führen die Rekruten allgemeine Unterhaltsarbeiten in den Einheiten aus. Mit Ausnahme von Lektionen in Gegenwartsfragen und politischer Erziehung erhalten sie in dieser Zeit keinen theoretischen Unterricht. Ausbesserungsarbeiten an den Kasernen und an der Ausrüstung bedeuten oft harte körperliche Arbeit, aber die Soldaten genießen diese Zeiten im allgemeinen trotzdem, weil sie wenigstens etwas Abwechslung in die endlos lange Ausbildung bringen. Besonders im Sommer helfen sie in den Kolchosen aus. Obwohl viele jüngere Offiziere recht ungehalten sind, daß die tägliche Armeeroutine auf diese Weise unterbrochen wird, schlagen die Kommandeure das Ersuchen des Staates und der kollektiven Landwirtschaftsbetriebe um Mithilfe beim Einbringen der Ernte nur ungern ab. Soldaten können auch an Fabriken und andere Unternehmen ausgeliehen werden. In solchen Fällen wird die Einheit für ihre Arbeitsleistung bezahlt und das Geld zur Aufbesserung von Nahrung und Unterkunft der Rekruten verwendet. Nach dem Gesetz dürfen nur fünf Prozent davon zugunsten der Offiziere und *Praporschtschiks* ausgegeben werden, selbst wenn sie kein Dach über dem Kopf haben.

Alle Soldaten verbringen ihre Zeit so ziemlich auf dieselbe Weise: Exerzieren, Leibesübungen, militärische und politische Lektionen und ein bißchen Freizeit. Die tägliche Routine verläuft mit kleinen Abweichungen zwischen den einzelnen Truppengattungen für alle Rekruten mehr oder

Briefe von zu Hause sind für Rekruten oft ein Rettungsanker. Soldaten müssen ihre eigenen Briefe nicht frankieren, die Post befördert sie kostenlos.

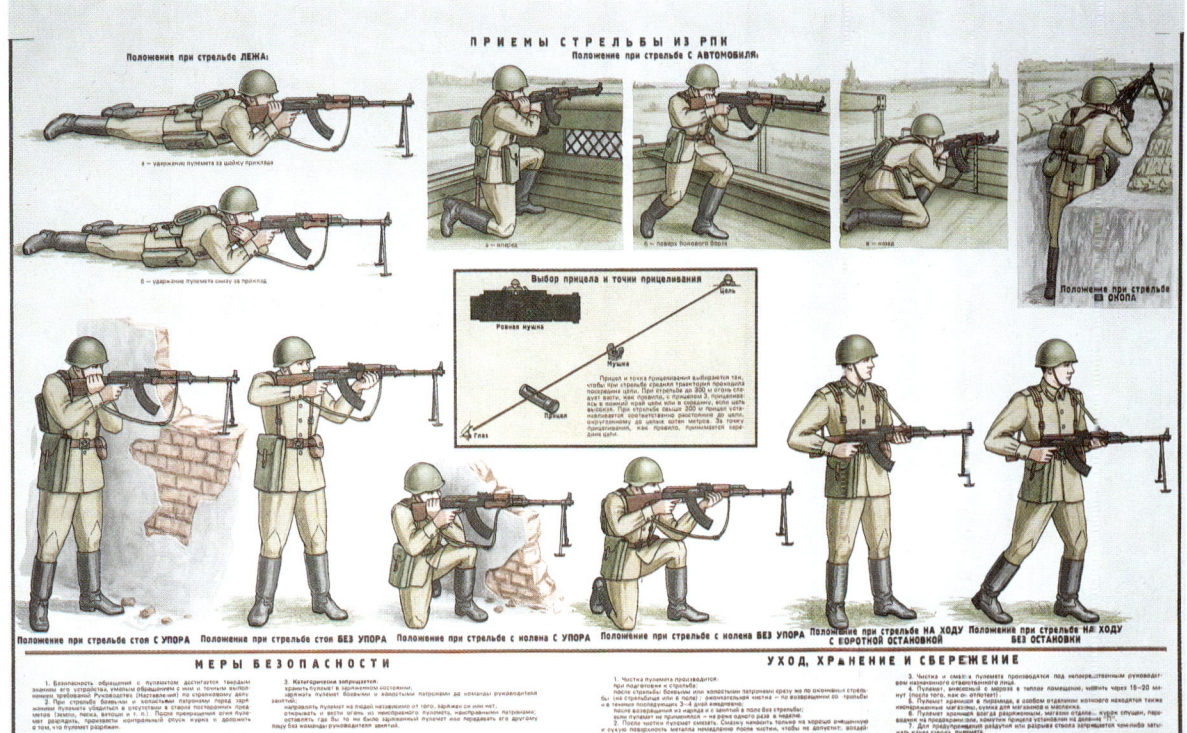

In der Armee gibt es für alles und jedes ein Plakat. Das Bild oben zeigt einen Soldaten unter der Anleitung für die Reparatur der Marschstiefel. Im Bild unten werden die Schußpositionen erklärt, in der Mitte wird gezeigt, wie man mit dem Visier zielt.

weniger gleich. (Anhang VI zeigt den Zeitplan eines typischen Motorisierten Schützenregiments.) Für die meisten ist der Morgen der schlimmste Teil des Tages. Zuerst kommt der Schock beim Wecken um 6.00 Uhr, wo die Soldaten genau fünfundvierzig Sekunden Zeit haben, aus dem Bett zu steigen. Sogleich ziehen sie ihre Hosen und Stiefel über die lange wollene Unterwäsche (im Winter) oder über Turnhose und Unterhemd (im Sommer), in welchen sie schlafen, und schon sind sie bereit für fünfzig Minuten Morgenturnen, die oft einen Geländelauf mit einschließen. In einigen Landesteilen müssen sich die Soldaten morgens regelmäßig aus den Kasernen graben, weil über Nacht so viel Schnee gefallen ist.

Nachdem die Kaserne gereinigt und aufgeräumt worden ist und sich die Soldaten gewaschen und rasiert haben (häufig nur mit kaltem Wasser), kommt die Morgeninspektion, die gewöhnlich von einem Feldwebel durchgeführt wird. Dazu stellt sich der Zug in zwei Gliedern auf. In einigen Einheiten wird täglich die ganze Uniform peinlich genau kontrolliert, in anderen erfolgt diese Prozedur eher oberflächlich. Was jedoch immer überprüft wird, ist der Krageneinsatz. Meist wird allen Soldaten befohlen, den obersten Knopf zu öffnen, so daß die Krageninnenseite auf einen Blick begutachtet werden kann. Vielleicht müssen sie auch ihren Gürtel ablegen, damit der Feldwebel sieht, daß alle Schnallen sauber geputzt und jeder Gurt die Nummer seines richtigen Besitzers trägt. Manchmal inspiziert er auch die Mützen, um sich zu vergewissern, ob jeder Soldat die vorgeschriebenen zwei Nadeln mit grünem und schwarzem Faden ins Futter gesteckt hat. Danach spaziert der Feldwebel hinter den Rekruten auf und ab, um ihre Hinteransicht zu kontrollieren und nachzusehen, ob auch alle einen ordentlichen Haarschnitt tragen. Er kann sogar verlangen, daß sie ihre Taschen ausleeren (obwohl dies eher selten vorkommt). Die Taschen sollten die Militärpapiere des Rekruten und seinen Komsomolausweis, ein Taschentuch, einen Kamm, einen Kugelschreiber und ein Notizbuch (ohne lose Zettel zwischen den Seiten) enthalten, sonst rein gar nichts. Wenn ein einzelnes Uniformteil den Ansprüchen nicht genügt, verpaßt der betreffende Rekrut wahrscheinlich das Frühstück. Mindestens einmal pro Woche erscheint der Kompaniekommandant, um die ganze Prozedur zu inspizieren, doch im allgemeinen liegen Wecken, Morgenturnen und die morgendliche Inspektion in der Verantwortung der Feldwebel.

Während der Morgeninspektion fragt der Feldwebel jeweils, ob sich jemand unwohl fühlt. Sagt ein Soldat, er sei krank, wird er in die Sanitätsabteilung gebracht, wo der Arzt ihm entweder den Kopf wäscht und ihn zurückschickt oder empfiehlt, daß er bis zu drei Tagen von der Arbeit freigestellt wird. Der Arzt hat nur beratende Funktion; allein der Kommandierende (in der Regel der Zugführer) kann anordnen, daß der Junge nicht arbeiten muß. Der Grund für diese Regelung liegt darin, daß im Ernstfall jede Entscheidung hinsichtlich der Kampftauglichkeit eines Soldaten von den Offizieren getroffen wird. Ist ein Rekrut jedoch ernstlich erkrankt, muß er schnurstracks in die Sanitätsabteilung gebracht werden und braucht beim Morgenappell nicht zu erscheinen.

Nach dem Frühstück müssen sich die Soldaten oft die Morgennachrichtensendungen anhören, darauf folgen fünfzig Minuten politische Informationen. Heutzutage kann diese Lektion in eine hitzige Diskussion über die neuesten Nachrichten münden, doch es gibt immer noch Einheiten, wo altbackene Propaganda vorgekäut wird. Vor dem Mittagessen um 15.00 Uhr, der Hauptmahlzeit des Tages, stehen den Rekruten je nach Plan sechs Stunden Arbeit oder Ausbildung bevor. Nach dem Essen haben sie dreißig Minuten frei und können sich in der Teestube (die meist gleich neben der Kantine liegt) Süßigkeiten oder Brötchen kaufen, in aller Ruhe eine Zigarette rauchen oder den *Woentorg* (Militärladen) aufsuchen, falls sie Rasierklingen, Zahnpasta oder etwas für ihre Uniform benötigen. Reinigung und Unterhalt der Waffen und des Maschinenparks nehmen etwa eineinhalb Stunden am Nachmittag in Anspruch. Wie in fast allen Armeen wird diese Aufgabe sehr ernst genommen. Unerfahrene Soldaten haben meist Mühe, in

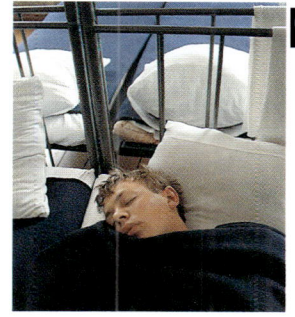

Dieser Soldat schläft tagsüber, weil er die ganze Nacht Wache gestanden hat. Die Rekruten schlafen meist in ihrer Unterwäsche, die einmal wöchentlich gewechselt wird. In der *Banja* erhalten sie auch saubere Hemden. Noch herrscht in diesem Schlafsaal Ruhe und eine perfekte Ordnung. Erst nach dem Lichterlöschen kommt Leben in die Bude.

LINKE SEITE: Fallschirmjäger entspannen sich während einer Übung.

Frühstück im Feld: Haferbrei, Brot, Butter und Tee. Im Feld schmecken die Mahlzeiten besser als in der Kaserne. Die Soldaten beklagen sich häufig über das Essen in der Armee, und nach meiner eigenen Erfahrung ist es auch wirklich nicht sehr appetitlich, doch es wird gegessen. Soldaten, die demobilisiert werden, sehen fast immer stärker und gesünder aus als die neuen Rekruten.

der vorgegebenen Zeit auch nur ein Sturmgewehr zur Zufriedenheit des Feldwebels zu zerlegen und zu reinigen.

Nachmittags finden die Rekruten Zeit zum Lernen, zu zusätzlicher politischer Bildung, Mannschaftssport oder Leibeserziehung. Etwa um 20.00 Uhr ist Abendessen. Danach sehen sich die meisten Soldaten im Fernsehen das reguläre nationale Nachrichtenprogramm »Wremja« (»Zeit«) an. Dies ist obligatorisch, doch wenn der Sampolit guter Laune ist, erlaubt er ihnen vielleicht, danach einen Spielfilm oder Dokumentarfilm anzuschauen. (Die Armeesendung »Dienst am Vaterland« am Sonntagmorgen sollten alle Rekruten mitkriegen.) Später steht den Soldaten eine weitere halbe Stunde zur Verfügung, um ihre Uniform für den nächsten Tag auf Vordermann zu bringen, dann folgt zuweilen ein Abendspaziergang, auf dem gesungen wird. In vielen Regimentern hat jede Kompanie ihr eigenes Lied, oft eine alte Lieblingsmelodie, die von einer Generation an die nächste weitergegeben wird. Normalerweise ist um 22.00 oder 22.30 Uhr Lichterlöschen, doch wer sein Tagespensum noch nicht erledigt hat, kommt natürlich nicht so schnell ins Bett. Jede Woche, und zwar meist am Freitag, gibt es im Zug so etwas wie eine »Bilanzsitzung«, während welcher die Fortschritte jedes Soldaten besprochen werden. Solche öffentlichen Diskussionen über die Stärken und Schwächen des einzelnen sind ein vertrauter Zug im sowjetischen und besonders im militärischen Alltag.

Der wichtigste Umbruch in dieser täglichen Routine ist der Wachtdienst in der Kompanie oder im Regiment, den jeder Soldat abwechslungsweise übernehmen muß. Die Häufigkeit, mit welcher die Soldaten Wache schieben müssen, hängt vom Mannschaftsbestand der Einheit ab — wenn er drastisch reduziert ist, wird dies um so öfter der Fall sein. Beim Wachtdienst gilt es ernst. Die Soldaten werden mit scharfer Munition versehen und dürfen unter drei Bedingungen das Feuer eröffnen, ohne dazu Befehl zu erhalten:

● Wenn eine Wache oder ein Wachtposten angegriffen wird.
● Wenn jemand fälschlicherweise behauptet, ein Kommandant zu sein.
● Wenn jemand, der sich dem Wachtposten nähert, angerufen und aufgefordert wird, stillzustehen, diesem Befehl jedoch nicht nachkommt. Die Wache sollte ihn zuerst warnen, daß sie schießen wird. Hält der Eindringling nicht an, soll sie als nächstes einen ungezielten Schuß abgeben. Wenn er darauf immer noch nicht zufriedenstellend reagiert, sollte der Soldat ihn erschießen.

Der Sonntag ist in der Regel ein Ruhetag, und wer nicht Wachtdienst hat, darf sich meistens in die Stadt vergnügen gehen.

Etwas vom Wichtigsten für jeden Soldaten ist die tägliche Pflege seiner Uniform. Stiefel müssen gereinigt, Hemden und Hosen gebügelt und Krageneinsätze aus Baumwolle in die Arbeitshemden eingenäht werden. Modebewußte kaufen diese Krageneinsätze fixfertig für 20 Kopeken das Stück, andere lassen sie sich aus einem Meter Baumwollstoff zuschneiden, was einen Rubel kostet und für einen Monat vorhält. Jeder Krageneinsatz wird zwei Tage lang getragen (beide Seiten je einen Tag), danach wird er gewaschen und wiederverwendet oder weggeworfen. Manche Soldaten falten ein größeres Stück Baumwolle mehrmals zusammen und wenden es jeden Tag so um, daß eine saubere Seite zum Vorschein kommt und ein einziges Stück Stoff länger als eine Woche benutzt werden kann. In einigen Einheiten ist dies erlaubt, in anderen hingegen streng verboten, außer wenn sich die Truppe im Feld befindet und ihre Krageneinsätze weder waschen noch bügeln kann.

Die Rekruten kennen viele Methoden, wie sie ihre Uniformen auf subtile Weise abwandeln können, um ihren Status und die Dienstdauer anzuzeigen. Dies geschieht in größerem oder kleinerem Umfang überall in den Streitkräften. Kolossal viel Energie wird auf die Modifizierung und Verbesserung der von der Armee ausgegebenen Grundausrüstung verwendet. Für das

Ein Soldat reinigt seine Stiefel, bevor er auf Wache geht. Die meisten Rekruten erhalten einen Plastikgurt, den sie *Diriwatschka* (»etwas Hölzernes«) nennen, weil er so hart und unbequem ist. Nach rund sechs Monaten Dienstzeit kaufen sich die meisten im Woentorg, dem Militärladen der Einheit, einen Ledergurt.

erfahrene Auge ist es nicht schwierig, solche Finessen auszumachen, obwohl kaum betont werden muß, daß jede Veränderung an der Uniform offiziell untersagt ist. Weil die Uniformen für einen korrekten Sitz jedoch häufig enger gemacht und von den Soldaten selbst geflickt werden müssen, ist es schwierig, diese Vorschrift durchzusetzen. Am einfachsten läßt sich die Dienstdauer eines Mannes daran ermessen, wie eng sein Gürtel geschnallt ist. Der Soldat soll seinen Gürtel so eng um die Taille schnallen, daß er satt anliegt. Die ersten sechs Monate wird er dies auch tun, doch später wird der Gürtel immer lockerer, und zur Zeit, wo er entlassen wird, hängt er ihm vielleicht nur noch schlaff über die Hüften. Zudem hat sich die Schnalle nach zwei Jahren vermutlich von ihrer ursprünglichen, fast flachen Form beinahe zu einem Halbkreis verformt. In einigen Regimentern hämmern die *Dembels* die Schnalle wieder flach, sobald der einschlägige ministerielle Erlaß in Kraft getreten ist.

Jeder darf seine Uniform modifizieren, sofern dies ihre Bequemlichkeit und Effizienz erhöht, doch dafür bringt ein junger Rekrut nur selten die nötige Zeit und Energie auf. Die meisten sowjetischen Soldaten tragen Plastikstiefel mit Ledersohlen, »*Kirsatschi*« genannt (abgeleitet von »*Kirsa*«, dem synthetischen Material, aus welchem sie bestehen). Diese *Kirsatschi* sehen sehr viel besser aus, wenn man sie im Neuzustand dicht gepackt mit Sand füllt und etwa eine Woche stehenläßt, um ihnen eine neue Form zu verpassen. Dann müssen sie mit Schuhcreme eingefettet und mit einem sehr heißen Bügeleisen gebügelt werden, worauf man sie nochmals einfettet und ein zweites Mal bügelt. Nach drei- oder viermaligem Bügeln und abschließendem hartem Bürsten glänzen die Stiefel »wie ein dunkel gefärbter Spiegel«. Um die Verwandlung zu vervollständigen, sollten die ziemlich derben Konturen der Sohlen mit einem scharfen Messer in eine etwas elegantere Form geschnitten werden.

Viele Soldaten sind der Ansicht, daß der *Schinel*, ihr schwerer Wintermantel, viel besser wirkt, wenn man ihn mit einer Drahtbürste behandelt, damit die Wolle flauschiger wird und nach einer besseren Qualität aussieht. Die *Uschanka*, die aus »Fischfell« verfertigte Wintermütze, wird vor allem von den Rekruten abgewandelt, die in gemäßigten Klimazonen Dienst leisten und sie in ihrem ursprünglichen Zustand zu warm finden. Sie trennen die Säume auf und entfernen das Futter, nähen sie wieder zusammen, waschen sie und spannen sie über einen Stapel Bücher oder einen Holzblock, worauf sie einen Tag lang getrocknet und dann gebügelt wird. Nach dieser Behandlung wirkt sie viel ausgeprägter und beinahe quadratisch, was in den Augen der Soldaten weit besser aussieht.

Zu alledem gibt es natürlich vielerlei Finessen, damit auch ja alles richtig sitzt. Um schick zu wirken, sollten die *Pilotka*, das kleine Käppi, und die *Furaschka*, die weiche, spitze Feldmütze, so klein wie nur möglich sein. Die Hose muß je nach Lokalgeschmack entweder ganz eng oder ganz weit sein. Hemden sollten eng anliegen. Viele Soldaten werden wahre Experten darin, sie so einzunähen, daß kein Offizier je merkt, daß Hand an sie gelegt wurde. Fanatische Bodybuilder nehmen einiges in Kauf, um an eine zu kleine Uniform heranzukommen und damit den Eindruck zu erwecken, nach all der Plackerei in der Turnhalle würden sich ihre Muskeln unter den ursprünglichen Kleidern gewaltig wölben.

Offiziere und Praporschtschiks

Wenn ein Soldat merkt, daß er die Aufgaben meistert, die ihm aufgetragen wurden, wenn er spürt, daß ihn seine Familie und seine Freunde daheim unterstützen, und wenn er in einer Einheit dient, wo nicht zuviel schikaniert wird, kann er (falls er dies überhaupt je zugeben würde) nach ein paar Monaten seinen Militärdienst einigermaßen genießen. Doch noch ein weiterer Faktor übt einen starken Einfluß darauf aus, wie jeder Soldat den militärischen Alltag erlebt: die Qualität der Offiziere seines Regiments. Bei einigen Einheiten sind erstklassige Offiziere weit

Beim Schuheflicken in der Kaserne eines Infanterieregiments in Weißrußland.

Ein *Praporschtschik* und ein Soldat diskutieren über den Zeitplan ihres Luftlanderegiments in Tula. Die Armbinde des Soldaten zeigt, daß er für die Zustellung der täglichen Post und der Mitteilungen verantwortlich ist. Der Wahlspruch auf dem Gebäude dahinter besagt: »Die Ehre meines Regiments ist auch meine Ehre, der Ruhm meines Regiments auch mein Ruhm.«

94 Das Verlegen eines Pontons

Der Ponton besteht aus mit Scharnieren versehenen Abschnitten, die sich automatisch entfalten, wenn er ins Wasser gelassen wird, und von den Pontonieren miteinander verbunden werden. Der PMP kann entweder als Pontonbrücke oder als Floß verwendet werden. Eine vollständige PMP-Garnitur enthält 322 Flußabschnitte sowie Uferverbindungsstücke und wird normalerweise in 50 Minuten zusammengesetzt. Jedes dieser Glieder ist 6,4 m breit und 6,7 m lang. Die Brücke wird parallel zum Ufer zusammengesetzt und darauf mit Motorbooten quer über den Fluß gezogen. Nach der Verlegung ihres ersten Pontons erhalten die Soldaten und Offiziere traditionellerweise ihre »Pontoniertaufe« und werden ins Wasser geworfen.

Rückansicht eines Fallschirmjägers. Alle Angehörigen der Luftlandetruppen sind wie besessen von ihren Füßen. Will man sich mit einem Piloten anfreunden, muß man über sein Flugzeug sprechen, mit einem Matrosen über sein Schiff und das Meer. Um mit einem Fallschirmjäger ein Gespräch anzuknüpfen, spricht man am besten über die Füße – was sie alles durchmachen müssen – oder über die jeweiligen Vorzüge der verschiedenen Arten von Schuhwerk.

wahrscheinlicher anzutreffen als bei anderen. Gewisse Regimenter werden offiziell als »Garderegiment« bezeichnet, ein Ehrentitel, der nur an Einheiten verliehen wird, die sich im Kampf ausgezeichnet haben. Eine Versetzung zu einer dieser schneidigen Einheiten holt meist das Beste aus einem Offizier heraus. Dabei hilft ihm nicht nur das Ansehen, das sein Regiment genießt, und die Häufigkeit, mit der es offiziell besucht wird, sondern auch das etwas bessere Kaliber der zugeteilten Rekruten. In den weniger glanzvollen Dienstzweigen fällt das Niveau der Offiziere hingegen nur allzugern ab. Wenn ihre Dienstmoral zu erlahmen beginnt, verschlechtert sich auch der Standard der Einheit als Ganzes sehr rasch, und es sind die Soldaten, die als erste darunter leiden. Das Verhalten der höheren gegenüber den unteren Offiziersrängen spielt hier eine ausschlaggebende Rolle. Wenn die Leutnants eines Regiments von den älteren Offizieren verächtlich behandelt werden, besteht kaum Aussicht, daß sie viel Energie darauf verwenden, das Leben ihrer Soldaten angenehmer zu gestalten.

Am meisten Respekt erheischen Offiziere, die man hart arbeiten sieht. Es mag für das Offizierskorps überraschend klingen, daß Soldaten, die ihre Vorgesetzten kritisieren, sie meist der Faulheit und Schlampigkeit bezichtigen. Brutale Offiziere wecken weniger Ressentiments als Vorgesetzte, die ihre Pflichten vernachlässigen. Die Einstellung der Rekruten zu ihren Offizieren wird jedoch auch von deren äußerem Erscheinungsbild geprägt. Nach einhelliger Meinung der Soldaten sollte ein Offizier in Uniform wie in Zivil stets wie aus dem Ei gepellt aussehen. Merkwürdigerweise verbessert sich die Moral der Truppe enorm, wenn ihre Offiziere, vor allem die jüngeren, schicke Zivilkleider tragen. Schmuddelig wirkende Offiziere vermitteln den einberufenen Männern den Eindruck, der Wehrdienst führe zu nichts und in ihrer Rolle als Soldaten liege keine Würde. Eine solche Einstellung schlägt gern in eine depressive Stimmung um und kann unter der Mannschaft leicht zu Insubordination führen.

Die Soldaten kommen nicht nur zwangsläufig mit einer ganzen Palette von Offizieren in Berührung, sondern auch mit den Berufsunteroffizieren, den *Praporschtschiks,* und gelegentlich mit Soldaten mit verlängerter Dienstverpflichtung. Der Rang eines *Praporschtschiks* wurde 1972 eingeführt — in einem Versuch, eine eigentliche Unteroffiziersklasse zu schaffen. Der Ausdruck stammt aus den Tagen der Kaiserlich-Russischen Armee und bedeutet »Standartenträger«. Vor 1972 standen einzig die »Soldaten mit verlängerter Dienstzeit« — Rekruten, die sich nach Beendigung ihres zweijährigen Wehrdienstes für eine kürzere Periode weiterverpflichten — zwischen den Soldaten und den Offizieren. Der Status eines *Praporschtschiks* läßt sich jedoch in keiner Weise mit dem der Berufs- und Stabsunteroffiziere in den meisten westlichen Armeen vergleichen. Sie werden weit eher als verläßliche Soldaten angesehen und bilden nicht eigentlich das »Rückgrat der Armee« wie etwa im britischen Militärsystem. Einige *Praporschtschiks* spielen zwar eine enorm wichtige Rolle für die Aufrechterhaltung der Truppenmoral und des Standards eines Zugs oder einer Kompanie — wir haben von mehreren Fällen gehört, wo es vor allen Dingen einem *Praporschtschik* zu verdanken war, daß die tief verwurzelte brutale Tradition der *Dedowschtschina* ein Ende fand —, doch solche Beispiele hängen ausschließlich von der individuellen Charakterstärke ab, denn das Armeesystem räumt ihnen aus Prinzip nicht den Status und die Verantwortlichkeit ein, die ihnen automatisch denselben Einfluß wie ihren westlichen Kontrahenten gewährleisten würden. »Ein Küken ist kein Vogel und ein *Praporschtschik* kein Offizier«, sagen die Soldaten, und derselben Ansicht scheinen auch die meisten Offiziere zu sein. Sie schieben den *Praporschtschiks* häufig die Schuld an diesen oder jenen Mängeln in ihrer Einheit zu, doch man hört höchst selten, daß sie ihnen etwas, was wirklich rund läuft, als Verdienst anrechnen. Man hat mir erzählt, daß Offiziere in gewissen Fällen die Soldaten und Feldwebel respektvoller behandeln als die *Praporschtschiks.* Ihre Erfindungsgabe ist jedoch legendär. In jeder Einheit gibt es so einen Zauberer, der es zuwege bringt, daß Fahrzeuge ewig laufen, und der die Lebensdauer von elektrischen Apparaturen weit über jedes erwartete Maß hinaus verlängert.

Und wie man hört, war es ein *Praporschtschik* in Afghanistan, der zuerst auf die gloriose Idee kam, die Desinfektionstüchlein der Aeroflot auszuwringen und die gewonnene Flüssigkeit mit Limonade zu mischen. Es gibt buchstäblich nichts, was diese Männer nicht reparieren oder heraustüfteln können. Die Soldaten nennen ihre *Praporschtschiks* häufig auch *Kusoks*, was wörtlich »Stücke« bedeutet, aber auch Freigebigkeit mit einschließt — in Anspielung darauf, daß sie häufig in Positionen tätig sind, die ihnen Zugang zu begehrten Gütern verschaffen. Die fixe Vorstellung, daß alle *Praporschtschiks* klauen, liegt den meisten Witzen über sie zugrunde. Hier der bekannteste unter ihnen:

Im Kreml trifft ein Geschenk des Präsidenten der Vereinigten Staaten ein, das an Mr. Gorbatschow adressiert ist. Gorbatschow wickelt das Paket aus, und da es sich offensichtlich um etwas Militärisches handelt, läßt er den Verteidigungsminister kommen und fragt ihn, was es sei.

»Das ist eine Neutronenbombe, Genosse Präsident.«

»Was ist denn das schon wieder?«

»Eine Bombe, die alles menschliche Leben ausmerzt, aber materielle Güter intakt läßt.«

»Aha! Und was könnten wir als Gegengeschenk zurückschicken?«

Der Minister denkt eine Weile nach. »Ich hab's. Ganz klar! Wir schicken ihm einen *Praporschtschik*. Die merzen materielle Güter aus, lassen dafür aber das menschliche Leben intakt.«

Praporschtschiks leisten häufig in ihrer Heimatgegend Dienst und werden nicht im ganzen Land herumgeschoben. Im großen und ganzen spricht sicher viel für diese Regelung, weil sie die Stabilität innerhalb der Einheit fördert und eine Karriere als *Praporschtschik* attraktiver macht, als dies sonst der Fall wäre. Während des Kriegs in Afghanistan traten jedoch gewisse Komplikationen auf, weil einige *Praporschtschiks* auf ihr Recht pochten, nicht versetzt zu werden, was ihnen im Offizierskorps wenig Freunde eintrug.

In der Sowjetarmee gibt es praktisch keine offiziellen Regimentstraditionen und nur sehr wenige auffällige Unterschiede zwischen den einzelnen Einheiten. Idiosynkrasien im militärischen Alltag hängen deshalb ausschließlich von den Menschen ab. Im festen Rahmen eines streng regulierten Armeesystems leben die Soldaten jeder Einheit ihr eigenes Leben, ihre eigene Moral, ihre eigene Hierarchie, ihren eigenen Humor, und sie bieten ihre ganze Findigkeit und Improvisationsgabe auf, um mit den verfügbaren Mitteln zu Rande zu kommen. In einer guten Einheit dreht sich das geheime Leben in den Kasernen um Zoten und unbarmherzige Witze, um Gemeinschaftsgeist und einen strengen Verhaltenskodex. Dieser Ehrenkodex der Soldaten scheint folgende Prinzipien zu beinhalten:

- Verpfeife nie einen Kameraden, was immer er auch getan haben mag, sondern decke ihn nötigenfalls. Soldaten sollten ihre Angelegenheiten selber regeln, ohne die Offiziere damit zu behelligen.
- Wenn du erwischt wirst, sei bereit, die Sache auszubaden.
- Jammern verboten!
- Hilf mit, gegenüber Offizieren und *Praporschtschiks* eine geschlossene Front zu bilden.
- Sich heimlich in die Stadt davonzuschleichen, sich mit Mädchen zu treffen, Essen und Getränke in die Kaserne zu schmuggeln und alkoholische Getränke zusammenzubrauen ist alles okay. Ein Mann muß schließlich leben.
- Unterrichtsstunden zu verpassen ist zwar ebenfalls okay, aber:
- Drücke dich nie vor der Arbeit. Du bist in der Armee und solltest deinen Stolz daran setzen, ein guter Soldat zu sein.
- Eine Krankheit vorzuheucheln ist höchst schäbig. Bemühe dich, trotz kleiner Wehwehchen oder bei schlechtem Gesundheitszustand weiterhin deine Pflicht zu tun.

Ein Soldat genießt eine *»Papirossa«*, die traditionell billigste Art zu rauchen. Die Kartonröhrchen enthalten etwa dreimal weniger Tabak als eine normale Zigarette. Soldaten sind meist sehr erfinderisch und beherrschen die ungewöhnlichsten Fertigkeiten. Vor langer Zeit wurde entdeckt, daß im Schaft einer Kalaschnikow eine oder zwei Zigaretten im Instrumentenabteil Platz haben. Einige Soldaten können Zigaretten auch in einer *Pilotka* (der hier getragenen Mütze) verstecken, doch dies erfordert wahre Meisterschaft.

In vielen Einheiten ist für Soldaten, die Geburtstag haben, ein spezieller Platz reserviert. Dort sitzen sie auf dem Präsentierteller und verspeisen Leckereien wie Obstsäfte oder Süßigkeiten.

Unter den Soldaten einer Kompanie herrscht in der Regel ein starker Gemeinschaftssinn, und für einen Zug gilt dies noch viel stärker. Es gereicht letztlich allen zum Vorteil, dem Schwächsten zu helfen, damit die Gruppe insgesamt in einem besseren Licht dasteht. Man weiß von Soldaten, die einen Kameraden mit schwacher Kondition an einem Geländelauf einen Teil der Strecke getragen haben, um zu verhindern, daß der ganze Zug bestraft wurde. In einem solchen Fall wird dem Betroffenen jedoch wärmstens empfohlen, gefälligst etwas für seine körperliche Fitneß zu tun. In der Armee sind Leute zusammengewürfelt, die sich sonst wohl kaum je begegnen würden. Ein russischer Fabrikarbeiter sieht sich möglicherweise stundenlang neben einem Hirten aus Dagestan in einem Schützengraben stehen, wo sich beide abmühen, schießen zu lernen. Anfänglich werden sie sich vielleicht noch argwöhnisch beschnuppern, doch oft fallen mit der Zeit die Schranken zwischen ihnen.

So lernen die Soldaten einander immer besser kennen, und bald entwickeln sich stehende Witze über ihre gemeinsamen Erlebnisse und ihren Bekanntenkreis. Sie erzählen sich pausenlos Geschichten, Gleichnisse oder eigene Erlebnisse, um sich die langen Hungerzeiten draußen im Schlamm und in der Kälte zu verkürzen. Nach einer Mahlzeit oder während einer Zigarettenpause schüttet zuweilen ein Soldat, der bis dahin eher als wortkarg galt, einem anderen in einem Anfall plötzlichen Vertrauens sein Herz aus. Es sind diese Freundschaften, die den Soldaten das Leben überhaupt erträglich machen. Die Kameradschaft und das Band der täglichen kleinen Verschwörungen gegen den gemeinsamen Feind tragen dazu bei, Erschöpfung, Heimweh und Hunger zu lindern. Sagt ein Soldat: »Rauchen wir eine zusammen?«, meint er damit oft: »Gib mir die Hälfte deiner Zigarette.« Das soldatische Ethos verlangt, daß der andere seine Zigarette mit ihm teilt, selbst wenn er ihn in Wirklichkeit gar nicht richtig kennt. Jedes Freßpaket von daheim wird, ohne zu zögern, mit den Freunden geteilt, und jeder Rekrut würde einem anderen jederzeit seine Zahnpasta oder Schuhcreme ausleihen, und zwar nicht nur deshalb, weil er weiß, daß er vielleicht eines Tages um die gleiche Gefälligkeit bitten muß. Leidet hingegen eine Einheit sehr stark unter Rassenrivalitäten, sind die Beziehungen unter den Soldaten natürlich längst nicht so ideal. Wo eine tiefverwurzelte Atmosphäre von Mißtrauen und Gewalt herrscht, können sogar die Freundschaften zwischen Soldaten derselben Nationalität in Mitleidenschaft gezogen werden.

Ganz zuunterst in jeder Kompanie steht der *Stukatsch*, der Lockspitzel, der alles meldet, was in den Kasernen vorgeht. Im allgemeinen trägt er seine schäbigen Berichte den Offizieren zu, doch manche *Stukatschs* stehen auch im Verdacht, beim KGB zu petzen. Eigentlich spielt es keine so große Rolle, wem er Meldung erstattet, denn man verachtet ihn in erster Linie wegen seiner mangelnden Loyalität gegenüber der Gruppe. Selbst die friedfertigsten Soldaten wissen, wie man mit solchen Leuten umspringen muß. Eine der beliebtesten Methoden scheint die *Tjomnaja* zu sein (eine *Tjomnaja komnata* ist ein verdunkelter Raum): Man springt den Verräter von hinten an, wirft ihm eine Decke über den Kopf, zieht ihn in ein dunkles Zimmer und drischt auf ihn ein. Weil er seine Angreifer nicht sehen kann und die Decke verhindert, daß er schlimme Beulen davonträgt, kann er den Vorfall nicht wie alles andere nach oben weiterleiten. In seltenen Fällen wird diese Strafe auch jemandem verpaßt werden, der wiederholt seine Kameraden bestiehlt.

»Außerdienstliche« Aktivitäten

Was den Aufenthalt in der Armee für die Soldaten etwas erträglicher und genüßlicher macht, ist nicht so sehr die Beherrschung neuer militärspezifischer Anforderungen, sondern es sind vielmehr die kleinen Annehmlichkeiten, die sie sich organisieren, um die Härten des Kasernenlebens ein wenig zu lindern. Dazu braucht es jedoch stets die Mithilfe aller, weil solche Extratouren mit Sicherheit offiziell verboten sind. Gute Offiziere wissen natürlich längst, was sich hinter ihrem Rücken abspielt, und drücken meistens ein Auge zu, solange die Mannschaft dabei die nötige Vorsicht walten läßt. Von elementarer Wichtigkeit für das Wohl der Rekruten ist eine Behelfsmethode, um nach Lichterlöschen Wasser zu sieden, damit es sich die älteren Soldaten, die von den Mühen des Tages nicht so erschöpft sind, bei einer Tasse Tee gemütlich machen können. Dies geht meist folgendermaßen vor sich: Man verbindet zwei Rasierklingen mit dünnen Drahtstücken und steckt sie in eine Steckdose, was dem Ausführenden schlimmstenfalls einen heftigen Elektroschock versetzt. Im zweitschlimmsten Fall werden in der ganzen Kaserne die Sicherungen herausgeschlagen, doch meistens ist irgend jemand zugegen, der etwas von Elektrizität versteht und die Stromzufuhr wieder in Gang setzen kann. Im Idealfall aber kommt das Wasser sehr schnell zum Sieden.

Landauf, landab gibt es in jeder Kaserne in einer Ecke oder unter einem Bett ein loses Brett im Fußboden — ein ideales Versteck für Schmuggelware. Eßwaren, Getränke, alte Briefe und Tagebücher (die eigentlich nicht gehortet werden dürfen) bilden den Hauptinhalt solcher Schlupfwinkel. Man erzählt sich sogar Geschichten von Matrosen, die an Bord nukleargetriebener U-Boote ihre Leckereien unter dem Fußboden aufbewahrten, doch ist zu hoffen, daß sie bloß erfunden sind. »Wenn unser Zugführer unser Versteck entdeckt, nagelt er das Bodenbrett eigenhändig wieder fest«, meinte ein Soldat, der östlich des Urals Dienst leistete, worauf er resigniert hinzufügte: »Und dann müssen wir alle Nägel wieder herausreißen.« Es bedarf keiner besonderen Erwähnung, daß längst nicht alles, was die Soldaten verbergen möchten, unter die Bodenbretter geschoben wird. In jeder Kaserne bieten sich genügend andere Verstecke an. Vor allem der Lagerraum enthält vieles, von dem Offiziere und *Praporschtschiks* besser nichts wissen sollten, und zwischen den Leintüchern im Wäscheschrank oder unter den Parademützen, die meist auf einem hohen Regal gelagert werden, finden sich oft die interessantesten Dinge. Auch die Taschen der Paradeuniformen können sehr nützlich sein, um kleinere Gegenstände zu verbergen, die nicht für die Augen der Offiziere bestimmt sind.

Wie jedermann sehen auch die Soldaten abends gern fern. In den letzten zwei Jahren ist die Berichterstattung im sowjetischen Fernsehen über die laufenden Ereignisse sehr viel spannender geworden. Auf Sendungen wie »Wsgljad« (»Ein kurzer Blick«), das Spätprogramm am Freitagabend, das sich mit aktuellen Problemen auseinandersetzt und neben bissigen Interviews mit Figuren des öffentlichen Lebens auch die neuesten Rockvideos bringt, sind die Soldaten heute besonders scharf. Auch Dokumentarfilme, Unterhaltungssendungen und Spielfilme stehen hoch im Kurs. Es ist jedoch strengstens verboten, nach Lichterlöschen noch fernzusehen. Umsichtige Offiziere oder Sampolits hängen zur Sicherheit das Antennenkabel ab, deshalb findet sich unter den Bodenbrettern oft ein »Erste Hilfe«-Extrakabel versteckt.

Die Rekruten knabbern natürlich auch gerne etwas beim Fernsehen und zum Tee, doch leider ist ihnen nicht erlaubt, Eßwaren in der Kaserne aufzubewahren. Man kann sich im Teezimmer oder in der Stadt ohne weiteres etwas kaufen, doch wenn man es in der Kaserne aufbewahren will, muß man es verstecken. Im Soldatenjargon heißt alles, was von der Stadt zurückgebracht wird, *Samoljot*. Dieser Ausdruck wird zugleich als Substantiv und als Adjektiv verwendet, bezeichnet ursprünglich ein Flugzeug und bedeutet wörtlich »von allein davongeflogen«. Er steht zum einen für unerlaubte Entfernung von der Truppe, zum anderen aber auch für die auf einer solchen Expedition gemachte Beute. Sich ohne Erlaubnis von der Truppe zu entfernen (auch *Samowolga* genannt) ist ein schweres, wenn auch nicht unübliches Vergehen. In einem straff geführten Regiment erzählte man mir, daß in jeder Kaserne fast täglich mindestens einer die ganze Nacht über fernbleibt und es ihm meistens gelingt, sich unentdeckt zurückzuschleichen. Wer solchen Aktivitäten frönt, ist deswegen noch längst nicht ein schlechter Soldat — ganz im Gegenteil. Von allen Einheiten, die ich besuchte, waren jene, bei denen die Soldaten am meisten Initiative bei »außerdienstlichen« Angelegenheiten an den Tag legten, in der Regel auch die mit

Auch während der Manöver ist Turnen Pflicht. Hier holt ein Rekrut nach einem Geländelauf Luft.

Auf dem Exerzierplatz des Regiments in Tula werden Lastkraftwagen vom Typ GAZ-66 und andere Ausrüstungsgegenstände zum Absetzen aus der Luft vorbereitet. In diesem Fall wird ein Mehrfachfallschirmsystem verwendet, das pro fünf Fallschirme 10 000 bis 12 000 Rubel kostet. Die Fahrzeuge sind auf Paletten montiert.

den höchsten Idealen und der positivsten Einstellung zum Wehrdienst. In den Einheiten mit der schlechtesten Disziplin und Truppenmoral stellten die Soldaten fast immer eine allgemeine Lethargie zur Schau, die sich sogar auf das Organisieren von etwas Abwechslung und Spaß erstreckte.

Ein Soldat, der in der Sowjetarmee bestehen will, muß *Soldatskaja smekalka* entwickeln, was sich mit »soldatisches Wesen« übersetzen läßt, im Grunde jedoch eher »soldatisches Know-how« bedeutet — eine Mischung aus Intuition, Gerissenheit und gesundem Menschenverstand. Diese *Smekalka* warnt den Soldaten, wenn ein Offizier in der Nähe ist, und läßt ihn wissen, wann er sich beim Regiment unbehelligt weg- oder zurückschleichen kann. Sie zeigt ihm, wie er die tausend Hindernisse umgehen kann, die ihm so uneinfühlsam in den Weg gestellt wurden, um ihn vom Vergnügen abzuhalten, und sie inspiriert ihn zu jener sprichwörtlichen Meisterschaft im Improvisieren, die den sowjetischen Soldaten seit jeher charakterisiert. Diese Erfindungsgabe ist nicht nur bei der Jagd nach Vergnügen, sondern auch im regulären Dienstbetrieb elementar wichtig. Wer die Verantwortung für eine Waffe oder ein Fahrzeug trägt, muß sie funktionsfähig erhalten, was immer auch kommen mag. Ein Soldat kann nicht einfach losjammern, irgend etwas sei eben kaputt. Es liegt an ihm, die Dinger behelfsmäßig zu reparieren und Zuflucht zu den unorthodoxesten technischen und mechanischen Tricks zu nehmen, damit sie wieder laufen, bis ein anderer armer Teufel für sie verantwortlich wird. An sich ist die *Soldatskaja smekalka* also ein außergewöhnliches Kapital für die Sowjetarmee, dessen Bedeutung sich unter den alles andere als idealen Bedingungen einer kriegerischen Auseinandersetzung als lebenswichtig erweisen könnte.

Doch selbst die beste *Soldatskaja smekalka* schafft es nicht immer, sich sämtliche Schwierigkeiten vom Hals zu halten. Früher oder später wird jeder Soldat einmal zur falschen Zeit am falschen Ort erwischt. Hier kommt die zweite wichtige soldatische Tugend — *Otmasaza* — ins Spiel, was soviel heißt wie »sich herausreden«. Der Mechanismus der *Otmasaza* ist simpel und einfach: Wenn dich ein Leutnant findet, dann hat dir der Hauptmann einen Spezialauftrag erteilt; ist es hingegen ein Major, so war der Auftraggeber der Oberstleutnant usw. Dahinter steckt die altbekannte Weisheit, daß ein Offizier kaum riskieren wird, sich zum Gespött zu machen, indem er zu seinem Vorgesetzten läuft und ihn fragt, ob etwas Wahres an der Sache sei. Gewisse kritische Situationen erfordern natürlich ein noch raffinierteres Vorgehen.

Ein weiterer wichtiger Teil des Lebens in der Armee ist *Kosit* (wörtlich: »kürzen, verringern«) — die Fähigkeit, sich zu drücken oder die Arbeit zu verzögern. Dazu stehen mehrere Möglichkeiten offen. Sehr beliebt ist die Taktik, eine relativ angenehme Aufgabe möglichst lange hinauszuziehen. Zur Illustration ein kleines Beispiel: Nachdem die Kaserne frisch gestrichen worden war, erhielt ein Grüppchen Soldaten den Befehl, mit ihren Bajonetten die Farbkleckse auf den Fensterscheiben wegzukratzen. Entgegen allen Prognosen erwies sich dies als eine äußerst zeitraubende Arbeit, wobei das warme Wetter eine wichtige Rolle gespielt haben mag. Umgekehrt kann auch eine körperlich anstrengende Arbeit viel länger als vorgesehen dauern — Rekruten, denen aufgetragen wird, einen tiefen Schützengraben auszuheben, sparen vielleicht lieber Energie statt Zeit ein. Bei der Instandhaltung der Kasernen oder bei anderen nichtmilitärischen Arbeiten halten die meisten Soldaten *Kosit* für absolut gerechtfertigt, doch bei der militärischen Ausbildung lehnen viele ein solches Verhalten mit Entschiedenheit ab.

Soldaten trinken gern einen guten Schluck und gucken gern den Mädchen nach, doch keinem fällt eine dieser beiden Annehmlichkeiten in den Schoß. Den Rekruten ist strengstens verboten, Alkohol zu trinken, ja es gilt sogar schon als Vergehen, einem Rekruten alkoholische Getränke zu verkaufen. Natürlich weiß sich ein richtiger Soldat mit der Zeit zu helfen und findet jemanden, der für ihn einkauft, oder treibt einen verständnisvollen Ladenbesitzer auf. Doch in der Sowjetunion ist Alkohol teuer. Eine Flasche billiger Wodka zu zehn Rubel verschlingt mehr als

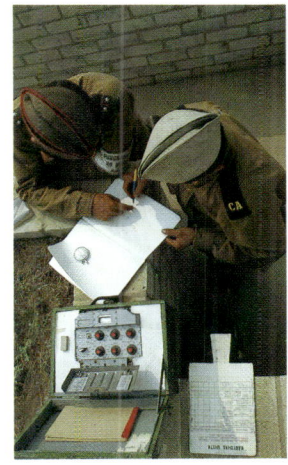

Ein Leutnant erklärt einem Rekruten während einer Kompanieübung, was er noch falsch macht. »Wenn du es nicht kannst, zeigen wir es dir. Und wenn du nicht willst, zwingen wir dich dazu«, ist eine Redensart der Offiziere.

Munition zur Verwendung bei Ausbildungsübungen.

Das Essen spielt bei den Rekruten eine wichtige Rolle. Überall kursieren Schauermärchen, was ihnen in Wirklichkeit vorgesetzt wird.

RECHTE SEITE: In einem guten Regiment verbringen die Soldaten viel Zeit mit dem Schreiben von Tagebüchern und dem Zeichnen von Cartoons über das Leben in der Armee. Die vorliegenden drei Cartoons wurden von Rekruten in Kamtschatka gezeichnet und zeigen das Militärleben aus ihrer Sicht.

einen Monatssold eines Soldaten, und zudem ist Trinken ein Vergehen, bei welchem verantwortungsbewußte Offiziere kein Auge zudrücken können. In vielen Einheiten ist alles, was über ein gelegentliches Bier an einem freien Sonntag hinausgeht, viel zu schwierig zu organisieren. Viele stellen zwar heimlich ihren eigenen Alkohol her, doch Probleme bei der Lagerung beschränken die Produktion von vornherein auf ein Minimum.

Auch die Pakete von zu Hause enthalten zuweilen Alkohol. Wenn ein Soldat ein Paket bekommt, wird er zum Kompaniechef oder seinem Sampolit beordert und muß es in ihrer Gegenwart öffnen, damit sie seinen Inhalt inspizieren können. »Wir vertrauen ihnen und sehen nach«, meinte ein verständiger jüngerer Offizier. Angesichts dieser Tatsache käme niemand auf die Schnapsidee, einem Soldaten eine Flasche Alkohol zu schicken. Man füllt vielmehr einen Krug mit Wodka und legt einige Äpfel oder Kirschen hinein, damit das Ganze wie ein Früchtetopf aussieht. Wachsame Kompaniekommandanten schnüffeln an allen Flüssigkeiten herum, denn sicher ist sicher. Die Offiziere kennen teils aus eigener Erfahrung sämtliche Tricks, und so entbrennt ein ständiger Kampf zwischen ihnen und den Freunden zu Hause, wer wen überlisten kann. Die Soldaten selber schätzen, daß etwa fünf Prozent des Alkohols, der per Post zu den Einheiten gelangt, den Augen ihrer Vorgesetzten entgeht, was ihrer eigenen Meinung nach ein recht akzeptabler Anteil ist.

Auch Drogen (besonders Marihuana) werden oft in Marmeladetöpfe oder in Zahnpastatuben vergraben. Weil man sie in Folien einwickeln und praktisch überall verstauen kann, fällt es den Offizieren viel schwerer, sie zu entdecken. In einigen Einheiten ist der Drogenkonsum ein äußerst akutes Problem geworden, in anderen weiß man praktisch nichts davon. Seine Verbreitung scheint im allgemeinen vom Anteil der Bewohner Zentralasiens abzuhängen, weil offensichtlich viele von ihnen bereits alles über Drogen wissen, bevor sie eingezogen werden. Ich habe von Einheiten gehört, wo die Disziplin wegen des Drogenkonsums völlig zusammengebrochen war. Die Soldaten klauten alles, was ihnen in die Finger fiel, um ihren Bedarf decken zu können, und wenn sie unter Drogeneinfluß standen, waren sie völlig unberechenbar. Sobald sich diese Gewohnheit einmal ausgebreitet hat, läßt sie sich fast nicht wieder ausrotten. Einen oder zwei Missetäter kann man in ein Disbat schicken, nicht aber eine ganze Kompanie. Die Soldaten in Afghanistan hatten leicht Zugang zu Heroin (das ihnen, wie man hört, von den Mudschaheddin freundlicherweise freigebig zur Verfügung gestellt wurde), und infolgedessen findet man heute auch in der Sowjetunion viele Heroinsüchtige.

Die *Smekalka* eines guten Offiziers wird ihm bald sagen, wer von den Rekruten unter seiner Obhut Geschenke in Form von Drogen erhält. In den letzten Jahren haben sich die Offiziere auch zu recht guten Experten im Aufspüren der Symptome entwickelt, die der Drogenmißbrauch nach sich zieht. Die Soldaten bitten ihre Freunde und Verwandten zuweilen, Pakete postlagernd ans nächstgelegene Postamt zu schicken, in der Hoffnung, damit die Kontrollen der Offiziere zu umgehen. Doch auch wenn dies kurzfristig Erfolg hat, werden aufmerksame Offiziere in den meisten Fällen feststellen können, ob ein Soldat getrunken oder Drogen genommen hat.

Pläne, wie man an Schnaps herankommt und ihn sicher versteckt, und Reminiszenzen an vergangene Trinkgelage, bei denen irgend etwas schiefgelaufen ist, spuken auf harmlose Weise immer wieder in den Köpfen der Soldaten herum. Sieht man von gewissen auffälligen Ausnahmen ab, wird gemessen an ihrem Alter und Geschlecht unter den Soldaten sehr wenig getrunken. Dasselbe ließe sich auch für den Drang nach weiblicher Gesellschaft sagen. Trotz ihres fieberhaften Interesses und der aufwendigen Jagdvorbereitungen finden sehr wenige von ihnen an dem Ort, wo sie Dienst leisten, eine Freundin. Vom Standpunkt des Mädchens spricht allzuviel dagegen: Soldaten haben sehr wenig Freizeit, sehr wenig Geld, und nach spätestens zwei Jahren sind sie wieder aus der Gegend verschwunden. Ein anderes Kapitel ist die Freundin zu Hause. Wie überall wünschen sich die Rekruten ein Mädchen, dem sie schreiben können, selbst

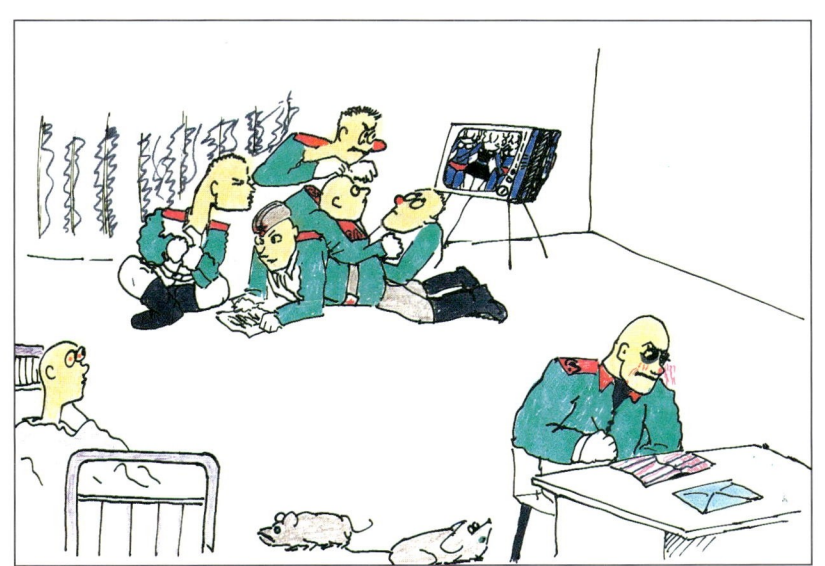

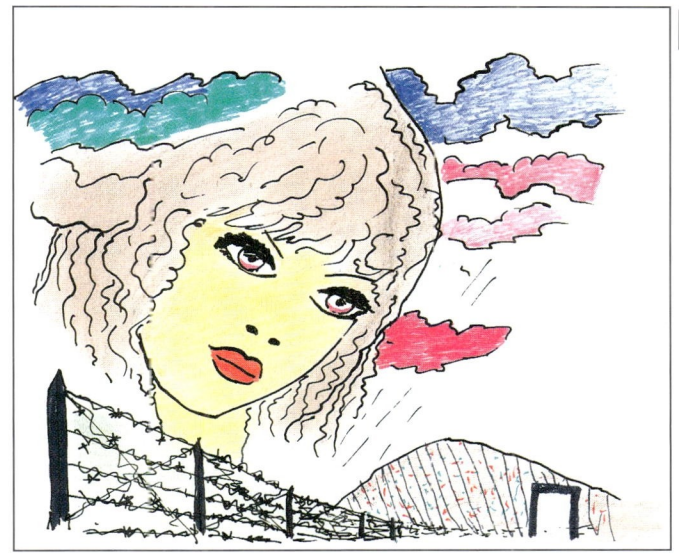

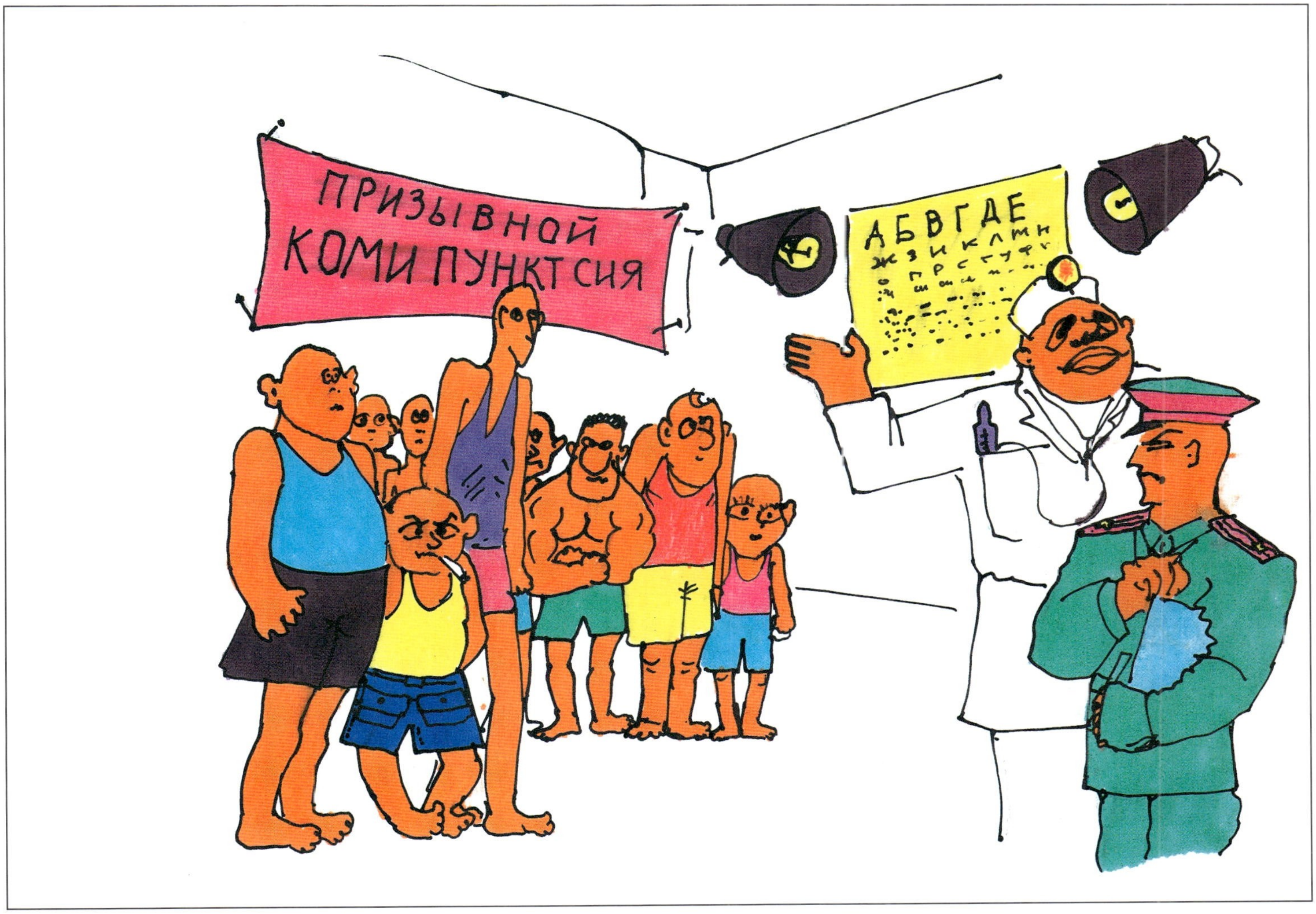
ПРИЗЫВНОЙ
КОМИ ПУНКТ СИЯ
АБВГДЕ

wenn die Beziehung in Wirklichkeit nicht sehr ernst ist. Soldaten, die Tausende von Meilen weg in einer Kaserne festsitzen, messen solchen Freundschaften unweigerlich eine überhöhte Bedeutung bei. Andere, die schon längere Zeit mit einem Mädchen gegangen sind, rücken mit der zuversichtlichen Gewißheit ein, daß ihre Angebetete, der sie unverbrüchliche Treue geschworen haben, sehnsüchtig auf sie warten wird, bis sie wieder zu Hause sind.

Soldatische Merksprüche beklagen oft, wie unzulänglich doch Liebesaffären per Post seien. »Liebe durch Briefe ist wie ein Essen durchs Telefon«, heißt es da beispielsweise, doch dessenungeachtet sind die Liebesbriefe der Freundin wie eine Rettungsleine, an die sich der Soldat in all der Mühsal des Militärlebens klammern kann. Nur — eins ist so gut wie sicher: Früher oder später wird *der* Brief eintreffen und ihm mitteilen, daß sie einen anderen gefunden hat, daß sie verlobt oder bereits verheiratet ist. »Die Liebe eines Mädchens ist wie der Gürtel eines Soldaten — je länger man dient, desto lockerer wird er.« In jeder Kompanie in der ganzen Armee befindet sich immer einer, dessen Freunde gerade versuchen, seine schlechten Leistungen auszubügeln, weil ihn der Brief seines Mädchens in tiefe Depressionen gestürzt hat, seine Freunde ihm die letzten Neuigkeiten über sie zukommen ließen oder seine weiblichen Verwandten zu der Ansicht gekommen waren, es sei zu seinem eigenen Besten, wenn er endlich erfahre, was sein Schatz unterdessen so treibt.

Oft heiraten Teenager, bevor der Junge einberufen wird, damit sie sich häufiger sehen können. Verheiratete Soldaten erhalten Extraurlaub, und heute besteht zudem eine Vorschrift, daß sie nicht weiter als 200 Kilometer von ihrem Wohnort entfernt eingeteilt werden sollten. Nach den Erfahrungen des sowjetischen Militärs schließt jedoch eine Heirat nicht notwendigerweise aus, daß der gefürchtete Brief von zu Hause eintrifft — wenn er tatsächlich kommt, ist alles nur um so schlimmer. Die treulose Freundin oder Ehefrau ist der klassische Grund für Depressionen unter den Soldaten. Eine weitere, nicht so leicht vorhersehbare Quelle des Unglücks ist die Krankheit oder der Tod der Großeltern. Wenn ein Elternteil oder ein Kleinkind stirbt oder schwer krank ist, wird einem Rekruten ohne weiteres großzügig Urlaub gewährt, aber wenn seine Großmutter oder sein Großvater erkrankt ist, darf er kaum je nach Hause fahren, außer sie seien sein gesetzlicher Vormund. Viele russische Kinder, deren Mütter ganztags arbeiten, wachsen jedoch bei ihren Großeltern auf, und eine beträchtliche Anzahl Soldaten wird von der ständigen Angst geplagt, daß sie ihre *Babuschka* nie wieder sehen werden und vielleicht nicht einmal an ihrem Begräbnis teilnehmen können.

Höhepunkt des Dienstes für den gemeinen Soldaten ist der Heimurlaub. Im Prinzip kann jedem Rekruten einmal während seines Wehrdienstes zehn Tage (zuzüglich Reisezeit) Heimurlaub gewährt werden. In der Praxis jedoch dürfen viele überhaupt nie nach Hause fahren, besonders dann nicht, wenn sie sich nach Meinung ihrer Vorgesetzten seit ihrer Einberufung schlecht aufgeführt haben. Soldaten in Einheiten mit sehr stark reduziertem Bestand können zuweilen aus dem einfachen Grund nicht heimreisen, weil sie dringend benötigt werden, um das Regiment funktionsfähig zu erhalten. Andere kriegen mehr als einen Urlaub, vor allem dann, wenn sie sich in sportlichen oder musikalischen Wettkämpfen hervorgetan haben. Rekruten, die auf U-Booten (besonders auf nukleargetriebenen) dienen, erhalten in der Regel großzügigeren Heimaturlaub. Wenn ein Soldat auf der Wache einen Eindringling festnimmt, erhält er, ungeachtet dessen, ob er bereits früher Gelegenheit hatte, nach Hause zu fahren, automatisch zehn Tage Urlaub zugesprochen.

Soldaten auf Heimurlaub, die weit weg von dem Ort wohnen, wo sie Dienst leisten, können zusätzlich Zeit gewinnen, wenn sie die Strecke fliegen, denn bei der Berechnung der Reisezeit wird die Anzahl Tage, die die Reise per Eisenbahn dauern würde, zu den gewährten Urlaubstagen hinzugeschlagen. Wer also (meist dank einer Spende seiner Angehörigen) die Flugkosten aufbringen kann, holt leicht eine Extrawoche für sich heraus, wenn er im Norden des Landes stationiert und im Süden zu Hause ist. Offiziere benutzen die Zusicherung auf Urlaub häufig als Ansporn, gute Arbeit zu leisten. Diese Politik ist sehr effektiv, solange keiner merkt, daß das Datum eines versprochenen Urlaubs in immer weitere Ferne rückt oder der Offizier sein Vorhaben, ihn nach Hause gehen zu lassen, keineswegs als bindende Verpflichtung aufgefaßt hat. Von dem Augenblick an, wo ein Soldat den Braten riecht, kann sich das Leben dieses Offiziers plötzlich sehr viel schwieriger gestalten.

Im Arrestlokal eines Disziplinarischen Bataillons in Minsk.

Disziplin

Ist ein Rekrut auf Abwege geraten, muß er laut Dienstvorschrift entsprechend seinem Vergehen mit folgenden Disziplinarmaßnahmen rechnen: mit einer Rüge, einem Verweis, einem strikten Verweis, dem gestrichenen Urlaub, dem Extradienst (mit Ausnahme von Wacht- oder Gefechtsdienst) oder mit Gefängnisstrafen im Arrestlokal von bis zu zehn Tagen. Einige der besten Zuchtmeister in der Armee teilen jedoch ihre eigenen, eher unkonventionellen Disziplinarstrafen aus. Ein Kompaniekommandant im Fernen Osten zum Beispiel betrachtet eine Kahlrasur des Soldatenschädels als die wirksamste Strafe, wenn sich jemand unerlaubterweise in die Stadt verdrückte oder mit Eßwaren in der Kaserne erwischt wurde. Wie er betont, ist sie leicht anzuwenden und kommt weder der Routinearbeit der gesamten Einheit noch der Ausbildung des einzelnen in die Quere. Bei seinen Soldaten funktioniert das auch wirklich, denn sie suchen sich seine Achtung zu gewinnen, daher wirkt dieses öffentliche Zeichen seiner Ungnade als ein gutes Abschreckungsmittel.

Praktisch jedem Soldaten in der Armee wurde schon einmal ein Urlaub gestrichen, oder er hat Extradienst leisten müssen. Etwa ein Viertel scheint einige Zeit im Arrestlokal verbracht zu haben, was zwar nicht gerade gemütlich, aber durchaus erträglich ist. Wer unter Arrest steht, schläft auf Holzpritschen oder Klappbetten ohne Wolldecken zu mehreren in einer Zelle. Zur Wärme dient ihm nachts (und wenn die Temperatur in der Zelle tagsüber unter 18^h C fällt) sein *Schinel* (Mantel). Man erwartet von ihm zehn Stunden körperlich anstrengende Arbeit am Tag, in der Regel Unterhalts- oder Bauarbeiten rund um die Einheit. Meist müssen Feldwebel dabei als Vorarbeiter und Aufseher wirken. Nach der Arbeit folgt eine etwa vier Stunden lange Marschübung. Wer wegen eines schweren Vergehens in Einzelhaft gesetzt wurde, arbeitet nicht und darf seine Zelle täglich nur für fünfzig Minuten Leibesübungen verlassen. Die strengste Sanktion gegen einen Rekruten besteht darin, daß er von einem Militärtribunal zum Dienst in einem Disziplinarischen Bataillon, eben dem sogenannten »Disbat«, verurteilt wird.

Die in einem Disbat verbrachte Zeit wird dem Wehrdienst des Rekruten nicht angerechnet. Wer also bereits ein Jahr gedient hat und sich ein Vergehen zuschulden kommen läßt, für welches er in der Folge zwei Jahre in einem Disbat absitzt, muß danach noch ein weiteres Jahr regulären Dienst leisten, bis er seine Wehrpflicht erfüllt hat. Im militärischen Identitätsausweis, den erwachsene sowjetische Männer ihr Leben lang bei sich haben, findet sich kein Hinweis darauf, daß jemand eine gewisse Zeit in einem Disbat verbracht hat; nur die Kennzahlen der Einheiten und die dort geleisteten Diensttage sind aufgeführt. Es fällt jedoch schwer, sich irgendeinen anderen Grund auszudenken, weshalb ein gewöhnlicher Soldat (also keiner mit verlängerter Dienstverpflichtung und auch kein *Praporschtschik*) vier oder fünf Jahre in der Armee verbracht haben sollte. Für viele der Insassen ist die Schande, in ein Disziplinarisches Bataillon geschickt zu werden, die größte Strafe, und selbst in Kreisen, wo sonst wenig Sympathie für das gegenwärtige Einberufungssystem herrscht, wird es als eine Schmach für einen Soldaten angesehen. Dieses Gefühl der Schande ist am stärksten unter den slawischen Soldaten verbreitet, beschränkt sich jedoch keineswegs auf sie — auch wer in renommierten Einheiten Dienst leistete, leidet darunter. In einem Disbat unterhielt ich mich einmal mit einem Insassen, der Fallschirmjäger gewesen war. Es stellte sich heraus, daß ich wahrscheinlich seinen früheren Vorgesetzten kannte. Doch er ertrug es offensichtlich nicht, über die Vergangenheit zu sprechen. Er wollte nicht daran erinnert werden, daß er einmal bei den Luftlandetruppen gedient hatte.

In der Armee weiß jeder, daß die Zustände in den Disbats schrecklich sind. Die Insassen schlafen auf drei Lagen hohen hölzernen oder eisernen Kojen ohne Matratzen. Von außen sah das Bataillon, das ich in Minsk besuchte, nicht viel anders aus als ein Gefangenenlager in einem alten Kriegsfilm. Die Mauern waren oben mit häßlichen Stacheldrahtrollen gesichert und die Wachttürme eindeutig bemannt. Paradoxerweise war der erste Schlafsaal, den ich erblickte, der bequemste von allen, die ich je irgendwo in der Armee gesehen hatte, einschließlich derer in den Offiziershochschulen. Der Anstrich war frisch, der Fußboden kürzlich aufpoliert worden, die Wolldecken auf den genormten Soldatenbetten waren sauber und neu. Der ganze Raum blitzte geradezu vor Sauberkeit. Es gab nur zwei Hinweise auf die wahre Natur dieser Einrichtung: Alle Spinde neben den Betten hatten die Türe offen und boten einen Blick auf ihren säuberlich ausgelegten Inhalt, und der Eingang zum Schlafsaal war mit schweren Metalltüren und einem massiven Schloß versperrt. Zuerst argwöhnte ich, daß extra einer der Schlafsäle für den Besuch der ausländischen Journalistin aufgemöbelt worden war, doch eine gründliche Inspektion enthüllte, daß alle mehr oder weniger denselben Standard aufwiesen.

Als ich zur Kantine ging, stellte ich fest, daß die Insassen hier überdurchschnittlich gute Mahlzeiten kriegten. Später erklärte uns Oberstleutnant Brotnik, der Bataillonskommandeur, weshalb ausgerechnet das Leben dieser Männer, die zur Strafe für schwere Vergehen hierhergeschickt wurden, soviel angenehmer bereitet wird als das der anderen Kasernenbewohner. Diese Bataillone werden nicht mehr wie früher »Strafbataillon« geheißen: Heute sollen sie die Insassen in erster Linie durch eine viel striktere Disziplin bessern, als sie sie in ihren normalen Einheiten vorfanden. Hier verläuft das Leben peinlichst genau nach Dienstvorschrift. Doch die Dienstvorschrift sieht unter anderem auch besseres Essen und bessere Lebensbedingungen vor, als sie in vielen Einheiten zu finden sind, und die Disbats achten besonders darauf, daß die Kasernen sauber sind und das Essen so gut wie nur möglich. Die Verhältnisse sollten einem anständigen Leben förderlich sein, das Regime streng, aber gerecht. Die Insassen verrichten acht Stunden körperliche Arbeit am Tag. Weil darin auch der Anmarschweg eingeschlossen ist, wird praktisch nur rund sechs Stunden täglich gearbeitet. Wenn man hart schuftet und den Kopf unten hält, ist das Leben hier einigermaßen erträglich, doch schon die geringste Übertretung der Vorschriften wird streng geahndet. Wer zu fliehen versucht, wird erschossen. In den vergangenen acht Jahren haben vier Männer einen Fluchtversuch gewagt — zwei von ihnen überlebten und erhielten eine Zusatzstrafe. Fotos am Anschlagbrett zeigen die Toten in ihren Särgen, umringt von ihren weinenden Familien, was offensichtlich bezweckt, die Insassen vom Weglaufen abzuschrecken. Von Zeit zu Zeit gibt es auch Fälle von homosexueller Vergewaltigung in den Disbats. Vor zwei Jahren wurden zwei solche Fälle aufgedeckt und die beiden Missetäter von einem Militärtribunal zu je fünf Jahren in einem zivilen Gefängnis verurteilt. Bei den meisten schwereren Übertretungen ist Alkohol im Spiel, denn nur allzuoft geben die gewöhnlichen Arbeiter auf den Baustellen den Jungen aus Mitleid etwas ab. Die einfachste Disziplinarmaßnahme im Disbat ist der Verweis. Es empfiehlt sich allerdings, ihn zu beherzigen, denn dann folgt bereits scharfer Arrest oder *Saljot* (wörtlich »ein Flug in Schwierigkeiten«), wie die Soldaten ihn nennen. Im Arrestlokal werden die Männer in Einzelhaft gehalten. Sie dürfen sich alle Stunden nur zehn Minuten lang hinsetzen, die übrige Zeit müssen sie stehen und dürfen keinen Versuch unternehmen, mit anderen Häftlingen in Kontakt zu treten.

Die meisten Insassen sind zu zwei bis drei Jahren verurteilt worden, die Mehrzahl von ihnen wegen Vergehen im Zusammenhang mit der *Dedowschtschina*, andere wegen Diebstahls (meist Einbrüche in Datschas und Entwendung von Wein, Marmelade usw.), schweren Rowdytums oder

Die Insassen des Disbats kehren von der Arbeit zurück.

Das Eingangstor des Disbats in Minsk.

Rund um das Disziplinarische Bataillon herrschen strenge Sicherheitsvorschriften. Wer einen Fluchtversuch wagt, wird von bewaffneten Wachen erschossen.

108 Viele Einheiten, nicht nur die Disbats, haben ihre eigenen Landwirtschaftsbetriebe, die gute und frische Nahrungsmittel für die Rekruten liefern. Die Überschüsse werden in der Regel verkauft. Es ist gesetzlich vorgeschrieben, den Erlös für die Verbesserung der Lebensbedingungen der Soldaten zu verwenden.

Eltern besuchen ihren Sohn in einem Disbat. Die Familien sind vielfach entsetzt, wenn ihr Kind in eine solche Einheit geschickt wird, doch die Verhältnisse dort sind viel besser, als angenommen wird.

Vergewaltigung. Etwa 10 Prozent sind bereits vor der Einberufung mit der Polizei in Konflikt gekommen. Nach Ansicht von Oberstleutnant Bortnik hätten die meisten anderen gar nie hier landen sollen. Er gibt ihren früheren Vorgesetzten die Schuld an ihrem Schicksal — schon Suworow sagte: »Es gibt keine schlechten Soldaten, nur schlechte Befehlshaber.« Wer wegen Gewalttätigkeiten in Verbindung mit der *Dedowschtschina* hier ist, aber auch viele, die kleinere Diebstähle auf dem Kerbholz haben, sei in Wirklichkeit von der Atmosphäre in seiner Einheit korrumpiert worden. Auch junge Männer, die sich unerlaubt von der Truppe entfernt hatten, seien oft Opfer einer schlechten Armeedisziplin, meint Oberstleutnant Bortnik. Soldaten schließlich, die desertierten, sind oft verheiratet und hatten kurz zuvor den klassischen Brief von zu Hause erhalten, der sie über die Aktivitäten ihrer Ehefrauen unterrichtete, doch dies ist natürlich kein Entschuldigungsgrund — Armee bleibt eben Armee.

18 bis 20 Prozent der Rekruten, die in Disbats landen, sind infolge unglückseliger Mißgeschicke hier. Darunter fallen Fahrzeugkollisionen, Unglücksfälle, bei welchen Leute irrtümlicherweise erschossen wurden, und ähnliches. In solchen Situationen schreibt das Militärtribunal bei der Verurteilung des Soldaten den Unfall häufig der Nachlässigkeit der verantwortlichen Offiziere zu, die darauf ebenfalls entsprechend bestraft werden. Bis zu 40 Prozent der Insassen im Disbat von Minsk stammen aus Strojbats (Baubataillonen), also mindestens fünfmal mehr, als der prozentuale Anteil der Männer, die dort Dienst leisten, erwarten ließe. Dies beruht zum Teil darauf, daß Unruhestifter mit großer Wahrscheinlichkeit den Baubataillonen zugewiesen werden. Dazu kommt auch, daß die Soldaten dort auf großen Baustellen arbeiten, wo eine ständige Überwachung schwierig durchzuführen ist. Am anderen Ende des Spektrums finden sich Soldaten, die ihren Wehrdienst mit sehr guten Referenzen begannen und im Disbat endeten, weil sie ihre Vertrauensstellung mißbraucht hatten. Ein bekanntes Beispiel dafür ist der Rekrut, der zum Fahrer des Regiments- oder Divisionskommandeurs auserkoren wurde — ein ruhiger Posten mit vielen Wartezeiten, die verlockende Gelegenheiten bieten, sich zu verdünnen. »Je mehr der Soldat beschäftigt ist, desto weniger gerät er in Schwierigkeiten«, lautet eine alte Militärweisheit. Soldaten aus den Luftlandetruppen sind meistens wegen Streitereien in der Kaserne hier, und wer von der Luftwaffe kommt, hat in der Regel Alkohol oder Benzin gestohlen, um sie schwarz weiterzuverkaufen.

Soldaten, für die ein Straferlaß in Frage kommt, müssen vor einer Ratsversammlung von Volksvertretern erscheinen, die sich aus Repräsentanten der lokalen militärischen und zivilen Gemeinde zusammensetzt. Sie bilden eigentliche Gerichtshöfe und entscheiden, ob ein Insasse freigelassen wird, nachdem er ein Drittel oder die Hälfte seiner Strafe verbüßt hat. In jeder Kaserne ist eine Liste mit den Punkten angeschlagen, die ein Rekrut kennen muß, bevor er vor dieser Ratsversammlung erscheint. Sie umfaßt folgendes:

- die Nationalhymne
- den Fahneneind
- die soldatischen Pflichten (aus der Dienstvorschrift)
- die Disziplinarvorschriften, Kapitel 1, 2, 3
- die Vorschriften über Inneren Dienst, Kapitel 262, 263
- die Vorschriften für Mannschaften, Kapitel 25
- Was ist Kommunismus?
- Perestroika in den Streitkräften der UdSSR

Das eigentliche Problem liegt darin, daß schon ein einziger *Saljot* die Chancen für eine vorzeitige Entlassung beträchtlich schmälert. Die vorzeitige Entlassung bildet das Hauptinstrument der Disziplin. Mehr als 90 Prozent all derer, die in dieses Bataillon gesteckt werden, sitzen nicht ihre ganze Strafe ab, obwohl viele darum bitten, ihre ausstehende Dienstzeit hier beendigen zu

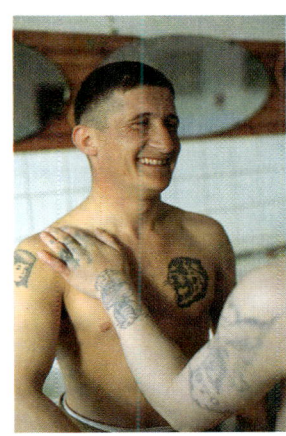

In der sowjetischen Unterwelt haben die meisten Tätowierungen eine ganz bestimmte Bedeutung. Der hier gezeigte brüllende Tiger ist eines der unangenehmsten Beispiele — er steht für eine grenzenlose Verachtung von Recht und Gesellschaft. Diese Insassen sind mit Sicherheit nicht zufällig in Schwierigkeiten geraten, denn keiner würde es wagen, eine solche Tätowierung zu tragen, wenn er sie sich in den Augen der anderen Schurken nicht verdient hätte. Ihre Kultur verherrlicht die Gewalt, und je rücksichtsloser einer vorgeht, desto mehr Respekt wird ihm entgegengebracht.

110 Militärhunde

Im Ausbildungszentrum für Militärhunde in der Nähe von Moskau werden Rekruten und Hunde einige Monate ausgebildet und darauf zu ihren Einheiten geschickt. Etwa 20 bis 30 Prozent bringen ihren eigenen Hund mit. Die meisten dieser Jungen sind Mitglieder eines Hundeklubs und besitzen ein geeignetes Tier. Der Hund leistet mit ihnen Dienst und begleitet sie nach der Entlassung wieder nach Hause (sofern ihn der Junge nicht aus irgendeinem Grund zurücklassen will). Die übrigen Soldaten werden mit Hunden ausgebildet, die in der Einheit aufgezogen wurden und auch dort bleiben.

Ein Führer von Militärhunden ist meist für vier Tiere verantwortlich. Wer frisch in der Einheit ankommt, übernimmt die Hunde von Soldaten, die demobilisiert wurden.

Die Hunde werden dazu abgerichtet, alle möglichen Einrichtungen zu bewachen, Explosivstoffe aufzuspüren, auf dem Schlachtfeld Verwundete zu finden und Panzer in die Luft zu jagen. Für letzteres bringt man ihnen bei, mit einer auf den Rücken befestigten Schachtel, die im Kriegsfall Sprengstoff enthalten würde, unter einen Panzer zu kriechen. Die Hunde lernen auch, auf Befehl Menschen anzugreifen. Im Ausbildungszentrum werden normalerweise 800 Rekruten ausgebildet.

Ein Rekrut einer Elite-Luftlande-truppe.

können, statt in ihre früheren Einheiten zurückkehren zu müssen. Rund die Hälfte ist darauf bedacht, so schnell als möglich in ein gewöhnliches Regiment zurückzugehen, um dem Stigma der Disbats zu entfliehen. Die übrigen ziehen es vor, dazubleiben und ihren Wehrdienst als gewöhnliche Soldaten zu beenden, weil sie davon überzeugt sind, das Leben im Disbat sei im Grunde einfacher.

Die Demobilisierung

Wenn ein Soldat etwa ein Jahr lang Dienst geleistet hat, tauchen die ersten Gedanken an die Demobilisierung auf. Nach achtzehn Monaten fängt er an, ernsthaft Pläne zu schmieden, und nachdem das seine Entlassung aus der Armee betreffende ministerielle Dekret in Kraft getreten ist, hat er nichts anderes mehr im Kopf. Er denkt, spricht und träumt unablässig davon, was er nach seiner Entlassung tun wird. Er ist jemand — aber wer? Sicher wird ihm als *Dembel* in Zukunft kein Vergnügen verwehrt sein, und es gibt nichts, was er nicht erreichen könnte. Soldaten aus den baltischen Republiken wünschen sich für gewöhnlich nichts sehnlicher, als der Armee so schnell als möglich den Rücken zu kehren, etwas anderes interessiert sie eigentlich nicht groß. Doch für die meisten anderen Rekruten werden Entlassungsrituale ungeheuer wichtig. Sie listen die verbleibenden Tage auf der Rückseite von Bildern, in Lehrbüchern und auf dem Mobiliar auf und haken sie jeden Tag ab. Viele von ihnen stellen auch Alben mit Fotos, Cartoons, Gedichten, Erinnerungen und Sprichwörtern aus dem militärischen Alltag zusammen.

Häufig ist es verboten, solche Alben zu verfertigen, doch die vernünftigeren unter den Offizieren wissen, daß sie, selbst wenn sie unbotmäßige Karikaturen über einzelne Regimentsangehörige enthalten sollten, im Grunde völlig harmloser Natur sind und vielfach eine gesunde, positive oder sogar sentimentale Einstellung zum Militärdienst ausdrücken. Soldaten verwenden oft sehr viel Energie darauf, ihr Album auszuschmücken. Sie versehen es mit Zierschriften und zeichnen die Cartoons x-mal vor, bis sie mit dem Resultat zufrieden sind. Etwas vom schwierigsten ist, an Fotos heranzukommen. Selbst wenn die Offiziere den Soldaten den Besitz einer Fotokamera gestatten, bestehen immer wieder spezielle Einschränkungen — wie beispielsweise das von einigen Kommandeuren verfügte und anscheinend inoffizielle Verbot, Armeefahrzeuge zu fotografieren. (Anderswo muß gewährleistet sein, daß nirgendwo ein Nummernschild sichtbar ist.) Filme und Fotopapier zu finden ist auch nicht immer leicht, doch letzten Endes kriegen die Soldaten fast alles, was sie sich wirklich in den Kopf gesetzt haben.

Die wichtigste Frage ist für viele, wie sie ihr äußeres Erscheinungsbild für ihre Ankunft zu Hause herrichten sollen. Für die meisten bringt es ein großes Sozialprestige mit sich, wenn man sieht, daß sie sich gut gehalten haben — was immer sie auch früher über den Militärdienst verlauten ließen. Sie sind entschlossen, als Helden heimzukehren. Zu diesem Zweck setzen sie alles daran, ihrer Uniform den letzten Schliff zu geben. Viele verpassen ihren Stiefeln eine Behandlung mit dem Bügeleisen und rauhen ihren *Schinel* mit der Drahtbürste auf. Einige grapschen sich auch hübsche neue Uniformteile, die den frisch angekommenen *Duchs* ausgehändigt wurden, und tauschen sie gegen ihre ausgetragenen Militärklamotten ein.

Soldaten, die im Herbst entlassen werden, kehren meist in *Schinel* und Stiefeln nach Hause zurück (obwohl auch Schuhe erlaubt sind), während jene, die im Frühjahr weggehen, ihre Paradeuniform und Schuhe tragen. Einige Soldaten rasieren sich hundert Tage vor dem ministeriellen Erlaß den Kopf, damit sie nach ihrer Demobilisierung ihr neues Leben mit einem neuen Haarschopf beginnen können. Dies wird in den meisten Einheiten ungern gesehen oder sogar unterbunden. Alle Soldaten sind scharf darauf, vor ihrem Austritt aus der Armee Medaillen oder Abzeichen zu erwerben, auf die sie möglicherweise ein Anrecht haben. Einige betteln, borgen oder stehlen alles zusammen, was an eine Uniform gesteckt werden kann, ganz gleich, ob sie dazu berechtigt sind oder nicht. Aber damit hat es sich noch längst nicht! Man stellt alle möglichen und unmöglichen Abzeichen und Embleme her, die nur eine blühende Phantasie ersinnen kann, und versteckt sie in den Taschen der Paradeuniform, bis der große Tag heranrückt. Krawattennadeln mit raffinierten Insignien (nicht selten mit dem Emblem der Sowjetunion von einer Zweikopekenmünze, das auf die Nadel aufgelötet wurde), riesige, mit Glitzersteinen verzierte Medaillen und mit Litzen und Fransen (Fransen!) besetzte Schulterklappen sind nichts Ungewöhnliches, und die Buchstaben SA (Sowjetskaja Armija) auf den Schulterklappen werden oft durch solche aus Kupfer oder einem anderen glänzenden Metall ersetzt.

Im Frühjahr und später wieder im Herbst trifft man überall in der Sowjetunion in den Eisenbahnzügen auf Soldaten, die ihre Jacken ausziehen, um ihre heraldisch verzierten Hemden zur Schau zu stellen, welche viel eher einem verwegenen Generalissimo aus der komischen Oper als einem sowjetischen Soldaten aus dem Jahr 1990 zur Ehre gereichen würden. Es gibt viele unbestätigte Gerüchte über inoffizielle Museen, die mit konfiszierten kurzlebigen Prunkstücken aus der Eigenproduktion der *Dembels* vollgestopft sein sollen. Solche Extravaganzen sind zwar strengstens verboten, doch sobald ein Soldat seine Einheit verlassen hat, steht er im allgemeinen nicht mehr unter militärischer Kontrolle, und solange er in seinem Mantel oder seiner Jacke einigermaßen passabel aussieht, schauen die meisten Offiziere vor der Abreise nicht allzu genau hin, was ein *Dembel* darunter trägt. Sie haben schon genug Sorgen mit der neuen Ladung hoffnungsloser, ungeschliffener Rekruten am Hals, und ihren eigenen Aussagen zufolge fänden sie es schäbig, den Soldaten ihren Glanzmoment zu vergällen.

Die wildesten Phantasieflüge der *Dembels* entspringen meist den Köpfen von Rekruten einfacher Herkunft, vor allem von Jungen aus den Provinzstädten und den Landwirtschaftskollektiven, die von Anfang an nicht unglücklich darüber waren, in die Armee einzutreten. Soldaten aus den gebildeteren Schichten stellen keine Dekorationen für sich her, doch sogar sie nehmen einiges in Kauf, damit sie zu Hause in einer topsmarten Uniform ankommen. Bei der überwältigenden Mehrzahl der Rekruten macht sich am Ende ihrer Dienstperiode das Gefühl breit, wirklich etwas geleistet zu haben. Viele, die finden, daß die Einberufung abgeschafft werden sollte, räumen ein, daß sie persönlich von ihrem Aufenthalt in der Armee profitiert hätten. Wenn man Soldaten fragt, was ihnen der Wehrdienst gebracht habe, antworten sie meist, sie seien dadurch körperlich fit, selbstsicher und erwachsen geworden. Oft wird auch erwähnt, daß das Leben in der Armee sie gelehrt hat, den Wert der Zeit zu schätzen und künftig aus ihrer Freizeit wie auch aus den Arbeitsstunden größeren Nutzen zu ziehen.

Das Hochgefühl eines Soldaten, der seine Einheit verläßt, kann sich völlig ins Gegenteil verkehren, wenn er den Eindruck erhält, seine Offiziere hätten sich nicht ordentlich von ihm verabschiedet. Im großen und ganzen geben sich sowjetische Militärs jedoch sehr viel Mühe, der Demobilisierung einen würdigen Rahmen zu verleihen und die scheidenden Rekruten mit Zuneigung und Achtung zu behandeln. Und so kehren die jungen Männer nach zwei Jahren Soldatenleben wieder nach Hause zurück, um in der ganz anderen Wirklichkeit des Zivillebens ihren Mann zu stellen.

In einem Zug mit Ziel Nordwesten erzählte mir im Herbst letzten Jahres ein entlasser Soldat, welche Gefühle ihn momentan am meisten bewegten: »Dies ist einer der glücklichsten Momente meines Lebens«, meinte er. »Ich weiß, wenn ich endlich daheim bin, werden neue Probleme auftauchen, doch jetzt habe ich meinen Wehrdienst erfolgreich abgeschlossen. Alle in meiner Einheit waren zufrieden mit mir, und meine Familie freut sich, mich zu Hause willkommen zu heißen. Am liebsten möchte ich, daß diese Heimfahrt nie enden würde.«

6 Die Landstreitkräfte

Die Landstreitkräfte *(Suchoputnije Woiska)* bilden den größten Truppenteil der sowjetischen Armee. Sie setzen sich aus über 1,5 Millionen Mann zusammen, eingeteilt in über 140 Motorisierte Schützen- und Panzerdivisionen nebst weiteren Spezialeinheiten wie unabhängigen Schweren Artilleriebrigaden und Hubschrauberregimentern. Den Bodentruppen stehen unter anderem über 53 000 Kampfpanzer, etwa 30 000 Schützenpanzer, 9000 Artilleriegeschütze auf Selbstfahrlafetten und 4500 Hubschrauber zur Verfügung. Hier landen über 70 Prozent der Rekruten des Landes, um in der einen oder anderen Funktion Dienst zu leisten und diese riesige Kriegsmaschinerie zu bemannen und zu bedienen. Obwohl die Landstreitkräfte in den nächsten Jahren vermutlich am meisten von den Abstrichen bei Ausrüstung und Truppenbestand betroffen sein werden, bilden sie weiterhin die Grundlage jeder bedeutenden Streitmacht. Der sowjetische Generalstab geht im allgemeinen davon aus, daß in den Anfangsstadien eines Konflikts in erster Linie die Bodentruppen zum Einsatz kommen würden, selbst wenn der Ausgang eines eventuellen Krieges letztlich von den Strategischen Raketentruppen entschieden werden sollte.

Die Landstreitkräfte gliedern sich in die folgenden Truppengattungen: Motorisierte Schützenverbände, Luftabwehrverbände, Panzertruppen, Raketentruppen und Artillerie. Zwar sind ihnen auch die Luftlandetruppen unterstellt, doch diese haben einen eigenen Befehlshaber und sind autonomer als andere Truppengattungen (siehe Kapitel 9). Die Motorisierten Schützendivisionen haben keinen eigenen Truppenchef. Weil sie das Rückgrat der Bodentruppen bilden, unterstehen sie direkt dem Oberbefehlshaber, und ihr Einsatz wird vom Stab der Landstreitkräfte koordiniert und geleitet. Alle anderen Truppengattungen haben ihren eigenen Befehlshaber sowie eine eigene Verwaltung, die für die gesamte Entwicklung und Bedarfsdeckung, mit anderen Worten also für die gesamte Ausbildung und Ausrüstung, verantwortlich ist. Die operative Planung liegt jedoch in den Händen der Chefs der Militärbezirke und des Generalstabs.

Es ist wichtig, sich stets vor Augen zu halten, daß im sowjetischen Militärsystem alle Gefechtseinsätze der Landstreitkräfte immer Operationen mit gemischten Verbänden sind. Nach diesem Grundprinzip der modernen sowjetischen konventionellen Kriegführung werden die Aktivitäten sämtlicher Truppengattungen und Spezialtruppen kombiniert und aufeinander abgestimmt. Panzer operieren also jeweils im Verein mit Motorisierten Schützenverbänden, Luftabwehr und Artillerie. Solche Operationen gemischter Verbände können auch Flugzeuge und Marineeinheiten mit einbeziehen. Alle beteiligten Truppen fallen dabei unter das Kommando eines Offiziers für verbundene Waffen, der den Bodentruppen angehört. Mit den Worten von Armeegeneral Warennikow, dem Oberbefehlshaber der Landstreitkräfte: »Der leitende Offizier für gemischte Verbände trägt nicht nur die Verantwortung für seine eigene Einheit, er koordiniert auch die Gefechtsaktivitäten von Einheiten, die zu anderen Truppengattungen und Dienst-

Artillerieschlepper des in Petropawlowsk-Kamtschatka stationierten 304. Rote-Fahne-MotSchützenregiments fahren durch den Nebel zum Pazifischen Ozean.

In die Planung und Organisation von Manövern wird sehr viel Arbeit gesteckt.

Eine Feldschmiede während eines Manövers.

zweigen gehören, und ist damit hauptverantwortlich für die reibungslose Zusammenarbeit zwischen den verschiedenen beteiligten Einheiten.«

Jedem Militärbezirk stehen zwischen zwei und fünf aus Bodentruppen zusammengesetzte Armeen zur Verfügung, in den meisten Fällen zwischen drei und fünf. Diese werden entweder als »Armeen mit gemischten Verbänden« oder als »Panzerarmeen« bezeichnet, obwohl es sich in Wirklichkeit stets um Armeen mit verbundenen Waffen handelt – der Unterschied liegt einzig darin, daß eine Panzerarmee mehr Panzerdivisionen aufweist. Für solche Armeen gibt es keine festen Strukturen, doch im allgemeinen setzen sie sich aus zwei, drei oder vier Divisionen zusammen. Bei Panzerdivisionen und Motorisierten Schützendivisionen stehen die Regimenter herkömmlicherweise im Verhältnis drei zu eins, das heißt, bei Motorisierten Schützendivisionen fallen drei MotSchützenregimenter auf ein Panzerregiment, bei Panzerdivisionen dagegen drei Panzerregimenter auf ein MotSchützenregiment. Diese Mischung setzt sich auch innerhalb eines Regiments nach unten fort: In einem Motorisierten Schützenregiment finden sich ein Panzerbataillon und drei MotSchützenbataillone, während sich ein Panzerregiment aus einem MotSchützenbataillon und drei Panzerbataillonen zusammensetzt. Zusätzlich zu den vier Motorisierten Schützen-/Panzerregimentern umfaßt jede Division auch ein Artillerieregiment und ein Luftabwehrregiment mit Boden-Luft-Raketen. Das feste Verhältnis von Motorisierten Schützeneinheiten zu Panzer- und Artillerieeinheiten scheint jedoch in Revision zu sein, um ein ausgewogeneres Gleichgewicht der Waffengattungen in den einzelnen Formationen zu gewährleisten. Regimenter wie auch Divisionen sind mit weiteren Gefechtseinheiten und mit Einheiten zur logistischen Unterstützung versehen (Panzerabwehr, Flak, Pioniere, Aufklärung und Übermittlung sowie Motorisierter Transport, Unterhalt und Sanität), damit sie über einen beschränkten Zeitraum unabhängig operieren können. Wo immer möglich, kämpfen Soldaten, die als Einheit ausgebildet wurden, auch als Einheit zusammen, und zwar vom Zug bis hinauf zur Division. Die häufigste Ausnahme von dieser Regel ist das Panzerbataillon eines Motorisierten Schützenregiments, dessen drei Panzerkompanien je einem MotSchützenbataillon zugeteilt werden könnten und sich darauf weiter aufspalten, so daß schließlich jeder Kompaniechef über Truppen gemischter Verbände mit BMP-Schützenpanzern und Panzern verfügt.

Die Motorisierten Schützenregimenter in einer Panzerdivision (beziehungsweise die Panzerregimenter in einer MotSchützendivision) können also auseinandergerissen und entweder als einem Regiment zugeordnete Bataillone oder als einem Bataillon zugeteilte Kompanien eingesetzt oder sogar noch weiter aufgeteilt und einzelnen Kompanien zugeordnet werden. Die Bestände solcher Regimenter, die im allgemeinen der zweiten Staffelebene zugehören, würden in diesem Fall verwendet, um die erste Staffel zu verstärken, und erst wenn die zweite Staffel zum Einsatz kommen sollte, würden sie wieder ihre ursprüngliche Formation annehmen. Auch Artillerieeinheiten können sich so zu Gruppen formieren und überall dort zugeteilt werden, wo man sie gerade benötigt – auch dies hat anfänglich meist zum Zweck, die erste Staffelebene zu verstärken.

In Afghanistan schlossen Regimenter und Divisionen je nach Aufgabe Einheiten und Untereinheiten ein, die nicht organisch zu ihnen gehörten. Im allgemeinen üben Einheiten gemischter Verbände jedoch in denselben Kampfformationen, in welchen sie im Ernstfall zum Einsatz kämen. In diesem System tragen die Offiziere und Soldaten meist die Uniform und Insignien ihrer Funktion, ganz gleich, in welchem Einheitstyp sie Dienst leisten. Ein Panzerfahrer in einer MotSchützendivision trägt also die schwarzen Kragenspiegel und Mützenstreifen der Panzertruppen mit den zugehörigen Kennzeichen, ein Kanonier in einer Panzerdivision hingegen seine Artillerieembleme. Dies trifft jedoch nicht in jedem Fall zu – einige Offiziere und sogar Soldaten scheinen die Wahl zu haben, auch die Uniform ihres Regiments oder ihrer Division zu tragen, die nicht ihrer eigenen Funktion entspricht.

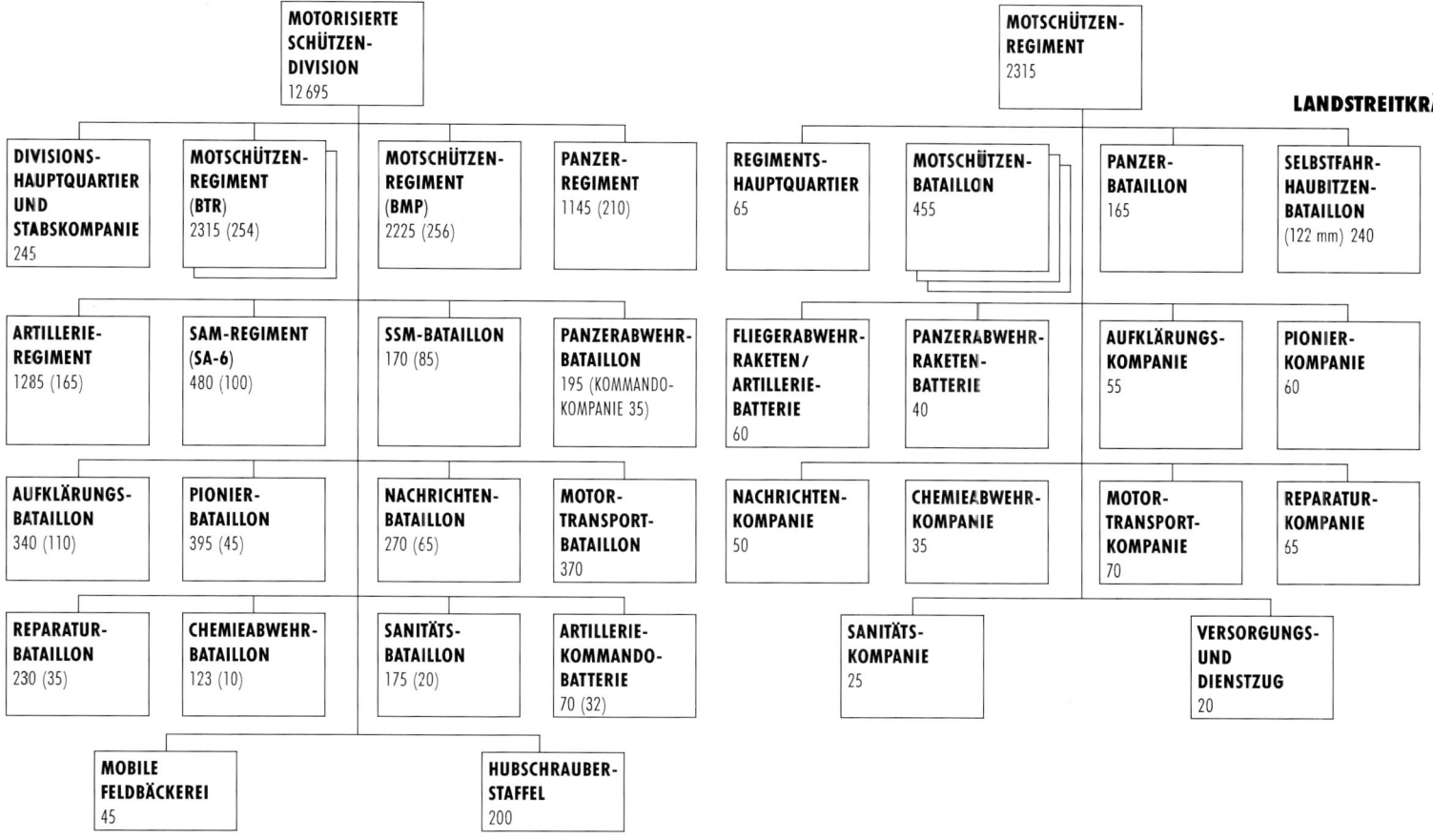

Grafik links:

MOTORISIERTE SCHÜTZEN-DIVISION 12 695

| DIVISIONS-HAUPTQUARTIER UND STABSKOMPANIE 245 | MOTSCHÜTZEN-REGIMENT (BTR) 2315 (254) | MOTSCHÜTZEN-REGIMENT (BMP) 2225 (256) | PANZER-REGIMENT 1145 (210) |

| ARTILLERIE-REGIMENT 1285 (165) | SAM-REGIMENT (SA-6) 480 (100) | SSM-BATAILLON 170 (85) | PANZERABWEHR-BATAILLON 195 (KOMMANDO-KOMPANIE 35) |

| AUFKLÄRUNGS-BATAILLON 340 (110) | PIONIER-BATAILLON 395 (45) | NACHRICHTEN-BATAILLON 270 (65) | MOTOR-TRANSPORT-BATAILLON 370 |

| REPARATUR-BATAILLON 230 (35) | CHEMIEABWEHR-BATAILLON 123 (10) | SANITÄTS-BATAILLON 175 (20) | ARTILLERIE-KOMMANDO-BATTERIE 70 (32) |

| MOBILE FELDBÄCKEREI 45 | HUBSCHRAUBER-STAFFEL 200 |

MOTSCHÜTZEN-REGIMENT 2315

| REGIMENTS-HAUPTQUARTIER 65 | MOTSCHÜTZEN-BATAILLON 455 | PANZER-BATAILLON 165 | SELBSTFAHR-HAUBITZEN-BATAILLON (122 mm) 240 |

| FLIEGERABWEHR-RAKETEN/ARTILLERIE-BATTERIE 60 | PANZERABWEHR-RAKETEN-BATTERIE 40 | AUFKLÄRUNGS-KOMPANIE 55 | PIONIER-KOMPANIE 60 |

| NACHRICHTEN-KOMPANIE 50 | CHEMIEABWEHR-KOMPANIE 35 | MOTOR-TRANSPORT-KOMPANIE 70 | REPARATUR-KOMPANIE 65 |

| SANITÄTS-KOMPANIE 25 | VERSORGUNGS-UND DIENSTZUG 20 |

Für sowjetische Divisionen gelten vier offizielle Truppenbestandstärken:

- 100% = Vollbestand *(Raswertiwannaja)*
- 70–80% = Normalbestand zu Friedenszeiten *(Poluraswertiwannaja)*
- 20–50% = Reduzierter Bestand *(Sokraschennogo sostawa)*
- 5–10% = Stark reduzierter Bestand *(Kadrowaja)*

In der Sowjetunion selbst gibt es praktisch keine Divisionen mit Vollbestand. Solche finden sich nur zu Kriegszeiten oder in den Armeegruppen im Ausland. Bei Normalbestand zu Friedenszeiten besteht ein Motorisiertes Schützenregiment aus bis zu 2500 Mann, ein Panzerregiment umfaßt etwa 1000 Mann. Viele Divisionen operieren jedoch nur mit reduziertem Bestand. Einheiten mit der geringsten Mannschaftsstärke können nicht viel mehr leisten, als die Ausrüstung zu warten und zu bewachen, die benötigt würde, falls man je Reservisten aufböte, um den Bestand aufzufüllen. Viele Regimenter sind so stark reduziert, daß die Soldaten alle zwei Tage Wache schieben müssen, was zur Folge hat, daß praktisch keine Zeit für ihre Ausbildung mehr bleibt. (Zum Vergleich einer Standarddivision mit den tatsächlichen Truppenbeständen im Militärbezirk Turkestan siehe obenstehendes Diagramm.)

Die Motorisierten Schützenverbände werden von anderen Soldaten oft als die *Pechota* (wörtlich: Infanterie) bezeichnet. In Wirklichkeit gibt es in der Sowjetunion jedoch keine eigentliche Infanterie. Eine Gruppe MotSchützen kann natürlich jederzeit absitzen, sie kann aber auch aus ihrem BMP heraus feuern. Bei den Einsätzen in Afghanistan wurde deutlich, wie wichtig gut ausgebildete Infanteristen sind, und es scheint wahrscheinlich, daß in Zukunft mehr Gewicht darauf gelegt wird, die Ausbildung der Motorisierten Schützenverbände in dieser Hinsicht noch zu verbessern.

Dieses Tarnmuster, von einem Computer entworfen und zuerst von der Grenzwache getragen, wird heute auch in anderen Einheiten verwendet.

Ausbildung

Die sowjetische Militärkunst kennt drei Ebenen von Gefechtsaktivitäten — strategische, operationelle und taktische — und behandelt sie getrennt. Strategie umfaßt die Gesamtplanung und Vorbereitung möglicher Kriegshandlungen, die Durchführung solcher Kriege und die generelle Förderung der staatlichen Ziele in der militärisch-politischen Sphäre. Operationelle Kriegführung betrifft Theorie und Praxis der Gefechtsaktivitäten größerer Formationen bis zur Armee- oder Frontstufe, während Taktik sämtliche Aspekte von Kampfhandlungen bis hinauf zur Divisionsstufe einschließt. Diese Unterscheidungen beherrschen das militärische Denken in einem ganz beträchtlichen Ausmaß. Ein sowjetischer Offizier würde also jeweils differenzieren: »Dies ist eine taktische Waffe« oder: »Dies ist eine taktische Übung.«

Genauso wie die akademische Militärtheorie Kampfhandlungen nach ihrer Größenordnung einteilt, genauso schreitet auch die Ausbildung der Soldaten von der kleinsten Kampfeinheit — dem einzelnen Mann — zu immer größeren Formationen fort. Zu Beginn jeder Ausbildungsperiode wird jede *Otdelenije* (Abteilung oder Gruppe) getrennt unterrichtet, wobei den Rekruten, die soeben frisch dazugestoßen sind, nachdem sie ihren Kursus für den jungen Soldaten abgeschlossen haben, besondere Aufmerksamkeit gewidmet wird. Sobald jeder Soldat seine Funktion rudimentär beherrscht, können sich die Offiziere darauf konzentrieren, die Aktivitäten der Einheit zu koordinieren. In den letzten beiden Jahren sind verschiedentlich Ausbildungsübungen revidiert worden. Damit wird der Tatsache Rechnung getragen, daß die Armee heute davon ausgeht, künftige Operationen seien vorwiegend defensiver Natur. Einige Offiziere sind der Ansicht, daß die Schulungsmethoden noch weiter umgestaltet werden müßten, denn in Afghanistan konnten viele Soldaten, die auf den Schießplätzen sehr gute Arbeit leisteten, mit den unvorhersehbaren Verhältnissen, die sie dort vorfanden, nicht mehr zurechtkommen.

Nach zwei oder drei Monaten sollte es möglich sein, eine ganze Kompanie im Zusammenspiel gemeinsam auszubilden, und etwa einen Monat später sind meist schon Übungen auf Bataillonsstufe angesagt. Regiments- und Divisionsübungen können jederzeit stattfinden, fallen aber in der Regel auf das Ende einer Ausbildungsperiode. Übungen in größerem Maßstab auf Militärbezirksstufe erfolgen seltener. Marschall Jasow, der Verteidigungsminister, kündigte im Juli 1990 an, daß die operationell-strategischen Manöver künftig um ein Drittel reduziert würden.

Die Soldaten stehen täglich sechs Stunden in Ausbildung, und zwar in der Regel von 9.00 bis 15.00 Uhr, mit einer zehnminütigen Pause pro Stunde. Der Ausbildungsprozeß beginnt vorschriftsgemäß mit theoretischen Erklärungen im Klassenzimmer. Darauf führen die Soldaten das Gelernte an Simulatoren aus, und schließlich üben sie mit richtigen Waffen und Fahrzeugen. Scharfe Munition ist jedoch streng limitiert. Die Rekruten eines T-64b-Panzerregiments feuern beispielsweise während ihrer Ausbildungszeit nur zweimal im Jahr scharfe Salven ab. Laut Vorschrift sollten sie sechs scharfe Salven pro Jahr verschießen, mit anderen Worten bei jedem Einsatz drei. An in größerem Maßstab durchgeführten Manövern ergibt sich vielleicht die Möglichkeit für weitere scharfe Salven. Richtige Waffen oder Kampffahrzeuge werden im allgemeinen nur auf dem *Polgon* (dem Ausbildungsgelände) verwendet, das einige Meilen vom Regimentsstützpunkt entfernt liegt. Übungen auf dem *Polgon* sind mit körperlichen Strapazen, Hitze, Kälte und Feuchtigkeit verbunden, und dennoch ziehen viele Soldaten sie den Tagen vor, die sie in den engen Regimentskasernen verbringen müssen. Solche Übungen sind nicht nur sehr viel interessanter, es ist für die Offiziere auch schwieriger, jeden Soldaten ständig scharf im Auge zu behalten. Auf dem *Polgon* finden sich zuweilen auch maßstabgetreue Modelle, Diagramme und weitere Unterrichtshilfen. Für jeden Ausbildungsbereich gibt es einen Kontrollturm, eine rechteckige Grundkonstruktion mit einem über offene Eisentreppen zugänglichen Obergeschoß. Von diesem Kontrollturm werden die Leistungen der Soldaten beobachtet und stationäre oder

Getarnter Kommandoposten bei Manövern im Militärbezirk Weißrußland.

Manöverangriff mit Panzern T-72.

Schießübungen in Kamtschatka

Der Instrukteur (der Offizier mit der Armbinde) braucht die Fahne, um sich mit dem Kommandoposten zu verständigen, von wo die automatischen Ziele in Stellung gebracht werden. Die Übung wird immer aufs neue wiederholt, bis sie die meisten Soldaten beherrschen. Schon Suworow sagte: »Wiederholung ist die Mutter allen Lernens.« *Links:* Soldaten laden das Magazin ihrer Kalaschnikow. *Mitte:* Standardscheiben aus Papier für das Pistolenschießen.

Ein junger Offizier trägt beim Manöver die schwere Winter-Felduniform.

bewegliche automatische Ziele gesteuert. Der Ausbildungsprozeß ist so strukturiert, daß jeder, selbst der einfachste Bauer, der fast kein Russisch versteht, genügend lernen kann, um der Armee von Nutzen zu sein, daher sind die Übungen einfach und repetitiv. Jede Aktivität wird in Einzelschritte aufgeteilt, die immer und immer wieder eingedrillt werden, bis sich jeder einzelne Soldat absolut sicher fühlt, seine ihm zugewiesene Aufgabe erfolgreich ausführen zu können. MotSchützen, die ihre Arbeit gern verrichten, sind stolz darauf, wie gekonnt sie mit Handfeuerwaffen umgehen können, und freuen sich auf die eineinhalb Stunden, die ihnen jeden Nachmittag gewährt werden, um Waffen und Triebwerke in Gang zu halten. Wen das Leben in der Armee aber anödet, empfindet auch dies bloß als langweilige Routine.

Panzerfahrer machen aus ihrer Zuneigung für ihre Panzer keinen Hehl und statten sie oft unter diskreter Umgehung der Dienstvorschriften mit persönlichen Fotografien oder einem Talisman aus. Der Kommandant eines T-64b-Panzers erzählte mir einmal: »In meinem Panzer drin fühle ich mich immer sehr beschwingt. Ich trage eine große Verantwortung, und dies macht mir Mut. Es fühlt sich so an, als säße ich in einem Schiguli [sowjetisches Auto].« Hingegen habe ich nie gehört, daß ein MotSchütze etwas Nettes über seinen BMP — den Schützenpanzer der Bodentruppen, in welchem sich die einzelnen *Otdelenije* fortbewegen — gesagt hätte. Mit zwischen sieben und neun Mann an Bord ist es im Innern eines BMP sehr eng, und jedesmal, wenn er auch nur über einen Kieselstein fährt, schlagen sich die Soldaten den Kopf am Dach an. Zudem ist es auch dunkel und oft viel zu heiß. Der Kommandant des BMP (und damit auch der *Otdelenije* selbst), in der Regel ein Unterfeldwebel, sitzt neben dem Kanonier im Geschützturm, in älteren Modellen hinter dem Fahrer. Der Kanonier bedient die automatische Kanone, die panzerbrechende Geschosse verfeuert. Der Rest der Gruppe besteht aus einem Scharfschützen, einem Grenadier und aus mit AKS-74-Gewehren bewaffneten Schützen.

Einer der drei BMPs in jedem Zug wird meistens vom Zugführer (einem Offizier) befehligt. Der für den *Otdelenije* verantwortliche Feldwebel übernimmt nur das Kommando, wenn die Männer absitzen. In diesem Stadium muß sich der Zugführer darauf einrichten, die Aktivitäten der Einheit als Ganzes zu koordinieren. Sein Stellvertreter (ein Feldwebel) bleibt im ersten BMP und kommandiert die zwei anderen Fahrzeuge. Jeder Maschinengewehr- und Gewehrschütze hat eine kleine Ausbuchtung mit einer Schießscharte, die es ihm ermöglicht, mit ziemlich eingeschränkter Ellenbogenfreiheit aus dem Fahrzeuginnern zu feuern. Das Geschützfeuer verursacht einen fast unerträglichen Lärm und Rauch. Die Soldaten kommentieren sarkastisch, dies habe zumindest den Vorteil, daß man sie im Gefechtsfall nicht zweimal bitten muß, ihren BMP zu verlassen. Sie wissen nur zu gut, daß moderne ferngelenkte Panzerabwehrraketen auf dem Schlachtfeld ein Verbleiben im Schützenpanzer höchst unratsam machen würden, es sei denn, der Feind sei vollkommen desorientiert oder verfüge über keine Panzerabwehrwaffen. Falls chemische Kampfstoffe oder sogar taktische Nuklearwaffen zum Einsatz kämen, würden die Soldaten natürlich schön in ihrem BMP sitzen bleiben.

Nicht alle MotSchützenregimenter besitzen BMPs. Einige sind mit dem BTR *(Brone TransporteR)*, einem Schützenpanzer auf Rädern, ausgerüstet. Diese Fahrzeuge sind schneller als die mit Kettenraupen versehenen BMPs und auch leichter zu warten, mit ihrem einzigen Schweren Maschinengewehr 14,5 mm aber weniger gut bewaffnet und nicht so wirksam gepanzert. Auf guten Straßen sind sie leichter zu manövrieren als ein BMP, doch in Schlamm, Sumpfland und Schnee bleiben sie oft stecken. In den Augen der Soldaten ist ihr größter Nachteil, daß man bei den meisten Modellen nur sehr umständlich hinein- und wieder hinauskommt. Aus den neuen BTR-80 können die Soldaten hingegen sogar während der Fahrt springen. Mit dem BTR ausgerüstete Einheiten verfügen über eine geringere Feuerkraft und werden im allgemeinen als minderwertig angesehen. Neue Kampfausrüstung wird im allgemeinen zuerst an BMP-Einheiten ausgeliefert.

124 Die dreiköpfige Besatzung des Panzers T-64b (Kommandant, Fahrer/Mechaniker und Kanonier) erhält den Befehl, Stellung zu beziehen. Die Rekruten haben vier Minuten Zeit, um die Munition zu laden, und fünf Minuten, um den Panzer aufzuwärmen. Der Panzer verfeuert drei Arten von Granaten: Hochexplosivgeschosse (OF), die panzerbrechende flossenstabilisierte Sabot (B) sowie hochexplosive Panzerabwehrgranaten (K), die zwischen 12 und 22 kg wiegen. Die Besatzung wird Panzerausbildungsübung Nr. 2 ausführen, Feuern aus einer Defensivstellung (Übung Nr. 1: Feuern bei Fahrt).

In der Nähe von Odessa übt die Besatzung eines Panzers T-64b das Verladen ihres Fahrzeugs auf Schienen, was einen schnellen Transport per Bahn oder auf der Straße erlaubt. Diese Panzer haben sieben Vorwärtsgänge und einen Rückwärtsgang. Ihre Höchstgeschwindigkeit beträgt rund 65 km/h. Die Besatzungen beklagen sich, daß sich die Gänge bei schnellen Geschwindigkeiten nur schwer einlegen lassen. Die Fahrzeuge sind mit einer reaktiven Panzerung versehen, die bei Übungen abgenommen wird, um Schäden zu verhindern.

Die Artillerie hat in der russischen Armee traditionell einen hohen Status inne. Dies war schon vor der Revolution so und hat sich seither nicht geändert. Artillerieoffiziere gelten in der Regel als hochintelligent, und ihre dienstlichen Traditionen sind reicher als die der meisten anderen Truppengattungen. In der Nacht, nachdem die *Kursants* an der Artilleriehochschule in Kolomna ihre Abschlußprüfung abgelegt haben, werden beispielsweise rituell die Kirchenglocken geläutet. Die wichtige Bedeutung der heutigen sowjetischen Artillerie wird von der Tatsache unterstrichen, daß fast jede Kanone mit einem Kaliber von mehr als 15 cm Atomsprengköpfe verschießen kann. Doch trotz ihrer Feuerkraft und ihres Prestiges läßt sich damit allein noch keine Schlacht gewinnen. Das Artilleriefeuer kann sicher ihren Ausgang beeinflussen, doch ohne Panzer und Soldaten entscheidet es für sich genommen noch nichts. Dies ist auch der Grund, weshalb sehr viel Artillerie auf einer relativ hohen Befehlsstufe zurückbehalten wird, damit sie den jeweiligen Erfordernissen entsprechend gruppiert und nach unten eingesetzt werden kann. Auf Frontstufe findet sich gewöhnlich eine Artilleriedivision, auf Armeestufe eine Anzahl Artilleriebrigaden.

Ein kürzlich einberufener Soldat in einer Panzereinheit im Militärbezirk Odessa.

Das Leben im Regiment

Bei den Landstreitkräften stehen die Rekruten eindeutig im Vordergrund, denn es sind die Soldaten und Feldwebel, welche die eigentliche Grundlage der mechanisierten Schützeneinheiten bilden und die Panzer bemannen. Die Luftwaffe könnte vermutlich notfalls auch ohne einberufene Soldaten auskommen, und für die Kriegsmarine steht dies in einigen Teilbereichen (wie den Atom-U-Booten) bereits auf dem Plan. Bodentruppen ohne Rekruten würden jedoch eine massive Reorganisation der Landstreitkräfte erforderlich machen. In den meisten westlichen Armeen werden die Infanteristen von draufgängerischen Unteroffizieren mit einer gewissen Machtbefugnis ausgebildet und überwacht, doch in der Sowjetunion liegen die Dinge anders: Die Feldwebel sind in der Regel einberufene Soldaten mit wenig Erfahrung, und die *Praporschtschiks* (Berufsunteroffiziere) haben in der Befehlshierarchie wenig zu sagen und erfüllen meist technische und administrative Versorgungsaufgaben. *Praporschtschiks* sind vielleicht Chefmechaniker oder verantwortlich für die Ausrüstung, häufig verwalten sie auch Depots oder Lager. Einige Zugführer sind zwar auch *Praporschtschiks*, doch dies ist weit öfter in Versorgungseinheiten als in Gefechtszügen der Fall. Soldaten, deren Zugführer kein Offizier ist, drücken dies auch unverblümt aus. Zuweilen hört man zwar, daß sie mit ihrem *Praporschtschik* besser fahren als mit einem Offizier, weil er ihnen alters- und herkunftsmäßig näher steht; andere hingegen entschuldigen gewisse Mängel in ihrem Zug gern damit, ihr Zugführer sei eben bloß ein höherer Unteroffizier. Jedenfalls empfinden es die Soldaten als unüblich und irgendwie irregulär, wenn ein Zug von einem *Praporschtschik* befehligt wird. Viele Pflichten, für die in einer westlichen Armee die Feldwebel zuständig wären, werden in der Sowjetarmee von jüngeren Offizieren übernommen. Kompaniechefs und Zugführer müßten aber in erster Linie die Ausbildung ihrer Leute überwachen und immer im Auge behalten, was in den Kasernen los ist. Es wäre ein Fehler, wenn sie dazu auch noch die Arbeit der Feldwebel ausführen würden — eine Falle, in die viele pflichteifrige junge Offiziere tappen, weil sie mit allen Mitteln sicherstellen wollen, daß alles bis ins kleinste stimmt. Letzten Endes sind die Offiziere für jeden Aspekt im Leben ihrer Männer verantwortlich. Wenn sich in ihrer Einheit Angehörige verschiedener Nationalitäten ständig in den Haaren liegen oder die *Dembels* die *Molodois* dazu zwingen, die Hauptlast der Arbeit zu tragen, müssen die Zug- und Kompanieführer darüber im Bild sein und die nötigen Schritte dagegen unternehmen.

Gleichzeitig muß sich jeder Offizier mit einem Haufen Papierkram herumschlagen. Für alles und jedes muß ein Formular ausgefüllt werden. Schon beim kleinsten Husten gilt es Bericht zu erstatten und »Normen« zu überprüfen. Diese »Normen« regeln sämtliche Aspekte des militäri-

Der Soldat im Vordergrund scheint sich sehr zu konzentrieren. Gute Arbeit ist nicht nur an sich befriedigend, sie bringt auch oft Sonderprivilegien wie Heimurlaub ein.

Im Inneren eines Artillerieschleppers.

schen Lebens. Sie liefern den vorgegebenen Maßstab für das körperliche Training, für die erforderliche Geschwindigkeit und Genauigkeit der Übungen, für die Lebensdauer der Uniformteile usw. Offiziere müssen auch detaillierte Lektionspläne für die einzelnen Ausbildungsperioden oder die Lektionen vorlegen, für die sie verantwortlich sind. Selbst für so etwas Alltägliches wie »Exerzieren ohne Waffe an Ort und in Bewegung« wird von einem Leutnant ein dreiseitiger, sauber dargestellter Abriß erwartet, in welchem er Zeit, Ort, die relevante Fachliteratur und den schrittweisen Lektionsablauf auflistet.

In den letzten Jahren zeigten sich die Landstreitkräfte entschlossen, das Niveau der schlechtesten Regimenter anzuheben. Man ist sich überall in der Armee einig, dies sei dringend notwendig. Eine bis jetzt schlecht geführte Einheit zu sanieren ist jedoch keine leichte Aufgabe. Jahrelange Mißwirtschaft hat die Moral und das berufliche Können der Offiziere untergraben, und das Leben der Rekruten hält sich kaum mehr an die reglementarisch vorgegebenen Richtlinien. Offiziere und *Praporschtschiks* haben möglicherweise jahrelang die Ausbildungsrapporte gefälscht, damit alles viel besser aussieht, als es in Wirklichkeit der Fall ist. Auch wenn völlig offensichtlich ist, daß eine Einheit — meist ein Regiment — im Schlamassel steckt, kann es schwierig werden, die zugrunde liegenden Mängel zu berichtigen, weil jeder sich und die anderen deckt. Ruslan Auschew, Held der Sowjetunion, hat mit der Umgestaltung seines Regiments in Ussirisk, das als eines der schlimmsten im Militärbezirk Fernost galt, spektakuläre Erfolge erzielt. Dabei handelt es sich um das »Rumänische Regiment«, in der ganzen Armee unter diesem Namen bekannt, da es vor einigen Jahren mit völlig ausgebleichten Uniformen ausgestattet wurde und die Truppen darin wie rumänische Soldaten aussahen. Ein Jahr nach Auschews Amtsantritt belegte sein Regiment bereits den ersten Platz in der Jahresbewertung im Militärbezirk. Allein schon die Tatsache, daß einem der fähigsten Soldaten seiner Generation das Kommando übertragen wurde, muß eine enorme Auswirkung auf die Truppenmoral gehabt haben, doch dies allein genügte noch nicht, um die Leistungen so nachhaltig zu verbessern.

Auschew sagt, daß er seine Reformbemühungen auf die Feldwebel in der Einheit konzentrierte und ihnen alle möglichen Vorteile verschaffte, was darauf hinauslief, ihren Status zu verbessern, weil letztlich nur die Feldwebel einen höheren Standard bei der Truppenmoral, der Disziplin und den fachlichen Leistungen gewährleisten können. Dies schloß Privilegien wie mehr Freizeit und Urlaub, vermehrte Unabhängigkeit und zusätzliche finanzielle Anreize mit ein. Oberst Auschew hat auch das System der »vertraulichen Post« eingeführt, so daß jetzt jedermann im Regiment unter Verwendung eines speziellen Briefkastens über sämtliche Aspekte im Leben der Einheit oder über seine privaten Probleme persönlich an ihn schreiben kann. Dieses System kommt nicht nur in seinem eigenen Regiment zum Zug, ist jedoch noch längst nicht überall verbreitet. Ich war sehr überrascht, wie einfach sich der Zugang zu den Vorgesetzten — für Soldaten bis zum Regimentskommandeur, für Offiziere (mit Ausnahme der allerjüngsten) bis hinauf zum Divisionskommandeur — gestaltete. Die meisten Befehlshaber setzen wöchentlich gewisse Zeiten fest, während welcher sie ein offenes Ohr für jeden Soldaten oder Offizier haben, der mit ihnen sprechen möchte (doch wehe, wenn ein Rekrut die Zeit seines Vorgesetzten leichtfertig in Anspruch nimmt oder das System anderweitig mißbraucht!) Beim Motorisierten Schützenregiment, das wir in Kamtschatka besuchten, wurde eine spezielle Telefonzelle mit einem »heißen Draht« zum amtierenden Obersten installiert, um jedem Soldaten Zugang zum Kommandeur zu gewähren.

Ruslan Auschew erwähnt auch, daß er es sich angelegen sein ließ, länger als notwendig zu arbeiten, um die Zustände in seinem Regiment zu verbessern, denn wo die Offiziere faul und ineffizient seien, würden sie natürlich die Kontrolle verlieren. »Der Vorgesetzte muß in allem ein Vorbild sein, im Gefechtstraining, im Sport wie in der Freizeit. Er muß Autorität über seine Untergebenen ausüben. Wenn er Schwächen zeigt, finden die Soldaten ihren eigenen Anführer.«

Diese Brücken in Kamtschatka sind robuster, als es den Anschein hat, was auch absolut nötig ist, wenn der Fluß Hochwasser führt.

Ein guter Offizier kann seine berufliche Begeisterung ohne weiteres auf seine Leute übertragen. In guten Regimentern geben die Rekruten klar zu verstehen, daß sie stolz auf die Waffen und die Ausrüstung sind, die sie beherrschen. Doch nur ein Offizier, der sehr viel Zeit mit den Soldaten verbringt, kann in ihnen eine Leidenschaft für das Militärwesen und Respekt vor ihren Waffen wecken. Beim MotSchützenregiment in Petropawlowsk-Kamtschatka schleppten mich die Soldaten nach draußen, damit ich mir ihre Waffen ansah. Es waren zwar nur die üblichen Maschinengewehre und Maschinenpistolen, doch angesichts des unverhohlenen Stolzes der Rekruten war es mir unmöglich, kein Interesse dafür zu empfinden.

Die Dienstverhältnisse

Ein Offizier der gemischten Verbände kann an jeden beliebigen Ort im Land geschickt werden. Manche Einheiten der Landstreitkräfte sind in der Nähe größerer Städte stationiert, andere befinden sich mitten im Niemandsland. Es gibt Motorisierte Schützenverbände bei Murmansk, im Fernen Osten und in Zentralasien, und natürlich können Offiziere der verbundenen Waffen auch im Ausland postiert werden, solange sowjetische Truppen außerhalb des eigenen Landes stationiert sind. In Kasandschik, einem Ort in der Wüste von Karakum in Turkmenistan, sind ein Motorisiertes Schützenregiment und ein Panzerregiment stationiert. Man erklärte uns wiederholt, in der turkmenischen Sprache bedeute dieser Ortsname »Der siedende Kessel der Winde«. Im Sommer sind Temperaturen von 50^h C nichts Außergewöhnliches, und oft bringen nur die heftigen heißen Winde, denen diese Gegend ausgesetzt ist, etwas Abwechslung ins Klima. Kisyl-Arwat, die nächstgelegene Stadt, liegt fünfundsiebzig Kilometer entfernt. Viermal am Tag rattert ein einsamer Bus die staubige Naturstraße entlang. Die Bushaltestelle befindet sich eine halbe Meile vor der Garnisonsstadt — in der Hitze scheint die Entfernung noch größer. Die Lebensdauer von Autos ist unter solchen Bedingungen nicht sehr hoch, doch die meisten Offiziere besitzen so oder so keinen eigenen Wagen. Der Divisionskommandeur in Kisyl-Arwat meinte nachdenklich, daß in den alten Zeiten die einzige Aufgabe des russischen Militärgouverneurs darin bestand, die Eisenbahnlinie von Krasnowodsk nach Taschkent offenzuhalten. Der Ort vermittelt noch immer den Eindruck einer gottverlassenen, aber unverwüstlichen Grenzstadt. Die Wasserzufuhr zur Garnison trocknet häufig aus, und die Elektrizität bricht regelmäßig zusammen. Zeitungen und Post treffen jeweils vierundzwanzig Stunden später als vorgesehen ein.

In den staubigen Straßen von Kisyl-Arwat gibt es wenig zu sehen. Zuweilen streunt ein Schaf oder eine Ziege zwischen den niedrigen Gebäuden umher, Menschen sieht man eher selten. Für die Familien der Garnison in Kasandschik gilt Kisyl-Arwat jedoch als Großstadt. Hier kann man sich einen Film ansehen, die Kleider chemisch reinigen lassen oder ein Flugzeug nach irgendwohin besteigen. Die Lebensumstände in dieser Gegend gestalten sich notorisch schwierig. Erwähnt man im Gespräch mit einem Offizier, der im Militärbezirk Turkestan Dienst leistet, den Namen Kasandschik, nickt er zwar meist mit ernster Miene in kameradschaftlicher Anerkennung der Schwierigkeiten, die die Arbeit dort mit sich bringt, gleichzeitig schwingt aber immer eine gewisse Nervosität mit, denn jeder ist sich im klaren, daß es auch ihn einmal treffen kann, wenn es dem Stab so gefällt. Unter den Offizieren und Soldaten, die in Kasandschik dienen, holt sich jeder vierte eine Gelbsucht. »Rote Augen werden nie gelb«, meinen die Ansässigen fröhlich und gießen sich nochmals ein, um sich die ständig lauernde Gefahr aus dem Kopf zu schlagen, auch wenn die Leber darunter leiden sollte. Die Bodkinsche Krankheit ist ebenso endemisch wie einige exotische, von Stechmücken übertragene Leiden. Im Sommer ist die Hitze so intensiv, daß die Kinder in Rasthäuser oder Sommerlager weggebracht werden müssen oder bei Verwandten leben. Ihre Mütter begleiten sie oft, doch weil die Offiziere und *Praporschtschiks* ihren Urlaub unmöglich alle zur selben Zeit antreten können, fällt für viele Familien ein gemeinsamer Urlaub ins Wasser.

Ein Artillerie-»Kommando- und Kontrollpunkt« für Granatwerfer. Der Kommandant der *Division* (ein Major) leitet von hier aus die Zielerfassung und Trefferkontrolle.

Den Frauen bereitet das Unterrichtsniveau an der Schule von Kisyl-Arwat große Sorgen. Die meisten Lehrerinnen sind Offiziersfrauen und ziehen mit ihren Ehemännern weiter, sobald diese versetzt werden. Im Lehrkörper gibt es daher häufig Wechsel, und für einige Fächer lassen sich überhaupt keine Lehrkräfte finden. Außer an der Schule arbeiten Ehefrauen von Armeeangehörigen auch in den Kindergärten, ein paar wenige in den Ortskrankenhäusern. Einige sind von der Armee als Zivilisten oder als Soldaten und *Praporschtschiks* im Fernmeldewesen und für Büroarbeiten angestellt. Andere Möglichkeiten für Frauen, in dieser Gegend eine Stelle zu finden, existieren jedoch kaum. Ein häufiger Grund zu Beschwerden ist der Mangel an Kindergartenplätzen. Die meisten Frauen sind zwar arbeitslos und hätten somit Zeit, den ganzen Tag nach ihren Kindern zu schauen, doch das sowjetische Erziehungssystem geht von der Voraussetzung aus, daß Kinder, die mit sechs oder sieben Jahren in die Schule eintreten, bereits mehrere Jahre Vorschulerziehung hinter sich haben. Jedes Kind, das keinen Kindergartenplatz findet, beginnt seine Schulzeit also bereits mit einem Handicap. Für Kinder kann das Leben in diesen Garnisonsstädten sehr langweilig werden, wenngleich sich die Offiziere und die Frauen die größte Mühe geben, Sportveranstaltungen, Ausflüge und Spiele für sie zu veranstalten.

Immerhin versucht die Armee, den Aufenthalt unter solchen Bedingungen etwas zu versüßen. Im gesamten Militärbezirk Turkestan (ausgenommen an angenehmeren Posten wie Taschkent, Aschchabad, Duschanbe und Alma-Ata) erhalten alle Offiziere fünfundvierzig statt nur dreißig Tage Urlaub im Jahr zugesprochen — ein Privileg, das man sich anderswo nur nach fünfundzwanzig Dienstjahren verdient. (Dieser Sonderurlaub wird auch im hohen Norden und in anderen Gegenden mit sehr harten Lebensbedingungen gewährt.) Es liegt im Ermessen des Vorgesetzten, ob ein Offizier seinen Urlaub aufteilen kann oder an einem Stück beziehen muß. In beiden Fällen erhält er nur einmal die Reisekosten für ein beliebig gewähltes Reiseziel erstattet. Im Gegensatz zu den sonstigen Regelungen, nach denen nur die Bahnkosten vergütet werden, erhalten Offiziere in so unwirtlichen Regionen wie Kisyl-Arwat das Geld für eine Flugkarte. Zudem bekommen sie einen monatlichen Bonus von 15 Prozent ihres Funktionsgehalts, und jedes Dienstjahr wird für ihre Pension als eineinhalb Jahre angerechnet. Nicht nur die Lebensumstände sind hier unerfreulicher als anderswo, es ist auch schwieriger, die Soldaten auszubilden, wenn sie nur bis mittags arbeiten können. »Zwischen 13.00 und 17.00 Uhr hast du das Gefühl, das Hirn schmelze dir weg.« Weil sich eine Ausbildung unter der Mittagssonne bei diesen Verhältnissen fatal auswirken könnte, haben die Soldaten von 14.00 bis 16.00 Uhr eine zweistündige Pause. Demzufolge werden hier auch viel mehr Nachtübungen abgehalten als in anderen Einheiten.

Trotz der legendären Schwierigkeiten, die ein Dienst in Kasandschik mit sich bringt, scheint die Truppenmoral dort besser zu sein als in manchen anderen Einheiten. Vielleicht liegt der Grund darin, daß die Umgebung so unwirtlich und die Garnison so weit von der Stadt entfernt ist und die Offiziere und ihre Familien von einem Pioniergeist beseelt sind, weil sie wissen, daß das Überleben von einem Willensakt abhängt und sie es sich nicht leisten können, ihren hohen Standard einzubüßen. Die Folgen davon sind eindrücklich. In hundert Kilometer Einsamkeit haben die Soldaten in der kümmerlichen Wüste einen kleinen Garten angelegt und verschwenden literweise kostbares Wasser, um einen winzigen Flecken mageres Gras und ein paar unverdrossene Sträucher am Leben zu erhalten. Die Häuser sind in einem besseren Zustand als viele Gebäude in großen Städten, obgleich jeder Nagel und jede Dose Farbe von Kisyl-Arwat hergebracht werden muß. Während unserer Reise durch die Sowjetunion sahen wir Ehefrauen von Armeeoffizieren, denen die Langeweile und die Einschränkungen des Lebens in einer Provinzgarnison beinahe den Verstand raubten. Die Frauen von Kisyl-Arwat erwiesen sich da als bedeutend ausgeglichener und fröhlicher, obwohl sie sich offen über ihre Probleme äußerten. Ihre Energie und Phantasie schienen sich ausschließlich darauf zu richten, alles in ihrer Macht Stehende zu tun, um das Leben für ihre Familie und Freunde erträglicher zu machen.

Diese Soldaten dienen in der Wüste von Zentralasien. Unter den Offizieren von Turkwo im Militärbezirk Turkestan kursierte folgender Ausspruch: »Man kann dir nichts Kleineres als einen Zug anvertrauen und dich nicht weiter nach Süden als nach Termes schicken« – doch dann kam der Krieg in Afghanistan . . .

NÄCHSTE DOPPELSEITE: Waschraum der Soldaten eines Panzerregiments in Kasandschik in der Karakum-Wüste von Turkmenistan. Unter solchen erschwerten Bedingungen ist peinlichste Hygiene elementar wichtig, denn überall lauern gefährliche endemische Krankheiten.

Auf der Straße von Kasandschik nach Kisyl-Arwat in Turkmenistan halten ein Offizier und ein Rekrut an, um von hier ansässigen Frauen Melonen zu kaufen.

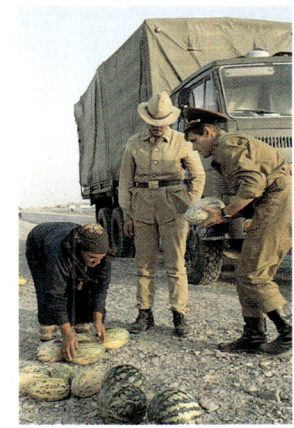

Was die Lebensumstände betrifft, unterscheidet sich das Regiment, das ich in Belaja Zerkow in der Ukraine besuchte, von Kisyl-Arwat wie Tag und Nacht. Diese Landschaft ist zum Träumen. Jedes Dorf hat einen Teich mit niedlichen Enten, vor vielen Hütten ist eine wohlgenährte Kuh angebunden, geschäftige Hühner flattern und scharren in den Gärten und am Straßenrand herum. Ungeachtet aller wirtschaftlichen und ökologischen Probleme zeigt sich dieser Landstrich äußerlich in einer behäbigen ländlichen Gelassenheit. Doch abgesehen von den vom Klima diktierten Unterschieden verläuft die militärische Routine auch hier genau gleich. In Belaja Zerkow ist die 72. Motorisierte Schützendivision von Krasnograd beheimatet. Die Grundstruktur dieser Division folgt der Standardeinteilung für gemischte Verbände — drei MotSchützenregimenter und ein Panzerregiment, dazu ein Artillerie- und ein Luftabwehrregiment, genau gleich wie in Kisyl-Arwat. Nur der Bestand ist verschieden: Belaja Zerkow operiert mit viel größerer Truppenstärke.

Ein Teil des Versorgungspersonals dieses Regiments wurde bei den Aufräumarbeiten nach der Katastrophe von Tschernobyl eingesetzt. Am 30. April 1986, am Tag vor der großen Feier zum 1. Mai, war Praporschtschik Grib zu Hause, wo er sich ausruhte und auf die Festlichkeiten am folgenden Tag vorbereitete. Ein Kurier seiner Einheit traf ein und befahl ihn unverzüglich zu seinem Chef, dem Kommandeur der Mobilen Feldbäckereien. Während der vergangenen drei Tage waren überall in der Gegend Gerüchte über eine schreckliche Nuklearkatastrophe herumgegeistert, doch niemand hatte eine klare Vorstellung davon, was wirklich passiert war. Als Praporschtschik Grib bei seiner Einheit eintraf, wurde er über die Vorfälle am 20. April in Tschernobyl ins Bild gesetzt und aufgefordert, die Bäckerei für einen unmittelbar bevorstehenden Einsatz vorzubereiten. Dreißig Minuten später verließen sechs Fahrzeuge vom Typ »Ural« mit den Bäckereien im Schlepptau das Regiment und trafen vier Stunden später in der 20-Meilen-Sicherheitszone rund um den beschädigten Reaktor ein. Unter dem Befehl des speziellen Operationsstabs, der alle Aktivitäten kontrollierte, wurde unverzüglich damit begonnen, für die dort arbeitenden Spezialisten und die Einheiten, die mit den Aufräumungsarbeiten nach dem Unfall beschäftigt waren, Brot zu backen.

Die folgenden Monate wurden nur Reservisten und keine Rekruten in den Mobilen Bäckereien eingesetzt. Praporschtschik Grib und seine Kameraden arbeiteten dort in Zwölfstundenschichten. Weil die Bäckereien strahlensicher sind, trugen sie keine speziellen Schutzanzüge, doch das Ausmaß der radioaktiven Strahlung wurde stündlich gemessen. Jeder der dort arbeitenden Männer hatte sein persönliches DP5A-Dosimeter, dessen Genauigkeit regelmäßig getestet wurde. Die Mobilen Bäckereien waren in Oranny stationiert und mußten nur einmal ihre Position wechseln, als der Wind drehte und ihren Aufenthaltsort in Gefahr brachte.

Die Mobile Bäckereikompanie im Kraftfahrzeugbataillon einer Division kann nötigenfalls den gesamten Divisionsbestand verpflegen und alle vierundzwanzig Stunden zwölf Tonnen Brot produzieren. 1989 arbeiteten achtundzwanzig Mann in der Kompanie. Damals stand sie jedoch unter großem Druck, weil einige Leute fehlten. Diese Feldbäckereien werden normalerweise nicht benutzt, stehen aber in ständiger Alarmbereitschaft. Innerhalb von fünfzig Minuten nach Erhalt des Einsatzbefehls sollten sie mit der Herstellung von Brot beginnen können. Die Katastrophe von Tschernobyl scheint in der Armee die traditionelle russische Fähigkeit geweckt zu haben, gemeinsam an einem Strang zu ziehen. Das Militärpersonal, das unter den Nachwirkungen zum Einsatz kam, zeigte außergewöhnlichen Mut, und viele arbeiteten ganz in der Nähe des beschädigten Reaktors, obwohl ihnen das Risiko voll bewußt war.

Beim Wasserkochen in einer Feldküche. Diese Herde werden *Burschuka* **genannt. Die Feldküche enthält auch zwei riesige Kochkessel, der eine für Suppe, der andere für Haferbrei (einer ist im Hintergrund sichtbar).**

Spezial- und Versorgungseinheiten

Neben den normalen Panzer- und MotSchützenregimentern umfassen die Bodentruppen auch Einheiten, die für Spezialaufgaben ausgebildet wurden. In der Stadt Osch in Kirgisien sind beispielsweise eine mechanisierte Gebirgsschützenbrigade und eine Kavallerieschwadron stationiert. Die Schlagzeilen an den Plakatwänden machen deutlich, wo die lokalen Prioritäten liegen: »Wasser ist Leben« lautet die unmißverständliche Warnung. Osch mit seinen 250 000 Einwohnern liegt 100 Kilometer Luftlinie von der chinesischen Grenze entfernt, auf der Straße sind es 250 Kilometer. Zwei der vier Motorisierten Schützenbataillone in der Brigade sind mit BMPs ausgerüstet; die anderen beiden setzen sich aus spezialisierten Gebirgstruppen zusammen und verfügen über keine Kampffahrzeuge, sondern werden dazu ausgebildet, zu Fuß zu operieren und ihre gesamte Ausrüstung bei sich zu haben.

Die Brigade wurde 1984 formiert, weil die Erfahrungen in Afghanistan erwiesen, daß ein Bedürfnis nach besser trainierten Gebirgstruppen bestand. Körperliche Ausdauer und technische Präzision sind lebenswichtige Erfordernisse für diese Soldaten. Beim Feuern im Gebirge ist es viel schwieriger, die Reichweite und Entfernung zu bestimmen, und jeder Schuß Munition ist kostbar, da er von den Soldaten selber mitgetragen werden muß. Die Truppen wissen, wie schwierig es ist, sie mit zusätzlichen Waffen und Munition zu versorgen. Von den meisten Soldaten wird nicht erwartet, daß sie in Höhen über 3000 Meter operieren. Nur wer die Qualifikation »Meister des Sports« im Bergsteigen besitzt oder auf dieses Ziel hinarbeitet, ist in solchen Höhen noch voll funktionsfähig. Die Rekruten, die in diese Brigade geschickt werden, sollten alle geübte Kletterer sein, doch immer wieder schlüpfen einige durch die Maschen des Netzes, sei es wegen eines Irrtums oder sei es, weil sie aus eigenem Antrieb hier Dienst leisten möchten. Als erstes muß ihnen deshalb eine Grundausbildung im Bergsteigen vermittelt werden. Nach Meinung der Offiziere ist es viel leichter, einem Soldaten die Handhabung von Waffen in gebirgigen Verhältnissen beizubringen, als ihn das Klettern zu lehren. Die Männer haben häufig zwei- oder dreitägige Überlebensübungen im Gebirge, die sich oft bis zu einer Woche hinziehen, wenn sie wegen schlechter Witterung nicht rechtzeitig beendet werden können. Sie sagen jedoch, daß im Sommer niemand in den Bergen verhungern müsse. Es gibt eine Menge Beeren und Kräuter dort, und bei seltenen Gelegenheiten konnten die Soldaten sogar eine Bergziege erlegen. Sie haben Primuskocher (mit Trockenalkohol), ein Zelt für zwei Mann, Schlafsäcke und das verläßliche »Schanzwerkzeug« (ein einklappbarer Spaten) bei sich, mit dem man Holz hacken, Seile kappen, sich einen Weg durchs Buschwerk hauen oder Gräben ausheben kann.

Die Kavallerieschwadron in Osch ist gegenwärtig die einzige Gefechtskavallerieeinheit in der Armee und wird von neun Offizieren angeführt. Die kleinste Einheit der Schwadron, der *Sweno* (wörtlich: »Bindeglied«), besteht aus vier Pferden und vier Mann. In der Kavallerie bilden zwei *Swenos* einen *Otdelenje* und zwölf *Otdelenjes* zusammen einen Zug. Die Schwadron hat zwei Züge, insgesamt also rund 200 Mann, denen 400 Pferde zur Verfügung stehen, die Hälfte als Packpferde. Außerdem ist ihr ein Mörserzug angegliedert, ausgerüstet mit dem 82-mm-Mörser M30 Baujahr 1937, einer sehr populären Waffe, die sich mühelos einsetzen und herumtragen läßt, weil sie relativ klein ist und sich zerlegen läßt. Die Kavalleristen tragen neben dem Standardgewehr AK-74 auch einen Säbel — man kann nicht gleichzeitig ein Pferd lenken und schießen, doch ein Säbel läßt sich auch mit einer Hand schwingen. Die Kavallerieschwadron ist speziell dazu ausgebildet, in schwierigem Gelände zu operieren, wo ihr ihre Schnelligkeit und Wendigkeit Vorteile über Kampffahrzeuge verschafft. Die Dragoner werden für offensive Operationen, Aufklärungspatrouillen und Missionen wie das Blockieren von Straßen zur Verhinderung eines Durchzugs feindlicher Truppen eingesetzt. Die meisten Rekruten, die in dieser Einheit dienen, haben noch nie zuvor ein Pferd geritten, doch wer eine gewisse Begabung

In einer Kavallerieschwadron bei Osch in Kirgisien muß ein Pferd lernen, sich flach hinzulegen. Dies ist nicht etwa eine Zirkusnummer, sondern äußerst wichtig, wenn sich Pferd und Reiter im Gebirge verstecken müssen.

An der Ingenieurhochschule für Chemieabwehr in Kostroma wird in einer taktischen Lektion anhand eines Reliefmodells diskutiert, wie die Auswirkungen eines Nuklearschlags vermindert und die Gefechtsbereitschaft der Truppe wiederhergestellt werden kann. Die Chemieabwehr sei eine eher unübliche Spezialisierung, meinen die Offiziere in Kostroma nüchtern. »Unser Dienstzweig hat keine Spur von Romantik, ist aber intellektuell sehr anspruchsvoll.« Die meisten Offiziere dieser Institution waren während der ersten Stunden nach dem Reaktorunfall in Tschernobyl mit Aufräumarbeiten befaßt.

dafür mitbringt, lernt es sehr schnell. Die meisten Pferde werden im näheren Umkreis von ein paar wenigen der Armee bestens bekannten Gestüten erworben. Der Schwadron ist auch ein Veterinärteam angegliedert, das sich aus zwei Offizieren und zwei *Praporschtschiks* zusammensetzt.

Wieder andere Spezialeinheiten dienen den Landstreitkräften zur Gefechtsunterstützung. Darunter befinden sich die Pioniertruppen, die Fernmeldetruppen, die Funker und die Chemieverbände. Jede dieser Truppengattungen unterstützt jedoch auch die anderen Teilstreitkräfte und wird eigenständig verwaltet. Besonders eng gestaltet sich die Beziehung zwischen den Pionierverbänden und den Bodentruppen, denn in den meisten Fällen kommen sie zusammen zum Einsatz. Die Truppenmoral bei den Pionieren scheint drastisch schlechter zu sein als bei den MotSchützen oder Panzersoldaten. Die Männer des Pontonbataillons und der Wasserbohrkompanie in Tschardschou im Militärbezirk Turkestan stellten vielen ihrer Äußerungen ein »Natürlich sind unsere Einheiten nicht sehr berühmt...« voran. Sie sehen sich selbst als die armen Verwandten im Heer, was sich natürlich auch auf ihre Einstellung zum Wehrdienst, zu ihren Offizieren und zum Leben ganz allgemein abfärbt. In einem guten Regiment erklärten mir die Soldaten jeweils, weshalb ihr Job so wichtig sei und wie sehr die Armee davon abhänge. Vielleicht hat man bisher noch nicht gewußt, daß ausgerechnet ein Rekrut in einer Chemieabwehreinheit oder ein Schütze in einem BTR die allerwichtigste Rolle bei der Verteidigung der Sowjetunion spielen, doch der betreffende Soldat wird einem häufig genauestens darlegen, weshalb dies tatsächlich so ist. Daß die Pioniertruppen klar zu erkennen geben, daß ihnen ihr eigener geringer Status ständig bewußt ist, läßt aufhorchen. Wenn man etwas tiefer gräbt, räumen sie vielleicht ein, daß die Pioniere im Zweiten Weltkrieg (und wohl auch in jedem künftigen konventionellen Krieg) eine äußerst wichtige Rolle spielten, doch dies trägt nichts dazu bei, ihre Selbstachtung zu heben. Den Pionieren in der Sowjetunion scheint tatsächlich längst nicht dasselbe Prestige zuzukommen wie in der britischen oder amerikanischen Armee. Während des Krieges kursierte ein berühmter Ausspruch: »Ein Pionier macht nur einmal einen Fehler« — wenn er sich nämlich selbst in die Luft sprengt. Heute klingt es leicht anders: »Ein Pionier macht nur zwei Fehler. Den ersten, wenn er seinen Beruf wählt...« Obwohl offensichtlich als Witz gedacht, charakterisiert dieser Spruch bis zu einem gewissen Grad die Haltung der Offiziere zu ihrem Beruf recht treffend.

Diese Grundstimmung der Soldaten wirkt sich natürlich auf sämtliche Aspekte ihres Lebens aus. Wer erst sechs Monate gedient hat, leistet die Hauptarbeit in den Kasernen, und die *Dembels* tun keinen Streich — so sagt man wenigstens, und in den schlechtesten Einheiten scheint dies auch tatsächlich zuzutreffen. Die Soldaten träumen davon, möglichst schnell von hier wegzukommen. »Der Tag wird kommen, wo die Sterne, die über uns scheinen, nicht den Offizieren, sondern zu einer Flasche Cognac gehören.« Doch im großen und ganzen nimmt sich niemand die Mühe, eine gloriose Heimkehr für sich vorzubereiten. Die Offiziere sind hier für die Mannschaft nicht so relevant wie in anderen Einheiten. Sie bringen weniger Zeit mit den Soldaten zu und organisieren vermutlich weniger Freizeitaktivitäten, die deren individuellem Geschmack entsprechen würden. Die Soldaten haben eher Angst vor den Offizieren. Der Wunsch, sich die Achtung eines bestimmten Vorgesetzten zu verdienen, der andernorts viele Rekruten beseelt, scheint hier zu fehlen. Natürlich ist die Aufgabe der Offiziere unter solchen Umständen nicht sehr beneidenswert. Die Soldaten sind in erster Linie aufgrund ihrer Körperkraft ausgewählt worden, doch hinsichtlich intellektueller Fähigkeiten oder guter charakterlicher Referenzen hapert es, weil den Pioniertruppen diesbezüglich weniger Priorität zukommt als anderen Einheiten. »Mit einem besoffenen Pontonier ist schwieriger fertig zu werden als mit einem Fallschirmjäger«, brüsten sich die Männer, und dies ist wohl nicht nur leeres Gerede. Sie sind jedoch nicht auf den Kopf gefallen. Als ich sie fragte, welchen Offizier aus ihrem Bekanntenkreis

sie wirklich respektierten, nannten sie mir den Stabschef der Pioniertruppen ihres Militär-
distrikts (Oberstleutnant Waleri Semjonowitsch Timoschinow), also nicht jemanden, von dem
man annehmen konnte, sie kämen viel mit ihm in Berührung. Im Sommer 1989 war man in der
Mannschaft der Meinung, daß sich einiges verbessern würde, falls er zum Chef der Pioniertruppen im Militärbezirk aufrücken sollte.

Die Pioniertruppen bilden jedoch noch längst nicht die niedrigste Kaste in der Armee. Diese
Auszeichnung gebührt zweifelsohne den Baubataillonen, den Strojbats. Sie stehen unter der
Aufsicht des für das Bau- und Quartierwesen zuständigen stellvertretenden Verteidigungs-
ministers und sind, wie ihr Name besagt, mit Bauarbeiten im militärischen oder zivilen Sektor
befaßt. Viele Rekruten in den Strojbats haben bereits ein gewisses kriminelles Sündenregister
auf dem Buckel, das zwar nicht ausreicht, sie vom Wehrdienst zu befreien, aber dennoch
bedenklich genug ist, um eine Zuteilung zu einer Gefechtseinheit auszuschließen. Andere haben
die ärztlichen Tests für einen gewöhnlichen Dienst in der Armee nicht bestanden, wieder andere
machten Gewissensgründe gegen einzelne Gegebenheiten des Militärdienstes geltend. Letztere
versuchen in der Regel nicht, sich vor der Armee zu drücken, denn es ist bekannt, daß man bei
Anführung von Gewissensgründen in einem Strojbat landet, und kein Mensch würde je
behaupten, dies sei ein bequemer Ausweg. Meist handelt es sich um Baptisten der zweiten und
dritten Generation oder um Mitglieder anderer protestantischer Sekten, die während der Ära
Breschnew konvertieren mußten. Viele Russen sehen im Beitritt zu einer protestantischen
Vereinigung gleich einen doppelten Treuebruch — einen Verrat an den Geboten der atheistisch
geprägten Partei und paradoxerweise auch einen Verrat an der Großen Orthodoxen Kirche, auf
die sich die Identität von Rußland im wesentlichen gründete. Die meisten Konvertierten waren
angelernte Fabrikarbeiter oder unbedarfte Beamte. Weil sie ständig wegen ihres unorthodoxen
Glaubens schikaniert wurden, hatten sich die Jungen, die ich traf, offenbar noch nie auch nur
ansatzweise mit den grundlegendsten Implikationen ihres ethischen Standpunkts auseinander-
gesetzt.

Die Rekruten in diesem Baubataillon stehen um 6.00 Uhr auf und beginnen den Tag mit
Leibesübungen, Morgenappell und einer kurzen politischen Vorbereitung. Ihr Arbeitstag dauert
im allgemeinen von 9.00 bis 13.00 Uhr und nach dem Mittagessen von 14.00 bis 18.00 Uhr.

Aus verantwortlichen Kreisen in der Armee hört man oft, daß in diesen Einheiten die
Dedowschtschina am schlimmsten ihr Unwesen treibe. Die Jungen, die im Strojbat arbeiteten,
ließen nichts davon verlauten oder wollten nichts verraten. Zu den paradoxen Anomalien des
Armeelebens zählt sicher, daß Rekruten, die in den Strojbats Dienst leisten, bedeutend mehr
verdienen als gewöhnliche Soldaten. Ihr Sold hängt von der ihnen zugeteilten Arbeit und von der
Qualität ihrer Leistungen ab, beträgt aber selten weniger als 50 Rubel im Monat und kann gut
und gern 250 Rubel ausmachen. Der Durchschnitt liegt bei 175 bis 200 Rubel. Sie können ihre
Barschaft dazu verwenden, sich zusätzliche Arbeitsuniformen zu kaufen, oder sie zur Seite legen,
bis sie entlassen werden.

Die Bodentruppen umfassen ein so breites Spektrum verschiedener Einheiten, daß sie
gewissermaßen eine Miniaturversion der Gesamtstreitkräfte darstellen. Hier sind viele der besten
Formationen und der eindrucksvollsten Individuen anzutreffen, doch hier stellen sich auch viele
der gravierendsten Probleme in den Streitkräften weitaus am akutesten.

Die Ausbildung der Gebirgsbrigaden

Eine der wichtigsten Erkenntnisse aus dem Krieg in Afghanistan war, daß sich die im europäischen Teil Rußlands ausgebildeten Soldaten im Gebirge nur sehr schwer orientieren können und daher oft unfähig sind, ihre Artillerie wirkungsvoll einzusetzen. Viele der fähigsten Köpfe in der Armee legen deshalb sehr viel Gewicht auf eine solide Gebirgsausbildung. Die 1984 formierte Motorisierte Gebirgsbrigade ist heute die einzige ihrer Art in der Sowjetarmee, obwohl schon früher ähnliche Abteilungen existierten.

Diese Soldaten haben (ebenso wie viele Offiziere) letztes Jahr vor allem Friedenssicherungsfunktionen ausgeübt, weil zwischen den Usbeken und Kirgisen in Osch Unruhen ausgebrochen sind. Daneben müssen sie sich jedoch auch ihr professionelles Leistungsniveau bewahren. Jeder Soldat dieser Einheit lernt die Grundtechniken des Kletterns und die Verwendung von Knoten und Spezialausrüstung. Alle können auf Eis klettern und Felseinschnitte überqueren (siehe Bild). Zum Signalisieren im Gebirge werden (vor allem nachts oder aus Höhlen) Leuchtkugeln verwendet.

7 Die Luftstreitkräfte

Im Düster des tiefen Winters stapft ein sowjetischer Major durch den Schnee von Nordrußland, den Kragen seiner Lederjacke hochgeschlagen, die Hände tief in die Taschen vergraben. Zwei Rekruten, auch sie in Uniform, kommen ihm entgegen. Sie lachen, unterhalten sich und freuen sich schon auf eine gute Mahlzeit. Im Vorbeigehen unterlassen es die beiden Soldaten, den Major zu grüßen. Er blickt kurz in ihre Richtung, nimmt aber nicht weiter Notiz von ihnen.

Hier muß es sich um einen Luftwaffenstützpunkt handeln. Piloten erkennt man immer an ihrer sprichwörtlichen Haltung, und die Atmosphäre in einer Fliegereinheit ist bedeutend entspannter als in jeder anderen Institution der Armee. So sieht man beispielsweise höchst selten, daß Soldaten Offiziere grüßen, denen sie auf der Straße begegnen, und das Essen in der Luftwaffe ist tatsächlich viel besser als bei den Landstreitkräften, und zwar nicht nur bei den Offizieren. (Rekruten anderer Truppengattungen sind sicher ebenfalls hungrig, dürften aber wohl kaum je etwas erwarten, was sich realistischerweise als »eine gute Mahlzeit« bezeichnen ließe.) In der sowjetischen Luftwaffe wurzelt alles in einer ausgeprägten Leidenschaft für das Fliegen. Sowohl die Piloten als auch die Techniker lieben ihre Flugzeuge, und ihrem Wohlergehen kommt höchste Priorität zu — alles andere ist dagegen zweitrangig.

Die Luftwaffe *(Wojenno-Wosduschnije Sili)* umfaßt Bomber, Kampfflugzeuge, Aufklärer, Kampfbomber, Jagdflieger und militärische Transportmaschinen. Die Luftverteidigung *(Woiska Protiwowosduschnaja Oborona,* bekannt unter ihren Initialen PWO) mit ihren Abfangjägern, Boden-Luft-Raketen, Funktechnischen Truppen (Radar) und Antiballistischen Raketenabwehrverbänden bildet eine eigene Teilstreitkraft, doch ihre Identität steht auf wackeligen Füßen. Der Pilot eines Abfangjägers sieht sich selbst in erster Linie als Pilot, als Teil der Militärfliegerei, und nicht so sehr als Angehöriger der Luftverteidigung. Ganz ähnlich identifizieren sich die Raketentruppen in erster Linie mit anderen Raketen- und Artillerieverbänden. Ich möchte daher als erstes auf das Leben in der gesamten Militärfliegerei zu sprechen kommen und dann spezifischer auf die Soldaten der Luftverteidigung eingehen. Vielleicht ist der Hinweis nützlich, daß Abfangjägereinheiten nicht notwendigerweise der Luftverteidigung unterstehen, sondern in Grenzbezirken unter die Frontfliegertruppen fallen.

Die Welt der Flieger

Ein Fliegerstützpunkt bildet eine völlig andere Gemeinschaft aus als alle anderen Einheiten in der Armee. Die Rekruten gehören hier nicht zu den Kampftruppen, sondern verrichten Hilfsarbeiten zur Unterstützung der Piloten und Techniker. Die Flugzeugbesatzungen (Offiziere und gelegentlich auch *Praporschtschiks*) sind die eigentlichen »Soldaten«. Diese Crews sind jedoch völlig von ihren Maschinen abhängig. Wenn ein Schützenpanzer nicht mehr funktioniert, können die Infanteristen hinaushüpfen und weiterfeuern. Wenn ihr Gewehr eine Ladehemmung

Piloten im Cockpit einer Su-24 warten auf die Erlaubnis, zum Start zu rollen.

Ein Techniker bei der Wartung einer Tu-22.

Während der Vorbesprechung eines Flugeinsatzes im Langstreckenfliegerregiment in Priliuki.

hat, können sie den Feind mit dem Bajonett bekämpfen. Und selbst wenn sie dieses verlieren sollten, bleibt ihnen (in einer Schlacht der altmodischen Art) immer noch der Nahkampf von Mann zu Mann. Falls jedoch mit einem Flugzeug wirklich etwas schiefläuft, ist die Besatzung als Kampfeinheit erledigt, und es bleibt ihr nur noch die Hoffnung, zu überleben. Die Ingenieure und Techniker sind deshalb von eminenter Wichtigkeit. Trotz des sehr hohen Status der Piloten und trotz der Privilegien, die sie bei der Vergabe von Wohnungen und bei der Bezahlung genießen, scheint in der Fliegergemeinde weniger Kastengeist zu herrschen als bei den übrigen Streitkräften. Die Beziehung zwischen den Technikern und den Piloten ist eng und von gegenseitiger Abhängigkeit geprägt. Die Piloten eines Frontfliegerregiments in Lida in Weißrußland nahe der litauischen Grenze, etwa 100 Kilometer von Wilna entfernt, erklärten uns, sie hätten keine besondere Vorliebe für ein bestimmtes Flugzeug und es spiele für sie keine Rolle, mit welcher Maschine der Staffel sie fliegen müssen. Einzelne Piloten würden jedoch zuweilen ein Flugzeug vorziehen, das von bestimmten Technikern gewartet wurde, denn sie wissen, wie sehr die Qualitätsarbeit der Techniker die Leistung der Maschine beeinflußt. Es ist nicht bloß so, daß einige Techniker besser sind als andere — gewisse Piloten haben nun einmal eine Vorliebe dafür, wie dieser oder jener Techniker arbeitet. Ganz ähnlich weiß man von vielen Piloten, daß sie alles daran gesetzt haben, um mit einem bestimmten Navigator zusammenarbeiten zu können. Auch wenn alle Teile der komplizierten Maschinerie nahtlos ineinandergreifen und das Flugzeug optimal funktioniert — die Piloten wissen, daß sehr viel von ihrem eigenen Gemütszustand abhängt und dieser seinerseits von der psychologischen Verträglichkeit der Besatzung beeinflußt wird.

In der Luftwaffe genießen die Rekruten ein viel freieres Dasein als anderswo in den Streitkräften. Die minuziöse militärische Disziplin gilt für sie weniger rigoros, dafür ist ihr Alarmbereitschaftsgrad in der Regel höher. Sie sagen, daß sie von den Offizieren als Gleichwertige behandelt werden, und dies scheint wirklich so zu sein. Luftwaffenoffiziere zeigen weniger Interesse an der Gesamtausbildung und der Entwicklung ihrer Soldaten als gewissenhafte Flottenoffiziere oder Offiziere der gemischten Verbände. Vom Standpunkt der Rekruten gesehen hat dies nur Vorteile: Man traut ihnen zu, mit ihrer Aufgabe zurechtzukommen, und sie führen sie viel selbständiger aus.

Die Truppenmoral in Fliegereinheiten leidet zuweilen darunter, daß viel Zeit für niedrige Arbeiten statt für militärische Aufgaben draufgeht. Oft hörte ich Klagen, man könne sich doch nicht als richtiger Soldat fühlen, wenn man ständig nur das Gelände der Einheit säubern und aufräumen müsse. Die Rekruten sind in der Regel mit der Wartung von Fahrzeugen und Ausrüstung sowie mit Lagerung und Transport von Treibstoff und anderen Versorgungsgütern beschäftigt. Nur selten kommen sie mit den kostbaren Flugzeugen in Berührung. Es wirkt jedoch recht zimperlich, wenn sie über ihre Arbeit jammern, denn im großen und ganzen ist ihnen bewußt, daß sie Glück gehabt haben, ihren Wehrdienst bei der Fliegertruppe leisten zu dürfen. Zwar können sie sich nicht im Ruhmesglanz der Eliteeinheiten oder im Leistungsbewußtsein der Angehörigen eines Infanterieregiments sonnen, doch dafür leiden sie im allgemeinen auch nicht unter den Auswüchsen der *Dedowschtschina* oder der *Semljaschtschina*.

Die pfiffigsten Soldaten, denen ich begegnet bin, dienten in einem Fliegerstützpunkt in einem abgelegenen Teil der Sowjetunion. Obwohl in jeder Kaserne ein Fernsehgerät steht, ist es den Soldaten untersagt, sich etwas anderes als die obligatorischen Militär- und Nachrichtenprogramme oder die vom Sampolit genehmigten Sendungen anzuschauen. Soldaten halten sich jedoch tagsüber oft aus irgendeinem Grund in der Kaserne auf, so zum Beispiel wenn sie sich auf den Wachtdienst vorbereiten oder soeben Wache geschoben haben. Dies ist genau die richtige Zeit, um ein wenig in die Röhre zu gucken. Die Jungen dort haben deshalb den Hauptschalter des TV-Geräts an ein verstecktes Polster an der Wand hinter dem regulären Wachtposten in der

Kaserne angeschlossen. Normalerweise lehnt sich die Ordonnanz mit dem Rücken gegen die Wand und stellt damit den elektrischen Kontakt für den Fernseher an. Betritt ein Offizier die Kaserne, nimmt sie natürlich Achtungstellung an und schaltet das Gerät damit automatisch aus. Diese Erfindung ist brillant konzipiert und gewährleistet, daß sich die Soldaten ihre Lieblingssendungen ungestört und ohne Angst ansehen können.

Unter den Rekruten findet sich ein überproportionaler Anteil an Slawen, weil hier jeder fließend Russisch lesen und sprechen können muß, um die technischen Anweisungen zu verstehen. Die Soldaten sollten auch fähig sein, elementare technische Handgriffe auszuführen. Körperliche Hochform wird nicht verlangt. Obwohl alle recht gesund aussehen, ist es nicht ungewöhnlich, daß Jungen in der Luftwaffe dienen, die an irgendwelchen Beschwerden leiden.

Die Piloten

Fliegermarschall Efimow, der ehemalige Oberbefehlshaber der sowjetischen Luftwaffe, hat sehr dezidierte Ansichten darüber, welcher Typ von Anwärtern die besten Piloten abgibt. »Die absolute Spitzengruppe, physiologisch wie intellektuell, also Leute, die während ihrer ganzen Ausbildung immer nur Höchstnoten erzielt haben, sind gefährlich für die Luftwaffe. Solche Männer treffen spontane Entscheidungen, wogegen ein Pilot nichts übereilen sollte. Zudem muß sich jemand, dem immer alles gelingt und der eine schnelle Auffassung hat, viel weniger anstrengen, weil ihm immer alles in den Schoß gefallen ist. Wenn er im Leben jedoch auf Schwierigkeiten stößt, wird er nicht so leicht damit fertig wie ein Pilot, der, sagen wir einmal, einen niedrigeren Qualifikationsgrad aufweist. Hält man die Fertigkeiten und das Ausbildungsniveau von Piloten auf einer Neunerskala fest, mit neun Punkten als Maximum, so braucht es für gute Piloten Leute mit sieben, sechs oder sogar fünf Punkten. Doch das ist nur so meine Privatmeinung.« Efinow betont, daß für jeden Fliegerjob verschiedene Charaktertypen benötigt werden. »Nehmen wir einmal einen Kampfflieger. Seine Aufgabe nötigt ihn zu höchster Wachsamkeit, deshalb schaut er sich ständig um. Der Pilot eines Frachtflugzeugs dagegen muß den Kopf nur langsam drehen. Sein Job bringt das nun einmal mit sich. Wenn wir also Piloten auswählen, müssen wir uns einen jungen Mann genau ansehen, um zu bestimmen, für welchen Flugzeugtyp er geeignet ist. Der eine ist ein geborener Jagdflieger, ein anderer taugt eher als Bomberpilot.«

Die Piloten selber haben ihre eigenen Ansichten über die notwendigen Qualifikationen. Ein Kampfpilot, so meinen sie, kann sich nur auf sich selbst verlassen. Im Einsatz muß er die Lage einschätzen, blitzschnell eine Entscheidung treffen und im Bruchteil einer Sekunde reagieren. »Jagdflieger können in sehr geringen und in sehr großen Höhen und mit hohen Geschwindigkeiten operieren. Und besonders in großen Höhen können wir uns nicht den geringsten Fehler leisten — der Feind gibt uns keine zweite Chance.« Piloten des Abfangjägers MiG-25 wiesen mich darauf hin, daß die amerikanische SR-71 auf einer Höhe von 20 000 Meter mit einer Geschwindigkeit von 3500 Stundenkilometer (also dreifacher Schallgeschwindigkeit) fliegt. »Unsere Flugzeuge müssen also mindestens ebenso gut sein. Bomberpiloten dagegen brauchen sehr viel Selbstkontrolle und sollten Ruhe ausstrahlen. Genau die Sorte Leute also, die selbst in extremen Situationen nicht in Panik geraten.« Die Piloten der strategischen Geschwader müssen sämtliche Tugenden von Bomberpiloten besitzen, gepaart mit einer außergewöhnlichen Ausdauer (ihre Flüge können bis zu 20 Stunden dauern) und der Fähigkeit zur Teamarbeit, denn ihre Besatzung besteht aus vier oder mehr Leuten.

Die Pilotenschüler an den Hochschulen für Militärfliegerei lernen als erstes, die tschechische L-39 zu fliegen. Wenn sie nach Schulabschluß als Leutnants operationellen Einheiten zugeteilt werden, erhalten sie zwei bis vier Wochen lang eine theoretische Ausbildung und danach etwa vierzehn Tage Flugtraining am Simulator, bevor sie ihr Vorgesetzter an die Kampfflugzeuge

Ein Flugzeugtechniker trägt einen Schutzhelm.

Die Verteidigung des sowjetischen Luftraums

Im Dezember sind die Nächte in Kotlas lang. Hier warten MiG-25-Abfangjäger der Luftverteidigung, bis die Startbahn vom Eis befreit ist. Das dafür verwendete Standardfahrzeug ist die KPM, eine Art kombinierter Wasserwerfer aus einem Lastkraftwagen Zil-130 mit Schneepflug und Bürsten. Er arbeitet meist im Verein mit dem Heizfahrzeug TGM-59, welches im Winter das Eis aufschmilzt und im Sommer die Rollbahn trocknet, nachdem sie mit kaltem Wasser gekühlt wurde. Dieser pausenlose Aufwand ist nicht zuletzt deshalb so wichtig, weil die Flugzeuge beim Rollen zum Start sehr viel Luft ansaugen und schon das kleinste Steinchen ihr Triebwerk beschädigen könnte. Die Piloten werden frühmorgens auf den Informationssitzungen vom verantwortlichen Obersten des Regiments über ihre Mission ins Bild gesetzt. Meist hat er schon vor Morgengrauen selber einen Aufklärungsflug unternommen, um die Wetterverhältnisse auszukundschaften. Wenn alles in Ordnung ist, füllen die Piloten die benötigten Papiere aus und starten. *Rechts außen: Eine MiG-25 läßt ihre Triebwerke für einen Abendflug an. Bald* werden die Zusatzaggregate zünden und Flammen hinten aus dem Flugzeug schießen.

Flugsicherheit wird an den Fliegerhochschulen und in der Armeepresse großgeschrieben. Jeder Ingenieurdienst einer *Eskadrilja* umfaßt eine Gruppe, deren Aufgabe darin besteht, die Noteinspritzsysteme des Flugzeugs funktionsfähig zu erhalten. Auf dem Bild ist ein Pilot mit Fallschirm zu sehen.

Im Cockpit einer MiG-25 in Kotlas.

seiner Einheit heranläßt. In diesem Stadium haben sie noch keinen Fähigkeitsausweis, obwohl sie bereits kompetente Piloten sind. Die erste Qualifikation — Pilot (oder Navigator) dritter Klasse — verlangt 100—300 Flugstunden. Es läßt sich jedoch kaum feststellen, wieviel Flugzeit im Durchschnitt tatsächlich dafür erforderlich ist. Die höheren Kategorien — zweite Klasse, erste Klasse, Pilot/Scharfschütze und Pilot mit Auszeichnung — können nach einem bestimmten Minimum an Flugstunden erreicht werden, das von dem jeweiligen Flugzeugtyp abhängig ist. Der Pilot wird dabei bei jedem Flug für seine gezeigten Leistungen bewertet. Ein Offizier kann eine einmal errungene Qualifikation nicht mehr verlieren, doch es kann ihm blühen, daß er sie nicht bestätigen kann, weil er nicht genügend Flugzeit aufweist. In diesem Fall muß er das gesamte Ausbildungsprogramm für die Auszeichnung wiederholen. Die meisten Piloten behalten ihre Qualifikation bei, doch sie beklagen sich häufig, sie würden längst nicht soviel Flugzeit erhalten, wie sie es sich eigentlich wünschten. Gleichzeitig muß jeder Pilot ständig an einem Simulator üben. Es steht jedoch oft nur ein einziger Simulator für das ganze Regiment zur Verfügung, deshalb ist die den Piloten zugeteilte Zeit am Simulator ebenso eingeschränkt wie die tatsächliche Flugzeit.

Auf den ersten Blick hat es den Anschein, als würden sowjetische Piloten weniger jährliche Flugzeit als ihre Widersacher in der NATO aufweisen. Zieht man jedoch in Betracht, wie zweckmäßig ihre Ausbildungszeit ausgerichtet ist, fällt der Vergleich nicht mehr so eindeutig aus. NATO-Piloten in Europa (die sich ebenfalls über viel zu wenig Flugstunden beklagen) haben oft lange Anflugzeiten, bis sie das Gebiet erreichen, wo sie ihre Scheinangriffe üben können. Sowjetische Fliegerstützpunkte hingegen sind häufig nur wenige Minuten vom »Polygon« gelegen, wo die Piloten trainieren, so daß sie viel mehr Zeit ihrer Flugausbildung darauf verwenden können, schwierige Manöver einzuüben, als ihre westlichen Gegner.

Ein Fliegerregiment setzt sich aus drei *Eskadriljas* (Staffeln) zusammen. Diese sind jeweils in drei oder vier *Swjenos* (Ketten) unterteilt, in einigen Einheiten auch *Otriads* (Trupps) genannt. Der reglementarisch vorgeschriebene Rang für den Kommandanten einer *Eskadrilja*, der wichtigsten Kampfeinheit in der Militärfliegerei, ist der Oberstleutnant, doch im Abfangjägerregiment in Kotlas wurden 1989 alle drei *Eskadriljas* von einem Major befehligt, in Lida im Jahr 1990 zwei von drei. Ihr Durchschnittsalter lag bei 35 Jahren. In Kotlas bestand jede *Eskadrilja* aus drei *Swjenos* mit je zwei Flugzeugpaaren (MiG-25). Es gibt überall immer mehr Piloten als Flugzeuge. In Kotlas hat jeder Abfangjäger seinen »Besitzer«, der für ihn verantwortlich ist, doch sehr viele Piloten haben keine eigene Maschine. Ein *Swjeno* besteht in diesem Regiment aus vier Flugzeugen und vier Piloten, jeder *Eskadrilja* stehen also insgesamt zwölf Maschinen zur Verfügung. Ihr Bestand beträgt in der Regel jedoch rund zwanzig Piloten, weil auch der Kommandant, drei seiner Stellvertreter und noch weitere Offiziere ebenfalls Piloten sind, die alle ihre erforderliche jährliche Flugzeit erfüllen müssen. Jeder Kommandeur einer *Eskadrilja* hat vier Stellvertreter: den Stellvertretenden Kommandeur (der in seiner Abwesenheit den Befehl führt), den Stabschef, den Politischen Vertreter und den Staffelingenieur.

Gewöhnlich legt der Regimentskommandeur am Montag den Flugplan für die ganze Woche fest. Er gibt die allgemeinen Richtlinien an, wohin die Piloten fliegen und welche Aufgaben sie ausführen sollten. Als ich mich in Kotlas aufhielt, konzentrierten sich die Piloten dort beispielsweise darauf, ihre Technik im Abfangen von Luftzielen bei starker Bewölkung zu verbessern. Das Programm enthält meist zwei oder drei Alternativen, um den unterschiedlichen Wetterverhältnissen Rechnung zu tragen. Den Ingenieuren und Technikern wird mitgeteilt, welche Flugausrüstung vorbereitet werden muß. Es ist Aufgabe der Kommandeure der einzelnen *Eskadriljas*, in der Vorbereitungsphase die Flüge detailliert auszuarbeiten, wonach die Kommandeure der *Swjenos* die Piloten instruieren. Zuerst werden Flugausführung, beteiligte Flugmanöver, Abfangort des Zielobjekts und Treibstoffverbrauch besprochen, darauf übt der

Eine Tu-16 (oben), ein Strategischer Bomber der früheren Generation, der 1955 seinen Dienst antrat, fliegt zusammen mit einer Tu-160. Der Gefechtsradius der Tu-16 beträgt, ohne aufzutanken, 3000 km, jener der Tu-160 liegt bei über 7000 km.

Zwei Tu-22-Langstreckenbomber erhalten den Befehl, sich zu trennen. Die Tu-22 gibt es auf fünf Stützpunkten in der Sowjetunion: Baranowitschi, Gomel, Matschulische, Schitomir und Neschun. Vielen Piloten, die schon mehrere Flugzeugtypen geflogen haben, liegt diese Maschine besonders am Herzen.

An der Gagarin-Akademie wird die Leistung des Piloten im Flugsimulator auf einem Modell der Bedienungsanlage einer MiG-29 wiedergegeben.

Die Piloten können sich im Ruhmesglanz sonnen, doch es sind die Mechaniker, Techniker und Ingenieure, die ein Flugzeug einsatzfähig halten.

Pilot den Flug am Simulator. In der Vorbereitungsphase taucht oft der Regimentskommandeur bei einer der *Eskadriljas* auf und macht Stichproben, um sich mit eigenen Augen vom Stand der Vorbereitungen einer *Eskadrilja* oder eines ihrer Piloten zu überzeugen. Obwohl der Flugplan im voraus zusammengestellt wird, steht es den Piloten und ihren Vorgesetzten teilweise frei, am Flugtag letzte Änderungen anzubringen. Jeder Pilot darf pro Flugtag maximal sieben Einsätze fliegen, vielleicht bleibt es aber auch bloß bei einem einzigen. Ein Einzelflug kann zwischen zehn Minuten und eineinhalb Stunden dauern. Ein normaler Flugtag für einen Abfangpiloten besteht meist aus drei oder vier Einsätzen von je einer Stunde. Langstreckenpiloten fliegen regelmäßig fünf oder mehr Stunden.

An ihren Flugtagen halten sich die Piloten im Kontrollturm auf, wo sie lesen, fernsehen oder spielen. Schach ist (zumindest in einigen der Fliegerstützpunkte) verboten, weil es zu sehr stimuliert. Was die Männer brauchen, ist ein anspruchsloser, entspannender Zeitvertreib. Die jungen Piloten in Lida kennen ein Spiel, das mit Sicherheit das erste dieser Kriterien erfüllt, obwohl es mit solcher Leidenschaft gespielt wird, daß der Blutdruck leicht ansteigen kann. Ein älterer Pilot meinte, was die intellektuellen Anforderungen an die Spieler betreffe, nehme dieses Spiel gleich hinter dem Tauziehen den zweiten Rang ein. Beim *Krjutaschka*, wie es genannt wird, werden Würfel geworfen und Spielsteine rund um die äußeren Felder eines Schachbrettes geschoben.

Während sich die Piloten auf die Flugtage vorbereiten, arbeiten die Techniker an den Flugzeugen. Jedes erhält wöchentlich einen gründlichen Check von den Ingenieuren der *Eskadrilja*. Diese Checks dauern etwa acht Stunden. Am Flugtag selber erscheinen rund drei Stunden vor Abflug die Techniker auf dem Flugfeld, um die letzten Kontrollchecks vor Start auszuführen. Viele Ingenieure sagen, daß sie ursprünglich Piloten werden wollten, sich dann aber an einer Militärhochschule für Flugingenieurwesen bewarben, weil sie aus medizinischen oder anderen Gründen abgewiesen wurden. Dem militärischen Flugingenieurwesen kommt auf den höchsten Stufen ein beträchtliches akademisches Prestige zu, und die Schukowski-Fliegeringenieurakademie der Luftwaffe in Moskau zählt zu den wenigen Spitzeninstitutionen des Landes.

Der Ingenieurdienst einer *Eskadrilja* ist in Gruppen aufgeteilt, die für einzelne Bereiche wie Flugausrüstung, automatische Flugkontrolle, Radarausrüstung, Bewaffnung oder Triebwerke verantwortlich sind. Jede Gruppe muß auch dafür sorgen, einen Teil des Geländes der *Eskadrilja* sauberzuhalten und aufzuräumen. Wenn die Techniker während der Checks einen ernst zu nehmenden Defekt entdecken, wird er der TECh (Technischen Verwertungseinheit), dem für größere Reparaturen an Flugzeugen zuständigen Dienstzweig, gemeldet. In der Regel werden die betroffenen Teile ausgewechselt, wonach die TECh versucht, das Originalteil zu reparieren. Über jeden Abschnitt des Flugzeugs wird ein eigenes Logbuch geführt, in das alle beobachteten Funktionsstörungen und ausgeführten Reparaturen eingetragen werden. Die Triebwerke werden periodisch ausgebaut und vollständig überholt, auch wenn keine Fehler festgestellt wurden. Ihre Einsatzdauer variiert je nach Flugzeugtyp: Bei der MiG-25 beträgt sie 300 Stunden für ein wieder zusammengebautes und 800 Stunden für ein fabrikneues Triebwerk. TECh führt auch an allen Flugzeugen die jährliche Inspektion (Wartung Nr. 1 oder »Zwölf-Monate-Arbeiten« genannt), die zehn Tage dauert, sowie alle zwei Jahre die vierzehntägige Generalüberholung durch.

Nach meinen Beobachtungen ist die Moral bei den Militärfliegern im allgemeinen sehr hoch, da allein schon die Arbeit den Piloten und Technikern viel Befriedigung verschafft. Leider besteht jedoch ein ernstlicher Mangel an geeigneten Unterkünften. Ich traf junge Offiziere an, die aus der Luftwaffe austreten wollten, weil sie die Hoffnung aufgegeben hatten, in absehbarer Zukunft eine anständige Wohnung zu erhalten. Gewisse Flugzeuge (wie etwa einen Strategischen Bomber) zu fliegen ist eine sehr anstrengende Sache, und es ist wichtig, daß die Piloten zu Hause nicht auch noch unter Streß stehen. Allen, die eine Tu-160 fliegen, wurde deshalb eine eigene Wohnung zugewiesen. Die Techniker hingegen müssen oft unter beengenden Verhältnissen eine Wohnung mit einer anderen Familie teilen. Ich war erstaunt, wie wenig Ressentiments dies erzeugte. Die Leute sind zwar wütend auf das System, das hart arbeitenden Offizieren nicht einmal eine anständige Wohnung zur Verfügung stellen kann, doch die Vorzugsbehandlung für die Piloten schien keine persönlichen Animositäten zu wecken.

Auch die Luftwaffe wird redimensioniert, und einige Offiziersstellen werden aufgehoben. Es besteht die Gefahr, daß viele der besten Leute im Bewußtsein ihrer Fähigkeit, auch außerhalb der Armee Karriere zu machen, ihren Abschied ins Auge fassen könnten. Die persönlichen Probleme der Offiziere — die Erziehung ihrer Kinder, die Wohnungsnot usw. — werden noch dadurch verstärkt, daß die Fliegerstützpunkte und speziell die Luftverteidigung oft weit weg von den Städten lokalisiert sind.

In diesem Zusammenhang ist auch erwähnenswert, daß die Angehörigen der Luftwaffe sehr wenig Gelegenheit haben, Mädchen kennenzulernen, sobald sie an einen Stützpunkt versetzt werden, der mehrere Autostunden von der nächsten Kleinstadt entfernt liegt. Viele suchen deshalb möglichst schon eine Frau, während sie noch die Militärhochschule besuchen. Doch nicht jede wünscht sich ausgerechnet einen Flieger zum Ehemann. Zwar werden alle Soldatenfrauen durch den Beruf ihres Mannes gewissermaßen bereits zu Lebzeiten zur Witwe, da Offiziere lang arbeiten und von den Anforderungen des Dienstbetriebs voll in Anspruch genommen werden. Doch die Ehefrauen von Piloten müssen nicht nur mit dem alltäglichen Streß des Militärlebens fertig werden, sondern auch noch die allgegenwärtige Rivalin — das Flugzeug — erdulden. Oft sitzen Piloten und Techniker lange nach Arbeitsschluß noch zusammen, brüten über kniffligen Fragen, erzählen sich bis in alle Einzelheiten, was während des letzten Fluges vorgefallen ist, oder tauschen die neuesten Witze aus. Man merkt gleich, daß ihnen ihr Arbeitsalltag Spaß macht. In einer Offiziersmesse der Luftwaffe geht es immer recht lustig zu und her, und selbst die Anwesenheit einer ausländischen Besucherin tat dem keinen Abbruch und schien keine Hemmungen zu verursachen. Ein Flugzeug zu fliegen und darüber zu sprechen ist ein viel zu wichtiges Geschäft, als daß es von irgendeinem Zivilisten unterbrochen werden dürfte. In der Messe, auf dem Flugfeld oder bei den abendlichen Besuchen in ihrer Wohnung achten die Flieger sehr darauf, daß ihnen auch ja kein Aspekt ihrer Arbeit oder der Fliegerei im allgemeinen entgangen ist.

In den Streitkräften hat der dritte Trinkspruch jeweils eine ganz spezielle Bedeutung. Unter den Veteranen von Afghanistan gilt er denen, die nicht zurückgekehrt sind, und wird, ohne die Gläser aneinanderzustoßen, im Stehen getrunken. —In der Luftwaffe wiederum ist es *Sa besopasnosti* (»Auf die Sicherheit«), also mehr oder weniger dasselbe wie unser »glückliche Landung«. Man wünscht sich damit einen sicheren Flug und gedenkt aller, die beim Fliegen gestorben sind. Wer immer diesen Toast anbringt, sagt: »Laßt uns ›sa besopasnosti‹ trinken«, worauf jeder mit der Mitte seines Glases den Tischrand berührt und der Reihe nach »Kontakt hergestellt« sagt. Wenn alle Kontakt aufgenommen haben, bewegen sie ihre Gläser, und der Pilot, der den Trinkspruch ausbringt, sagt darauf: »*Ot winta*« (ein Ausdruck, der aus der Zeit der Propellerflugzeuge herrührt und dasselbe wie »los, weg« oder »Motor anlassen« bedeutet). Die übrigen antworten mit »*Jest, ot winta*« (»Verstanden, wird gemacht«) und trinken ihr Glas in einem Zug leer. Die meisten Fliegerrituale kreisen um die Vorstellung, mögliche Gefahren abzuwenden, was nicht weiter erstaunt. Das Wort *Poslednije* (»der letzte«) wird in Militärfliegerkreisen nie verwendet. Statt dessen müssen Piloten, Techniker und sogar ihre Ehefrauen und Kinder den Ausdruck *Krainje* (»der äußerste«) brauchen, denn für einen Flieger hat *Poslednije*, (das auch »der letzte Weg« oder die Überführung einer Leiche in einem Sarg bedeuten kann) einen ominösen Beiklang.

Fliegerrituale beschränken sich nicht auf die Piloten. Wenn an Flugtagen die Flugzeuge von

Oberst Waleri Selijanow, laut Generalleutnant Pjotr Deinikin, Chef der sowjetischen Langstreckenfliegerei, einer seiner besten Piloten, im Cockpit der Tu-160 Oberst Selijanow erwähnte beiläufig, daß einer von zehn Piloten, die an der Militärhochschule mit ihm studiert hatten, den Tod fanden – nicht etwa im Krieg in Afghanistan oder sonstwo, sondern bei ihrer Arbeit als Pilot oder Testpilot.

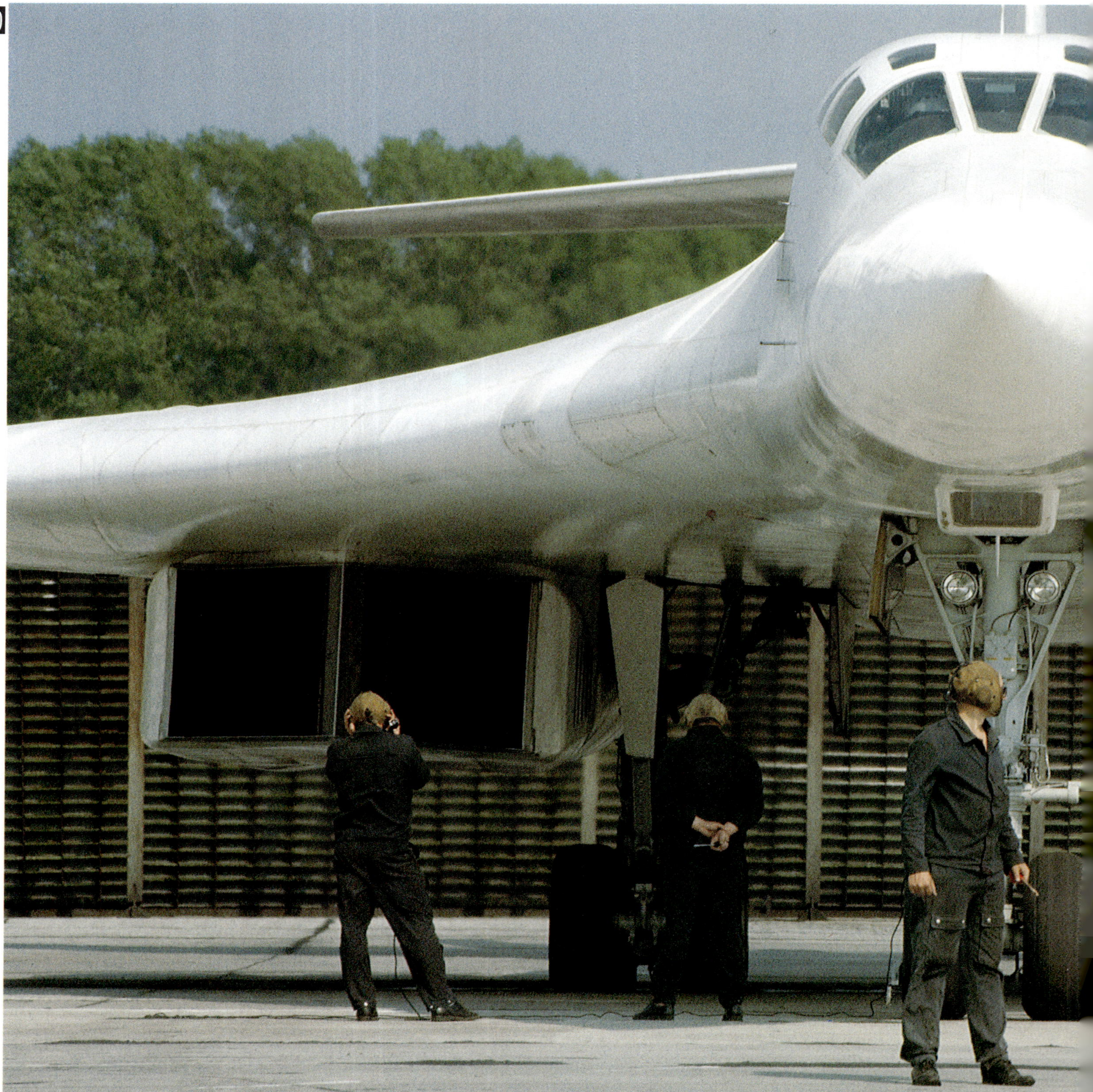

Die Tupolew-160, mit ihren 275 Tonnen Gewicht der größte und schwerste Bomber der Welt, ist entweder mit 12 Marschflugkörpern oder mit 24 Kurzstreckenraketen bestückt. Die Tu-160 ist 54 m lang; ihre maximale Flügelspannweite beträgt 55,5 m.

152

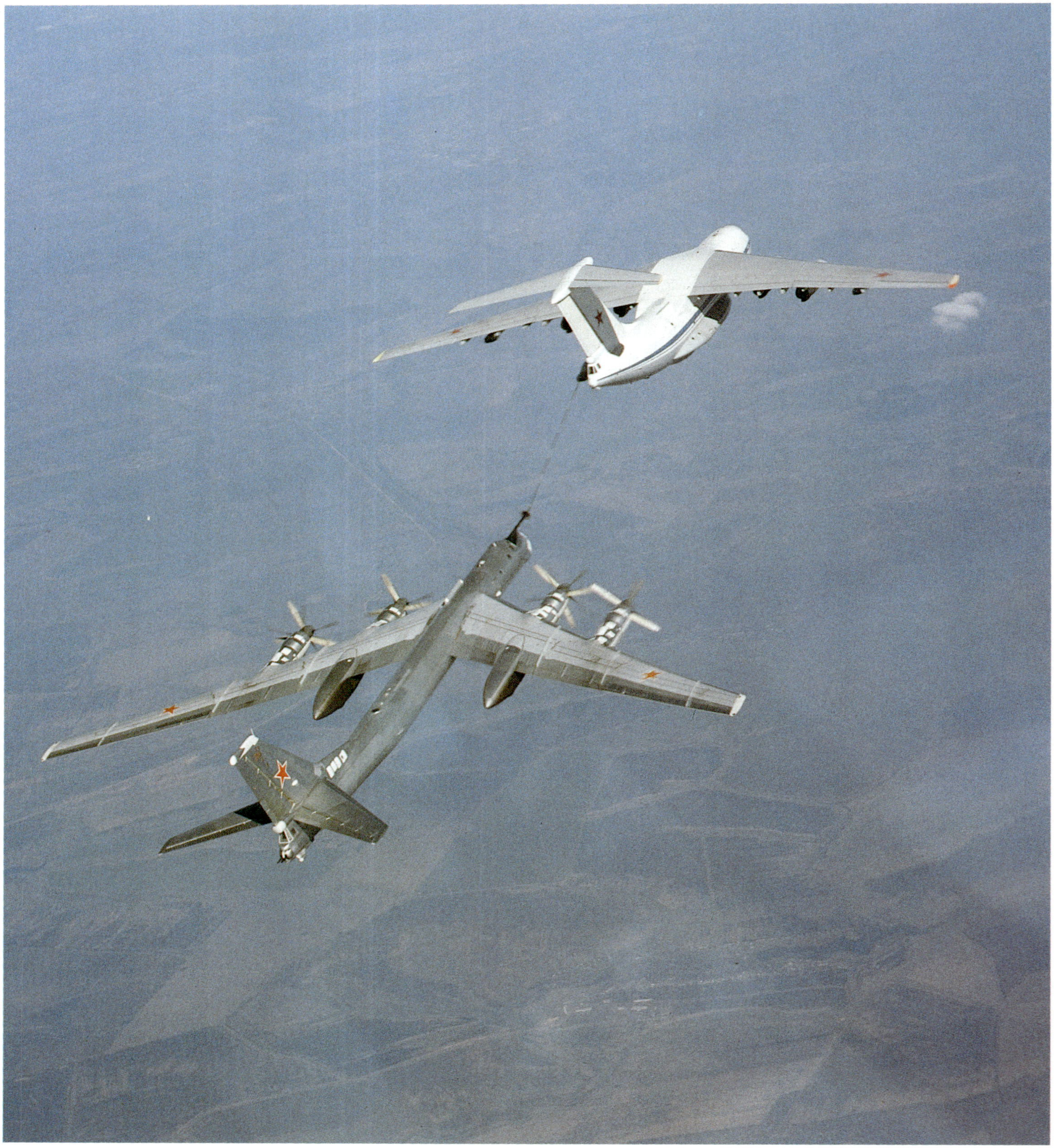

den Technikern gecheckt wurden, die Piloten sich in ihrem Cockpit eingerichtet haben und bereit sind, sich zur Abflugposition auf der Startbahn schleppen zu lassen, berührt jeweils einer der Techniker die Flügelspitze, um dem Flugzeug viel Glück zu wünschen und es vor Unfällen zu bewahren. Und um das Schicksal nicht herauszufordern, trägt keine Maschine je die Nummer 13.

Sowjetische Flieger haben mit den Jahren so viele idiomatische Ausdrücke erfunden, daß es Außenstehenden oft schwerfällt zu verstehen, worüber eigentlich gesprochen wird. Ihr Jäger-latein ist ein buntes Gemisch aus technischen Fachausdrücken und farbigen Fliegermetaphern. »Fünfzig« ist beispielsweise stets »halbes Hundert«, um beim Sprechfunk Verwechslungen vorzubeugen, und wenn jemand den Tisch verläßt, wo seine Freunde essen und trinken, ist er ein *Schtoporno* (ein »Spin« oder »Abtrudler«) wie ein Flugzeug, das außer Kontrolle gerät und im Sturzflug abtrudelt.

Die Ausdrucksweise in der Luftwaffe unterscheidet sich vom Rest der Armee in mancherlei Hinsicht. Ein Vorgesetzter zum Beispiel wird sonst überall mit »Genosse Major« (oder was auch immer) angesprochen, in der Fliegerei heißt es jedoch stets »Genosse Kommandeur«. Diese Anredeform ist zwar durchaus legitim, doch die Piloten meinen, in Anwesenheit eines höheren Militärs, besonders wenn er aus einer anderen Waffengattung stammt, würden sie sie wohl kaum verwenden. Das Emblem der Luftwaffe auf der Feldmütze eines Offiziers wird üblicherweise als »Vogel« bezeichnet, Flieger nennen es jedoch »die Henne«. Verständlicherweise gibt es auch unzählige Kosenamen für die Flugzeuge selbst, offizielle wie inoffizielle. Die Su-7 und Su-9 heißen hier *Truba* (»Wasserleitungsrohr«), die Su-15 *Golub Mira* (»Friedenstaube«) oder *Napilnik* (»Instrument«). Eine MiG-21 ist eine *Balalaika* oder ein *Utjug* (»Bügeleisen«) — entweder ihrer Form wegen oder, wie vielfach behauptet wird, weil ihr Triebwerk relativ schwach ist. Die MiG-23 wird zuweilen nach einem Comic-Helden *Tschiboraschka* genannt, manchmal auch *Krokodil*. Die MiG-25 wird liebevoll als *Tschemodan* (»Koffer«) oder als *Gastronom* (»Gourmet«) bezeichnet — letzteres wegen der riesigen Menge Alkohol, die zur Kühlung ihrer Triebwerkteile nötig ist (sie schluckt 160 Liter *Masandra*, ein Gemisch aus Alkohol und Wasser, und 40 Liter reinen Alkohol).

Die Übernamen sind oft austauschbar — gelegentlich ist auch eine MiG-27 ein *Krokodil*, und *Tschemodan* wird ebenfalls auf die Su-24 angewendet. Die MiG-29 und die MiG-27 werden manchmal *Lastotschka* (»Schwalbe«) genannt, doch dieser Kosename gilt eigentlich für sämtliche Flugzeuge. Bei den Piloten und Technikern der Strategischen Bombergeschwader heißen taktische Flugzeuge wie die MiG-23 und die MiG-27 etwas abschätzig *Swistoki* (»Pfeifen«), Wind und Wetter preisgegebene, belanglose winzige Dinger, die wie billige kleine Pfeifen aussehen. Kampfpiloten nennen die Bomber in Anspielung auf ihre Schwerfälligkeit und Langsamkeit gewöhnlich *Utjug* (»Bügeleisen«). Dann gibt es auch Namen, mit denen sich die einzelnen Dienstzweige der Fliegertruppen bezeichnen. Piloten der Transportfliegerei sind *Meswotschniki* (»Leute, die Säcke herumtragen«) oder *Odnopogonjiki* (»Die mit nur einem Schulterstück, weil sie viele Säcke getragen haben«). Die Angehörigen der Strategischen Fliegertruppen, einer der renommiertesten Abteilungen der ganzen Luftwaffe, werden von anderen Fliegern neckisch als *Ogorodniki* (»Handelsgärtner«) oder *Mongolski* (»Mongolen«) bezeichnet.

Die Luftverteidigung

Die Luftverteidigung verfügt nicht nur über Abfangjäger, sondern auch über mehr als 8000 Raketenwerfer für Boden-Luft-Raketen an rund 1200 Standorten, eine Funktechnische Abteilung und eine Abteilung für antiballistische Raketen. Die Boden-Luft-Raketen bieten festen Einrichtungen wie Flugfeldern usw. Fliegerabwehrschutz, können aber auch zur mobilen Luft-unterstützung herangezogen werden. Die Luftverteidigungsstützpunkte umfassen Außenposten mit Zielflugfunkfeuer und Radareinrichtungen für die Flugverkehrskontrolle und die Luftüber-

Extreme Wetterverhältnisse verschärfen die bei der Flugzeugwartung anfallenden Schwierigkeiten.

LINKE SEITE: Eine IL-78 tankt einen Bomber Tu-95 in der Luft auf.

**Fliegerwitze sind oft gespickt mit Luftwaffenjargon. Da ist zum Beispiel die Geschichte von dem Piloten, der betrunken nach Hause kommt, seinen Schlüssel nicht finden kann und an der Haustür klingelt.
»Wer ist da?« ruft seine Frau.
»8877 halbes Hundert 9. Erbitte Landeerlaubnis.«
»Negativ. Landepiste verstopft.«
»Verstanden. Drehe noch eine Runde.«
Wenige Minuten später klingelt er erneut.
»8877 halbes Hundert 9. Erbitte Landeerlaubnis.«
»Negativ. Landepiste verstopft.«
Und so geht es weiter. Nach ein paar Minuten klingelt der Pilot nochmals und erhält wieder dieselbe Antwort.
»Verstanden. In diesem Fall benütze ich den Ausweichflughafen.«**

wachung. Sie liegen oft in einiger Entfernung von der Einheit — im Luftverteidigungsstützpunkt Kotlas beispielsweise zehn Kilometer. Auf diesem Außenposten sind ständig drei Soldaten stationiert. Der eine ist Funktechniker, der zweite betreibt das Dieselstromaggregat, und der dritte muß sich in beidem auskennen. Einmal monatlich werden Eßwaren angeliefert und in der Tiefkühltruhe verstaut. Jeden Tag macht ein Offizier einen Kontrollgang, doch im übrigen sind die Rekruten unbeaufsichtigt. Sie bezeichnen ihren Posten als »ein Zuhause weit weg von zu Hause mit allem, was wir nötig haben«, geben aber auch zu, daß sie zuweilen Platzangst verspüren, denn die Station liegt einsam und verlassen inmitten der Taiga. Ein zusätzlicher Nachteil ist, daß sie zu jeder Tages- und Nachtstunde zum Stützpunkt zitiert werden können, was sich leider nicht mit einer telefonischen Bitte um Transport erledigen läßt, sondern einen langen Marsch durch Schnee oder Regen mit sich bringt. Für die meisten Rekruten wiegt die relativ große Freiheit, die sie hier genießen, solche kleine körperliche Strapazen jedoch bei weitem auf. Zudem bieten diese Funkpeilungsstationen einen weiteren Vorteil: Hier verrichten die Soldaten eine sinnvolle Arbeit, die eine äußerst wichtige Funktion im Gefechtseinsatz der Einheit als Ganzes erfüllt.

Die moderne Radarüberwachung operiert mit dem sogenannten Doppler-Modus und ist auf einen Empfindlichkeitsbereich abgestimmt, der nur Objekte erfaßt, welche sich mit mehr als 100 Stundenkilometer fortbewegen und sich nicht tiefer als 90 Meter vom Erdboden befinden. Diese Einschränkungen sind notwendig, weil die Radarsoldaten sonst die ganze Zeit damit verbringen würden, den Flug von Enten und Gänsen zu überwachen oder Störflecken von Traktoren und anderen Bodenobjekten zu verfolgen. Trotzdem gelingt es den Luftverteidigungseinheiten, sogar Wetterballone zu orten, in denen sich anscheinend häufig Aufklärungsinstrumente verbergen. Die Piloten von Kotlas waren stolz darauf, daß es ihnen gelang, im Herbst 1989 einen solchen Ballon abzuschießen. Er soll einen mit Kameras und Geräten zum Aufspüren von Funkfrequenzen ausgerüsteten »Spionagebehälter« von etwa 2,5 Meter Länge, 1,8 Meter Höhe und 1,5 Meter Tiefe enthalten haben. Solche Wetterballone sind ein perfektes Hilfsmittel für die Aufklärung. Sie brauchen nicht über Funk gesteuert zu werden, sind billig, speichern mühelos Informationen und sind grundsätzlich schwierig zu entdecken, weil sie sich in geringer Höhe langsam fortbewegen. Der in der Nähe von Kotlas abgefangene Ballon wurde in rund 90 Meter Höhe geortet. Die Fliegertruppen und die Boden-Luft-Raketeneinheiten haben ihre eigenen Radarsysteme. Für die nationale Schutzsicherung bestehen eigenständige Frühwarnradaranlagen, die zur Hauptsache entlang den Grenzen der Sowjetunion installiert sind.

Der Luftverteidigungspunkt Kotlas war während meiner gesamten Recherchierarbeit der einzige Ort, wo man versuchte, mich hinters Licht zu führen. Es wurde mir gesagt, die Einheit sei nicht mehr wie bisher in ständiger Alarmbereitschaft. Aber man versicherte mir, daß das Regiment nicht von Kürzungen betroffen sei. Bei den Veränderungen handle es sich um rein ökonomisch bedingte Maßnahmen zur Kostensenkung. Ich sah keinen Grund, den Offizieren zu mißtrauen, bis ich zu den Kasernen ging. Dort erzählten mir die Rekruten des Abfangregiments, daß sie bald entlassen werden sollten und nur noch auf ihre Ablösung warten mußten. »Wie Sie sehen können«, meinten sie, »werden wir hier noch gebraucht. In der Fliegereinheit hat es keine großen Abstriche gegeben, nicht wie bei den Raketen.« Schließlich stellte sich heraus, daß nur noch 60 Rekruten im Raketenregiment Dienst leisteten, während es früher 300 gewesen waren. Laut ihren Angaben, die von anderen Angehörigen des Stützpunkts bestätigt wurden, sind auch die Dienststellen für Offiziere in dieser Einheit auf die Hälfte zusammengeschrumpft. Es ist mir völlig unbegreiflich, weshalb es nötig erschien, das Gegenteil zu behaupten. Es mutet jedoch seltsam an, daß dies ausgerechnet in einer Einheit der Luftverteidigung passieren mußte, denn die Luftwaffe und die Luftverteidigung hatten mit uns einen sehr offenen und entspannten Umgang gepflegt.

RECHTE SEITE: P-12-Radar (NATO-Bezeichnung sinngemäß: »Laß den Löffel ruhen.«) im Luftverteidigungsstützpunkt Rusa.

Ein Rekrut senkt die Stabilisatoren am Mantel einer Rakete zur Luftverteidigung.

Luftverteidigungsstützpunkt Rusa. Offiziere bringen die Luftlagepläne auf den neuesten Stand. Ihre Informationen beziehen sie von den Radaranlagen.

In den achtziger Jahren lenkten zwei Vorfälle die Aufmerksamkeit der Sowjetregierung, des militärischen Establishments und der Medien auf die Luftverteidigung der UdSSR: der Abschuß eines koreanischen Verkehrsflugzeugs (Flug KAL 007) und der Fall des deutschen Teenagers Matthias Rust, der 1987 einsam und allein mit seiner kleinen Cessna 172 mitten in Moskau landete. Die hektischen Reaktionen auf diese beiden Vorfälle führten dazu, daß sich Regierungssprecher Gennadi Gerassimow ironisch beklagte, zuerst kritisiere man die sowjetische Luftverteidigung, weil sie ein Flugzeug vom Himmel holte, und darauf, weil sie dies unterlassen hatte. Im Fall Rust hatten sich die Luftverteidigungsstreitkräfte völlig korrekt verhalten: Die Anwesenheit seiner Cessna war mehrmals registriert worden, doch da es sich ganz eindeutig um kein Militärflugzeug handelte, wäre jede Aktion gegen sie fehl am Platz gewesen. Der einzig mögliche Fehler lag darin, daß die politische Führung des Landes nicht ausreichend informiert wurde. Daß Rust auf dem Roten Platz landete und dort jemand gleich eine Videokamera zur Hand hatte, war für die Luftverteidigung schlicht und einfach Pech.

Ich führte mit Oberstleutnant Ossipowitsch, dem Piloten, der das Zivilflugzeug KAL 007 abschoß, ein persönliches Interview durch. Seine Darstellung der Ereignisse vom 1. September 1983 ist nicht nur im Zusammenhang mit dem Abschuß der Maschine interessant, sondern wirft auch ein bezeichnendes Licht auf die Einsatzroutine von Abfangpiloten im Fernen Osten in den frühen achtziger Jahren. Gennadi Nikolajewitsch Ossipowitsch war zu jener Zeit amtierender Regimentskommandeur für Flugausbildung in einem der beiden Luftverteidigungsregimenter auf der Insel Sachalin vor der Pazifikküste der Sowjetunion. Die Staatsgrenze verläuft 24 Kilometer hinter der Küstenlinie von Sachalin, dahinter erstreckt sich eine neutrale Zone von 96 Kilometern, in welcher sowjetische Flugzeuge Eindringlinge zwar eskortieren, aber keine Waffen gegen sie einsetzen dürfen. Wie immer waren auch in jener Nacht vom 31. August auf den 1. September zwei Besatzungen auf Pikett, die innerhalb von vier bis acht Minuten nach Erhalt einer Alarmmeldung startklar waren.

Ossipowitsch war zusammen mit Major Sergei Tarasow, einem der Staffelkommandeure der Einheit, im Dienst. Bis 5.30 Uhr Lokalzeit war alles ruhig, doch dann erhielten sie den Befehl, auf »Alarmstufe 1« zu gehen, das heißt, ihre Maschinen zu besteigen und sämtliche Startvorbereitungen zu treffen. Fünfzehn Minuten später, um 5.45 Uhr, erhielt Oberstleutnant Ossipowitsch Startbefehl und flog wie üblich in seinem Su-15-Abfangjäger in Richtung Meer los. Bis jetzt verlief alles völlig normal. Die diensthabenden Besatzungen wurden zu jener Zeit drei- bis viermal am Tag für Alarmeinsätze in die Luft geschickt, wenn amerikanische Aufklärer starteten und über Sachalin hinweg in Richtung Kamtschatka flogen. Genau zu der Zeit, und zwar vom April jenes Jahres an, entwickelten die Amerikaner jedoch eine neue Gepflogenheit: Sie flogen zuerst über neutralen Gewässern, drehten dann plötzlich um 90 Grad ab, als ob sie direkt in Richtung Grenze fliegen wollten, doch sobald sie sich dieser auf 50 oder 60 Kilometer genähert hatten, schwenkten sie wieder zurück und flogen parallel zu ihr weiter. »Wenn dies geschah«, meint Ossipowitsch, »gingen bei uns natürlich alle Lichter an. Wir stiegen auf, und sie konnten sich in aller Ruhe unsere Frequenzen und Rufzeichen notieren.« Diese Flüge fanden in der Regel tagsüber statt.

In der fraglichen Nacht startete Ossipowitsch also und flog in Richtung Ochotskisches Meer. Er stieg auf 8500 Meter Höhe, worauf ihn die Bodenkontrolle auf das Ziel hinzuleiten begann. Das eindringende Flugzeug kam aus der Richtung der Halbinsel Kamtschatka im Norden. Eine MiG-23 vom 300 Kilometer entfernten Luftverteidigungsstützpunkt im Norden der Insel Sachalin war bereits einige Zeit vor Ossipowitsch aufgestiegen, und nun wurden die Aktionen der beiden Maschinen von der Bodenkontrolle koordiniert. Um 6.01 Uhr, also sechzehn Minuten nach dem Start, lokalisierte Ossipowitsch den Eindringling auf seinem Radarbildschirm. »Er befand sich auf Kurs 240 Grad und flog direkt auf unseren Stützpunkt zu. Ich war dreizehn Kilometer von ihm entfernt, und fünfzehn Kilometer hinter mir war die MiG-23.« Zu dieser Zeit befand sich das fremde Flugzeug über neutralem Gewässer und wurde deshalb von der Su-15 und der MiG-23 vorerst nur beschattet. Auch Major Tarasow war mittlerweile in einer anderen Su-15 zur Verstärkung hochgeschickt worden, doch er nahm keinen Einfluß auf den weiteren Verlauf des Geschehens. Der Eindringling flog direkt auf die Grenze zu. Die einzigen Informationen, die Oberstleutnant Ossipowitsch hinsichtlich des Ziels, das er verfolgte, zur Verfügung standen, waren dessen Geschwindigkeit und Flughöhe. Er nahm an, es sei wie immer ein amerikanisches Aufklärungsflugzeug vom Typ RC-135, und die ihm zur Verfügung stehenden Angaben schlossen dies keineswegs aus.

Nach Ossipowitschs Berechnungen überquerte der Eindringling etwa um 6.12 Uhr die sowjetische Grenze. Der Oberstleutnant blinkte das international anerkannte Signal für ein Flugzeug, das widerrechtlich eine Staatsgrenze überflogen hat. »Glauben Sie, es sei möglich, daß er die Signale nicht bemerkt hat?« fragte ich ihn. »Wenn die dort drüben nicht geschlafen haben, unmöglich. Dann habe ich vier Warnsalven aus meiner Bordkanone abgefeuert. Ich wußte, daß es keiner von uns war, denn ich hatte zuvor die Freund-oder-Feind?-Identifikation abgefragt. Sie schicken häufig unsere eigenen Bomber hoch, um uns und das Luftverteidigungssystem zu testen.« Doch das fremde Flugzeug reagierte noch immer nicht. Ossipowitsch informierte die Bodenkontrolle. Genau wie er hatte man auch da keine Möglichkeit, direkten Funkkontakt mit dem Flugzeug aufzunehmen. Deshalb erhielt Ossipowitsch den Befehl: »Ziel vernichten!«

Oberstleutnant Ossipowitsch ist davon überzeugt, daß ihn der Pilot des Flugzeugs gesehen hatte. »Als ich neben ihm flog, hatten wir dieselbe Geschwindigkeit. Und als ich begann, ihm mit meinen Bordlichtern mitzuteilen, er verletze unseren Luftraum, drosselte er das Tempo, so daß ich vor ihm weiterflog. Im Gegensatz zu schweren Maschinen können wir jedoch diese Geschwindigkeit nicht halten. Die RC-135 oder ein Zivilflugzeug können so langsam fliegen, daß ich längst abrutschen und ins Trudeln geraten würde, und genau deshalb führen sie dieses Manöver auch aus. Ich bin schon oft dort geflogen. Du näherst dich, um dir die Nummer anzuschauen. Er nimmt sofort Tempo weg, und schon bist du vor ihm und mußt wieder von neuem an ihn herankommen. Sie brauchen diese Methode fast jedesmal, in der Hoffnung, daß der Pilot, der sie abfängt, plötzlich abtrudelt.« Die Raketen wurden aus einer Distanz von 500 bis 600 Meter abgefeuert. Wie denn die Sicht in dieser Höhe und zu dieser Morgenstunde am Himmel über Sachalin sei, wollte ich wissen. »Alles liegt im Dunst. Sie würden die Abgase von den Triebwerken sehen. Sie könnten sehen, daß da irgendwo ein Flugzeug fliegt. Wie wenn man merkt, daß jemand da ist, aber nicht feststellen kann, wer. Man muß schon ein Pilot sein, um sich das überhaupt vorstellen zu können.« Die MiG-23 befand sich noch immer in einer Entfernung von fünfzehn Werst (ein Werst entspricht etwa einem Kilometer) hinter Ossipowitsch, und auch Tarasows Flugzeug und drei weitere Abfangjäger waren mittlerweile dazugestoßen. Ossipowitsch feuerte zwei Raketen ab, die seinen Beobachtungen zufolge beide ins Ziel trafen.

»Später wurde es dann unangenehm. Es ist leichter, dort oben zu sein als unten auf der Erde. Am Abend wurde ich von unserem Divisionshauptquartier angerufen. Leute vom Fernost-Hauptquartier begannen einzutreffen. Ich sprach mit dem Chef des Luftwaffenstabs vom Hauptquartier Fernost.« Zu jener Zeit unterstand die Fliegerabwehr noch der Luftwaffe und nicht der Luftverteidigung, daher begab sich Marschall Kutachow, der damalige Oberbefehlshaber der Luftwaffe, nach der Schießerei in den Fernen Osten. Auch Fliegermarschall Koldunow, der Chef der Fliegerabwehr, inspizierte die Gegend nach dem Vorfall, während eine staatliche Kommission den Hergang des Flugzeugabschusses untersuchte.

1989 sprach ein Gericht in Washington die Sowjetregierung und somit auch Oberstleutnant Ossipowitsch von jeglicher Schuld in der KAL-Affäre frei. Dessenungeachtet wurden infolge dieses Vorfalls die Bestimmungen über das Vorgehen bei Verletzungen des sowjetischen Luftraums einer Revision unterzogen.

8 Die Kriegsmarine

Von allen sowjetischen Streitkräften hat sich nur die sowjetische Kriegsmarine *(Wojenno-Morskoj flot)* eine völlig eigenständige Identität und ihre ruhmreichen Traditionen aus den Zeiten des russischen Kaiserreichs bewahrt. In den anderen vier Teilstreitkräften wird überall dieselbe khakifarbene Alltagsuniform getragen, und abgesehen von kleinen Abweichungen bei den Generälen der Luftwaffe (siehe Anhang I) sind die Rangstufen identisch. Bei der Kriegsmarine hingegen trägt man die charakteristische schwarze Uniform und hat eine eigene Rangleiter, die zwar genau jener des Heeres entspricht, aber nie damit verwechselt werden sollte. Wehe der Landratte, die einen Kapitän erster Klasse mit »Oberst« anspricht! Dies würde als ein perfider Affront gegen die Würde der Kriegsmarine aufgefaßt (und wäre, falls der Urheber ein Soldat des Heeres ist, vermutlich auch so gemeint). Der Schlüsselbegriff, der in militärischen und sogar in zivilen Kreisen mit der Kriegsmarine assoziiert ist, ist *schik*, was in etwa unserem »schick« entspricht. Die Matrosen sehen wirklich fabelhaft aus in ihrer schwarzen Alltagskleidung und der weißen Paradeuniform, und selbst die Arbeitskleider der Rekruten atmen einen Hauch Seefahrerromantik aus den Zeiten der Dampfer und Segelschiffe. Mit *schik* ist jedoch noch mehr gemeint: Es deutet an, daß nur die Kriegsmarine weiß, wie der Laden wirklich läuft und wie man die Dinge richtig anpackt, damit alles reibungslos über die Bühne geht. Unter den bei der Flotte gepriesenen Tugenden finden sich Qualitäten wie *Lichost* (»Beherztheit«), mit Flair gepaarter Wagemut, und natürlich *Flotskaja gordost*, Marinestolz.

Die Kriegsmarine besteht aus vier Flotten und der Kaspischen Flottille. Jede Flotte trägt den Zusatz »Rote Fahne« — bei der Ostseeflotte ist es sogar die »Doppelte Rote Fahne« weil sie (unter Peter dem Großen) die erste Flotte in der russischen Kriegsmarine war und weil ihre Matrosen in der Revolution von 1917 die ersten Schüsse abfeuerten. Die offizielle Abkürzung für diese Flotte ist DKBF (DK = Doppelte Rote Fahne, BF = Baltische Flotte), oft wird sie jedoch einfach BF genannt, was Eingeweihte in Anspielung auf ihre Geschichte als *Biwschij flot*, die »einstige Flotte«, deuten wollen. Analog dazu ist die Schwarzmeerflotte die KChF (Rote Fahne *Tschernomorskoj flot*), zuweilen respektlos als *Tschi flot, tschi ni flot* (auf ukrainisch »Vielleicht 'ne Flotte, vielleicht auch keine«) interpretiert. Die Nordmeerflotte oder KSF (Rote Fahne *Sewernij flot*) wird auch mit *Sowremennij flot* (die »moderne Flotte«) bezeichnet, während aus der Pazifikflotte KTOF (Rote Fahne *Tichii Okeanskij flot*) eine *Tosche flot* (»auch so 'ne Flotte«) wird. Wie diese Witzchen deutlich machen, hat jede Flotte ihr eigenes Gepräge. Die Ostseeflotte ist sich ihrer ruhmreichen Geschichte tatsächlich sehr bewußt und sieht sich halb im Spaß, halb im Ernst als Rangerste unter den Flotten, obwohl ihr heute vermutlich am wenigsten Gewicht zukommt. Sie umfaßt 87000 Mann und hat Stützpunkte in Kronstadt, Liepaja, Battijsk und Tallinn, ihr Flottenhauptquartier liegt in Kaliningrad.

Die Schwarzmeerflotte wird wesensgemäß durch ihre Umgebung beeinflußt. Sewastopol, ihr Heimathafen, wird oft als die schönste Stadt in der Sowjetunion bezeichnet. Sie hatte das Glück,

Eine Marineinfanterieübung bei Sewastopol. Von den Landungsbooten wegzufahren ist leicht, die Panzer im Rückwärtsgang wieder einzuschiffen dagegen eher schwierig. Ein anderes Gefahrenmoment liegt darin, das Boot so nahe als möglich ans Ufer zu setzen und dabei genügend Platz für das Öffnen der Landeluken frei zu lassen.

lange Zeit eine »geschlossene« Stadt zu sein und so den Schrecknissen zu entgehen, die ein überbordender Tourismus mit sich gebracht hätte. Heute finden sich erste Anzeichen, daß Sewastopol den Verwüstungen der Ferienhungrigen ausgeliefert werden soll, doch bis jetzt hat sich die Hafenstadt ihre Würde und ihre träge Schönheit bewahren können. Sewastopol ist vor allen Dingen eine Stadt der Kriegsmarine, deren historische Gebäude und Monumente das Leben dort prägen und auf Schritt und Tritt an den Einfluß der Flotte erinnern. Trotz der strategischen Bedeutung des Schwarzen Meeres und des zwangsläufig daraus resultierenden anstrengenden Zeitplans führt die Kriegsmarine hier in mancherlei Hinsicht ein verzaubertes Leben. Weitere Flottenstützpunkte befinden sich in Balaklava, Poti und Odessa.

Die Nordmeerflotte, berühmt durch ihre Rolle im Zweiten Weltkrieg, profitiert von den meisten technischen Neuerungen der Kriegsmarine. Dies ist teils ihrer Funktion im Nordatlantik und in der Arktis zuzuschreiben, teils aber auch der Notwendigkeit, ihre kostspielige Unterseebootflotte aus über 170 U-Booten (davon 39 strategischen) zu unterhalten und zu modernisieren. Ihre Offiziere und Mannschaften sind stolz auf ihr Vermögen, trotz des harten Klimas in den Gewässern, die sie befahren, zu überleben und dabei effiziente Arbeit zu leisten. Verständlicherweise wurde die Moral der Besatzungen jedoch durch die Kette von U-Boot-Katastrophen, die in den letzten Jahren wie ein Fluch über der Nordmeerflotte lag, arg in Mitleidenschaft gezogen. Ihre Hauptstützpunkte sind Seweromorsk (das Hauptquartier), die Kolabucht, der Meerbusen von Motorskij, Gramicha, Poljarnyj und der Golf von Litsa.

Der Pazifikflotte obliegt die Verantwortung, die sowjetische Grenze zu bewachen und die Interessen des Staates auf dem größten Ozean der Welt zu vertreten, an dessen Küsten einige der reichsten und höchstindustrialisierten Staaten der Erde liegen — die USA, Kanada, Japan und Australien. Der kalte Krieg mag zwar offiziell zu Ende sein, dennoch ist diese Region von eminent wichtigem strategischem Interesse geblieben. Mit über 300 Schiffen und 110 Unterseebooten ist die Pazifikflotte daher die größte Überwasserflotte. Daß Wladiwostok, wo das Flottenhauptquartier liegt, überhaupt existieren kann, stellt ein Wunder an russischer Beharrlichkeit dar. Die Stadt ist auf Hügel gebaut und erinnert mit ihren hinauf- und hinunterfahrenden Trolleybussen ein wenig an San Francisco. Ihre Architektur spiegelt dasselbe Gefühl von Ausgelassenheit und Erleichterung wider, wie wenn nach langer, beschwerlicher Reise endlich die Küste in Sicht ist. Wladiwostok ist heute zu einer wohlhabenden Stadt geworden und treibt einen blühenden, sich immer mehr ausweitenden Handel mit den anderen Anrainerstaaten des pazifischen Beckens. Die Pazifikflotte besitzt Stützpunkte in Petropawlowsk-Kamtschatka und in Sowjetskaja Gawan, dazu im Ausland in Cam Ranh Bay (Vietnam) und in Aden. Sie vermittelt einen imposanten Eindruck, und man spürt, daß sie eine wichtige Rolle bei der Verteidigung der Sowjetunion spielt.

Zu Friedenszeiten fällt der sowjetischen Kriegsmarine die Aufgabe zu, die Wahrung der militärischen, politischen und wirtschaftlichen Interessen des Staates rund um die Welt zu unterstützen. Zu ihren Missionen zählen der Schutz der sowjetischen Handels- und Fischereiflotte und die Durchsetzung sowjetischer Rechte in internationalen Gewässern. In den letzten Jahren eskortierte sie auch sowjetische Handelsschiffe im Persischen Golf, führte gemeinsame Manöver mit den Streitkräften von Kuba und Nordkorea durch und traf zu Flottenbesuchen in Häfen rund um die Welt ein. Im Kriegsfall würde den mit ballistischen Raketen bestückten Unterseebooten der Sowjetunion eine ausschlaggebende Rolle zufallen und ihre Verteidigung gegen Angriffe gegnerischer Überwasserschiffe und U-Boote deshalb zu einer der Hauptaufgaben der Kriegsmarine werden. Eine weitere besteht in der Eliminierung feindlicher Seestreitkräfte (Überwasserschiffe oder U-Boote), die einen wie auch immer gearteten Angriff gegen die Sowjetunion auslösen könnten. Die Seekriegsflotte ist auch entsprechend vorbereitet, im Bedarfsfall die Landstreitkräfte mit Geschützfeuer und amphibischen Landungsmanövern zu

Während der Feier zum Tag der Marine in Sewastopol spielt ein Musikkorps.

beschützen und zu unterstützen und feindliche Verbindungslinien zu zerstören. Außerdem kann sie Frühwarnung gegen anfliegende Flugzeuge und Marschflugkörper geben.

Die Schiffe der sowjetischen Kriegsmarine werden nach ihrer Funktion klassifiziert, wobei das wichtigste Kriterium darin besteht, ob sie in erster Linie gegen Überwasserziele oder gegen U-Boote eingesetzt werden. Die Hauptaufgabe der *Noworossisk* und anderer schwerer Flugzeugträgerkreuzer liegt im U-Boot-Abwehrkrieg. Andere Schiffe zur U-Boot-Abwehr werden häufig direkt so bezeichnet, während die Zusätze »Raketen-« und »Torpedo-« für Schiffe verwendet werden, deren primäre Aufgabe in der Bekämpfung von Überwasserzielen liegt. Daneben umfaßt die Kriegsmarine auch Minenräumboote, Minenleger, Landungsboote und Versorgungsschiffe.

Die Schiffsführung

Jedes Schiff der sowjetischen Kriegsmarine ist verwaltungstechnisch in sogenannte *Boewije Tschasti* oder abgekürzt »Baj-tschajs« (Gefechtsabteilungen) aufgeteilt. Diese werden überall nach einem Standardsystem numeriert. Baj-tschaj Nummer eins umfaßt die Navigation, Nummer zwei Raketen und Artillerie, Nummer drei Minen und Torpedos, Nummer vier das Nachrichtenwesen, Nummer fünf die Schiffsmaschinerie, Nummer sechs die Flugversorgung und Nummer sieben die Feindkontrolle (d.h. Radar und elektronische Ausrüstung). Jedes Schiff weist jedoch nur die für seine spezifische Funktion notwendigen Baj-tschajs auf. Ein Flugzeugträger oder ein größeres Schiff zur U-Boot-Abwehr hat meist alle sieben Baj-tschajs, ein kleineres Boot hingegen oft nur drei oder vier. Je nach Größe und Bedarf sind auch die Betriebsstellen für die Versorgung und Leitung ausgebaut. Eine detaillierte Übersicht über das Verwaltungssystem auf dem Flugzeugträgerkreuzer *Noworossisk* soll im folgenden illustrieren, nach welchen allgemeinen Prinzipien das Leben auf sämtlichen Schiffen der Kriegsmarine organisiert ist.

Die *Noworossisk* wurde auf der Nikolajew-Werft am Schwarzen Meer gebaut. Sie ist das dritte Schiff der Kiew-Klasse und das Flaggschiff der Pazifikflotte. Die hauptsächlichste Abweichung in der Grundkonstruktion der *Noworossisk* besteht darin, daß sie im Gegensatz zur *Kiew* selbst über keine Torpedorohre verfügt. Die anderen Unterschiede sind vorwiegend operationeller Natur — so wurden beispielsweise Modifikationen bei der Radarausrüstung und Änderungen am Antriebs- und Fernmeldesystem vorgenommen. An Bord der *Noworossisk* leben und arbeiten 1500 Mann. 15 Prozent sind Offiziere, 20 Prozent *Mitschmans* (in der Kriegsmarine das Äquivalent zu den *Praporschtschiks* oder Berufsunteroffizieren) und 65 Prozent einberufene Matrosen. Das Schiff kann zweiunddreißig Flugzeuge aufnehmen, je nach Mission entweder Kampfflugzeuge oder Hubschrauber oder beides zusammen (in der Regel Yak-38-Senkrechtstarter und Helikopter vom Typ Ka-27 und Ka-25). Die *Noworossisk* verfügt über Bibliotheken, einen Friseursalon, ein Fernsehstudio, das seine eigenen Sendungen ausstrahlt, eine Schiffszeitung, »Unter der Flagge des Vaterlandes«, eine eigene Bäckerei und noch vieles mehr. Die medizinische Versorgung an Bord bietet neben konventioneller Behandlung durch Ärzte, Zahnärzte und Physiotherapeuten auch Akupunktur an. Als Erster Stellvertreter war Kapitän zur See zweiter Klasse Ostrowsky der erste Patient des Akupunkteurs. Er hatte sich am Rücken verletzt und konnte den Kopf nicht mehr drehen. Ostrowsky sagt, die physiotherapeutische Behandlung habe nicht angeschlagen, doch nach der Akupunktur sei er wieder auf dem Damm gewesen. Wie man hört, hat der Akupunkteur auch Offizieren erfolgreich geholfen, das Rauchen aufzugeben, Asthma gelindert, Schmerzen weggezaubert und anästhetische Medikamente ersetzen können.

Als eins der größten Schiffe der Kriegsmarine weist die *Noworossisk* sämtliche sieben Baj-tschajs auf. Das Leben an Bord wird durch zahlreiche Dienststellen und Kommandofunktionen geregelt. Die wichtigsten Dienste sind Versorgung und Unterstützung, Chemikalien und Medizin. Daneben gibt es die Finanzabteilung, das Schiffsorchester, das für den Unterhalt

Ein Matrose am Tag der Marine in Sewastopol. Wie man hört, wird bei den künftigen Rekruten der Kriegsmarine aus der Uniform nicht mehr ersichtlich sein, bei welcher Flotte sie dienen, doch hier steht auf der Mütze noch »Schwarzmeerflotte«. Auf der linken Brust trägt der Junge die rote Anstecknadel des Komsomols, der Jungen Kommunisten.

NÄCHSTE DOPPELSEITE: Der Tag der Marine wird überall in der Sowjetunion begangen, aber wohl nirgendwo so inbrünstig gefeiert wie in Sewastopol, dem Heimathafen der Schwarzmeerflotte. Hier nimmt der Oberkommandierende der Flotte, Admiral Chronopulo, den Salut eines mit Lenkflugkörpern bewaffneten Kreuzers der *Slawa*-Klasse ab.

des Schiffs und seiner kleinen Boote und Rettungsfloße verantwortliche *Botsman*-Kommando und den Verwaltungsdienst, der die Bibliothek, die Druckerei, das Postwesen und den Klub organisiert. Die Matrosen üben zwei Funktionen aus. Die eine ist ihr Gefechtsauftrag in der einen oder anderen Baj-tschaj, die andere ihre Rolle im täglichen Routinebetrieb in einer der Dienst- oder Kommandostellen. Ein Matrose könnte also beispielsweise als Schreibkraft für den Chef der Verwaltung arbeiten und außerdem der Baj-tschaj »Minen und Torpedos« angehören. Die einzige Ausnahme von dieser Grundregel sind die Matrosen, die in gewissen Positionen in der Versorgung und Unterstützung arbeiten, welche zugleich als Routine- und als Gefechts- funktionen gelten.

In Baj-tschaj Nummer eins, vier und sieben arbeiten jeweils zwischen 150 und 200 Mann. Die kleinste Gefechtsabteilung ist Baj-tschaj eins (Navigation), gefolgt von Nummer drei (Minen und Torpedos). Die größte (und, wie man sagt, am meisten respektierte) Baj-tschaj ist Nummer fünf, die Schiffsmaschinerie. Matrosen, die hier arbeiten, müssen ganz schön abgehärtet sein, denn trotz der Kühlsysteme erreicht die Temperatur in den Maschinenräumen regelmäßig 40^h C. Jede Baj-tschaj ist in *Otdelenijes* (Abteilungen gleich wie in der Infanterie), Kommandos und Gruppen aufgeteilt. Im allgemeinen umfaßt eine *Otdelenije* drei bis fünf Mann, ein Kommando zwischen fünf und zehn *Otdelenijes* und eine Gruppe vier oder fünf Kommandos. Wenn sich die Männer an Deck zur Parade oder zur Inspektion aufstellen, tun sie dies nach *Otdelenijes* gegliedert. Im Gegensatz zu den Landstreitkräften bilden diese bei der Kriegsmarine jedoch keine operatio- nellen Einheiten. Wenn Alarm gegeben wird und die Matrosen ihre Stellungen beziehen, nehmen sie »Gefechtspositionen« ein. Von jetzt an wird jede Baj-tschaj zu einer »Kontrollstelle«, die der »Hauptkontrollstelle« des Schiffs untersteht. Baj-tschaj sechs, die Fliegerei, nimmt eine merk- würdige Position in der Schiffsorganisation ein. An Bord unterstehen die Piloten dem Schiffs- kommandanten, doch sobald sie einmal in der Luft sind, befolgen sie nur noch die Befehle ihres Vorgesetzten an Land. Der Kommandant von Baj-tschaj sechs überwacht die technische Wartung der Flugzeuge. Bei längeren Reisen — und zuweilen auch bei kürzeren Missionen, wenn es nach Konsultation des Flottenkommandeurs angezeigt erscheint — fährt ein Offizier des KGB auf dem Schiff mit.

Das Leben an Bord wird durch Glockenzeichen geregelt. Die ganze Schiffsbesatzung muß sie kennen und unverzüglich darauf reagieren. Ein einzelnes Klingelzeichen bedeutet, daß der diensthabende Offizier seinen Stellvertreter ruft; bei zwei Glockenschlägen muß er sich zum Eingang des Schiffs begeben, weil sich unbekannte Personen nähern. Dreimal Klingeln bedeutet, daß der Schiffskommandant wieder an Bord ist, bei vier ist es der Kommandant der Formation, bei fünf der Befehlshaber einer größeren Formation. Sechsmal Läuten heißt, daß der Flotten- kommandeur das Schiff betreten hat (und fünfmal kurz und nochmals kurz, daß er wieder weg ist), während siebenmal für Admiral Tschernawin, den Oberbefehlshaber der sowjetischen Kriegsmarine, reserviert ist. Lange Dauerzeichen bedeuten Übungsalarm, kurze Doppelzeichen »Stationsbezug«. Andauernde kurze Glockenzeichen sind das Signal für Dringlichkeitsalarm.

Der Kommandant der *Noworossisk* sollte im Prinzip ein Kapitän zur See erster Klasse oder ein Konteradmiral sein, doch als wir das Schiff besuchten, nahm ein Kapitän zweiter Klasse diese Aufgabe wahr. Der Kommandant hat fünf Stellvertreter. Sein Seniorstellvertreter, der erste Offizier, müßte offiziell ebenfalls Kapitän erster Klasse sein, war damals aber nur Kapitän dritter Klasse, während der Stellvertretende Kapitän, auch er theoretisch Kapitän erster Klasse, in Wirklichkeit Kapitän zweiter Klasse war, ebenso wie der Politische Stellvertreter des Kommandanten. Der für die Versorgung und Unterstützung zuständige Stellvertreter sollte offiziell im Rang eines Kapitäns dritter Klasse stehen, der Inhaber dieses Postens war jedoch erst Kapitänleutnant. Nur der Stellvertreter für die Fliegerei nahm den ihm angemessenen Rang eines Obersten ein — als Pilot ist er nicht Marineoffizier und trägt daher die Rangabzeichen des

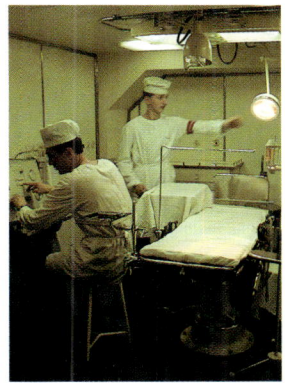

Der Operationssaal an Bord der *Noworossisk*. Die gesamte Schiffsbesatzung wird zweimal jährlich gründlich ärztlich untersucht. Auf See erhalten die Matrosen oft eine bessere medizinische Versorgung, als sie es an Land gewohnt sind.

LINKE SEITE: Die *Tallinn*, ein größeres Schiff zur U-Boot- Abwehr (BPK), lief 1969 vom Stapel und fährt mit 320 Mann Besatzung (darunter 43 Offiziere).

Kapitän zweiter Klasse Dmitri Ostrowski in seiner Kabine auf dem Schweren Flugzeugträger- kreuzer *Noworossisk*. Inzwischen hat Kapitän Ostrowski die Pazifikflotte verlassen, um die Marineakademie in Leningrad zu besuchen — ein sicheres Zeichen dafür, daß er zum Admiral ausersehen ist. Als Kommandant der *Noworossisk* erhielt er ein Funktionsgehalt von 290 Rubel im Monat, insgesamt verdiente er mit Ranggehalt, Dienstalterszulage und Fernostbonus monatlich 600 bis 700 Rubel. Auf See werden einem Offizier 20 Rubel fürs Essen abgezogen.

Zwei einberufene Matrosen in ihrer Kabine. Die Matrosen werden dazu angehalten, Lieder zu verfassen und vorzutragen und an Konzerten teilzunehmen. Über dem Kopf des Jungen rechts im Bild hängt sein Gesichtshandtuch, am andern Ende seiner Koje ein Tuch mit dem russischen Buchstaben »N« für die Füße.

RECHTE SEITE:
Amphibienfahrzeuge landen aus einem Landungsboot der *Roputscha*-Klasse. Diese Schiffe sind bekannt für ihre wirkungsvolle Fliegerabwehrbewaffnung.

Ein Matrose in Arbeitskleidern schrubbt das Deck. Rekruten, die zur Kriegsmarine eingeteilt werden, müssen sich so schnell als möglich mit den Traditionen des Lebens auf See vertraut machen. Die Steuerbordseite des Schiffs wird beispielsweise mit Ausnahme von Manövern und Notfällen nur von den Offizieren benutzt.

Heeres und nicht jene der Kriegsmarine. Er war einer der wenigen Offiziere, denen wir in der Marine begegneten, an dessen Schultern auch wirklich so viele Sterne glänzten, wie theoretisch glänzen sollten. Die Diskrepanz zwischen dem vorgesehenen Rang für eine Funktion und dem tatsächlichen Rang ihres Amtsinhabers schien hier größer zu sein als bei den übrigen Teilstreitkräften. Wir konnten keinen Grund dafür herausfinden, abgesehen vielleicht von dem allgemeingültigen Prinzip, daß die Aussicht auf eine Beförderung ein wirksames Mittel ist, um einen jungen Mann anzuspornen, dem eine wichtige Aufgabe anvertraut wurde. Das Kommando über eine Baj-tschaj kommt einem Kapitän zweiter Klasse zu, aber von den sieben Abteilungschefs auf der *Noworossisk* hatte nur der Kommandant der Schiffsmaschinerie diesen Rang inne. Die übrigen Baj-tschajs wurden (mit Ausnahme der Fliegerei, die einem Major unterstand) von Kapitänleutnants oder Kapitänen dritter Klasse geleitet.

Das Kommandosystem an Bord verläuft im wesentlichen nach folgenden Richtlinien: Der Stellvertretende Kapitän, der Politische Stellvertreter des Kommandanten, der Stellvertreter für Versorgung und Unterstützung und jener für die Fliegerei unterstehen allesamt dem Seniorstellvertreter, statten aber auch dem Kapitän direkt Besuch ab. Der Schiffskommandant trifft seine Stellvertreter jeden Morgen und jeden Abend, während sich der Stellvertretende Kapitän täglich einmal mit den Chefs der einzelnen Baj-tschajs bespricht. Die Leiter der Baj-tschajs sind ihm ebenso wie der Chef-*Botsman* (ein *Mitschman*) unmittelbar unterstellt. Der Politische Stellvertreter des Kommandanten ist für die gesamte politische Arbeit an Bord verantwortlich und überwacht im besonderen die Tätigkeit des Sampolits in jeder Baj-tschaj. Der Stellvertreter für die Fliegerei ist zuständig für alles, was die Flugzeuge auf dem Schiff betrifft, und sichert zugleich die Verbindung zwischen den Piloten und den Marineoffizieren. Die für das Schiff verantwortlichen Notfallkommandos unterstehen direkt dem Seniorstellvertreter.

Die Rolle der Politoffiziere in der Kriegsmarine ist etwas anders geartet als in den übrigen Streitkräften. Die Sampolits in einem Panzerregiment sind in erster Linie Panzersoldaten, und in der Luftwaffe müssen sie sich als gute Piloten ausweisen, damit ihnen überhaupt Respekt entgegengebracht wird. Die Politischen Vertreter an Bord eines größeren Schiffs geben jedoch nicht vor, die verschiedenen Aufgaben eines Matrosen oder Offiziers ausführen zu können. »Einen Panzer fahren zu lernen ist relativ einfach, aber ein Sampolit kann unmöglich lernen, wie man ein Schiff navigiert«, meint Dmitri Ostrowsky, ehemaliger Kommandant der *Noworossisk*. »Um dies zu meistern, ist eine jahrelange Spezialausbildung erforderlich. Man muß ganz unten als Deckoffizier anfangen und mühsam die ganze Leiter hochklettern, bis man Schiffskapitän wird. Wir können von unseren Sampolits nicht denselben Wissensstand erwarten. Ihre Aufgabe besteht vielmehr darin, sich Lebenserfahrung anzueignen, damit sie wissen, wie sie mit den Männern arbeiten müssen, und ihnen helfen können, ihre Schwierigkeiten zu überwinden. Natürlich wird ein Politischer Vertreter, der mit der Besatzung auf gutem Fuß stehen will, versuchen, ihre Aufgabe rudimentär zu verstehen. Auf einem kleineren Schiff kann der Politische Stellvertreter des Kommandanten sogar Wache halten.« Wenn Alarm ausgelöst wird und jeder seine Gefechtsstellung einnimmt, geht der Sampolit dorthin, wo er nach Ansicht des Kommandanten am dringendsten benötigt wird, um die Kampfmoral der Männer zu unterstützen. Es ist seine Aufgabe, die Stärken und Schwächen der einzelnen Offiziere zu verstehen und ihren Willen zu stählen. Auf diese Weise hilft seine Anwesenheit mit, zu verhindern, daß die Truppenmoral in Krisenmomenten zusammenbricht.

Ein Matrose auf Deck setzt sich mit der Brücke in Verbindung.

Eine *Bataljerka* (ein Lagerraum, das Äquivalent zur *Kaptiurka* im Heer) im Marineinfanterie-stützpunkt bei Wladiwostok.

An Bord kleinerer Schiffe

Die Schnellboote, die eigentlichen Nachfahren der wagemutigen kleinen hölzernen Torpedoboote aus dem Zweiten Weltkrieg, haben einen großen »Snob-Appeal«. Große Ozeanriesen sind zwar Wunder moderner Schiffsingenieurskunst, doch in diesen kleinen Booten läßt sich der Geschmack von salziger Luft und das Rollen der wogenden Wellen noch hautnah erleben. Hier, so meinen die Offiziere, ist noch die alte Romantik der Marine zu verspüren. Und trotz ihrer Verwundbarkeit können diese kleinen Schnellboote große Schiffe zerstören, und sie wissen genau, wie wichtig sie für eine moderne Kriegsmarine sind. Die Sewastopol-Brigade mit ihren Schnellbooten und kleinen Raketenbooten umfaßt fünfundzwanzig Schiffe in drei Gruppen zu sechs bis zehn Booten und zusätzliche acht für Versorgung und Unterstützung. Die Angriffsboote sind verschieden groß: Die kleinsten haben eine Besatzung von achtzehn Mann, die anderen variieren von vierundzwanzig bis fünfzig Mann. Pro Boot leisten zwischen drei und fünfzehn Offiziere Dienst. Obwohl viele dieser Schiffe oft überraschend bequeme Unterkunftsmöglichkeiten bieten, schlafen die Offiziere und Matrosen normalerweise nicht an Bord, wenn ihr Schiff im Hafen liegt. Die Matrosen der kleineren Boote wohnen in Kasernen, die denen der Armee ganz ähnlich sind.

Einige Schiffe der Brigade tragen Namen (häufig von Städten oder lokalen Komsomols), andere sind einfach unter ihren Nummern bekannt, wie etwa die *970* mit ihren vierzig Matrosen und fünf Offizieren. Zur Zeit meines Besuchs war ihr Kommandant Kapitän dritter Klasse, was dem offiziellen Rang für diesen Posten entspricht. Die anderen vier Offiziere waren die Chefs der Baj-tschajs eins, zwei, vier und fünf, der Chef von Baj-tschaj fünf war zugleich Seniorstellvertreter. Die *970* ist eines der wenigen Schiffe in der sowjetischen Kriegsmarine ohne einen Sampolit, weil an Bord schlichtweg nicht genügend Platz für einen weiteren Offizier ist. Hier ist der Schiffskommandant für die politische Arbeit mit den *Mitschmans* verantwortlich, sein Seniorstellvertreter arbeitet mit den Führern der *Otdelenijes* (in der Regel *Starschinas*, das Marine-äquivalent zu den Armeefeldwebeln), und einer der übrigen Offiziere gibt den gewöhnlichen Matrosen politischen Unterricht. Im Hafen erhält die Besatzung zudem im Verein mit anderen Angehörigen der Brigade weitere politische Lektionen. Ein Schiff wie die *970* könnte theoretisch bis zu dreißig Tage auf hoher See verbringen, ohne von Nachschub abhängig zu sein, da es Meerwasser aufbereiten kann. In Wirklichkeit ist sie jedoch noch nie länger als drei Tage hintereinander unterwegs gewesen und wird wohl auch kaum je dazu kommen, denn diese Boote operieren normalerweise in Küstengewässern. Am Durchschnitt der sowjetischen Kriegsmarine gemessen, verbringt die *970* jedoch sehr viel Zeit auf See. Laut ihrem Kapitän lichtet sie durchschnittlich drei- bis viermal im Monat den Anker, soll aber auch schon monatlich bis zu sechs Seereisen unternommen haben. In diesem Zusammenhang ist vielleicht interessant zu wissen, daß die *970* nur etwa halb soviel Zeit auf See verbringt wie die meisten Schiffe der britischen Royal Navy.

Das Leben auf diesen Schnellbooten wird sehr stark durch die Jugendlichkeit der Offiziere geprägt. Nur wenige von ihnen sind über fünfunddreißig. Die Atmosphäre an Bord strotzt nur so vor Energie und ungezügelter Begeisterung. Das Zusammenleben auf so engem Raum führt dazu, daß sich die Besatzungsmitglieder sehr gut kennenlernen und dauerhafte Freundschaften schließen — und natürlich können sich auch beträchtliche Meinungsverschiedenheiten ergeben. Auf einem Schiff dieser Größe muß jeder mit anpacken. Die »Wäscherei« besteht aus einer einzigen Waschmaschine. Solange das Boot im Hafen liegt, steht sie in der Kabine des Kapitäns, doch sobald es in See sticht, wird sie in den Waschraum für die Matrosen gestellt.

Theoretisch sollte jeder Offizier der Streitkräfte alle seine Männer kennen. Dies ist jedoch bei dreißig oder vierzig Mann Besatzung sehr viel leichter als bei tausend und mehr. Die symbolische

Bedeutung des Kapitäns eines Schiffes wird merkwürdigerweise von dessen Größe überhaupt nicht tangiert. Ob auf der *Tbilisi*, dem neuesten Flugzeugträger der Kriegsmarine, oder auf dem bescheidensten Schnellboot — der Kapitän ist und bleibt der Kommandant und wird von Besuchern anderer Schiffe und selbst vom Stab der Kriegsmarine mit einer Achtung behandelt, die weit über das Maß an Höflichkeit hinausreicht, das einem Bataillonskommandeur der Infanterie entgegengebracht wird. Der Kapitän wird stets mit »Genosse Kommandant« angesprochen, einer Anrede, die ihm allein vorbehalten bleibt. Auf einem Schiff gibt es nur einen Kommandanten.

Das U-Boot-Abwehrschiff *Asow* operiert üblicherweise als Teil einer Formation von vier oder fünf Schiffen im Schwarzen Meer und gelegentlich auch im Mittelmeer oder im Atlantik. An Bord leben dreihundert einberufene Matrosen, die zu zehnt bis zu dreißig in einem Abteil schlafen. Von den fünfzig *Mitschmans* fallen je vier bis sechs auf eine Kabine. Die jüngeren der fünfzig Offiziere teilen sich manchmal zu viert, häufig jedoch nur zu zweit eine Kabine, während die ranghöheren Offiziere natürlich ihre eigene Kabine besitzen. Beim Bau des Schiffs wurde vor allem auf die Effizienz der Maschinen und Waffen geachtet. Was an Platz schließlich übrigblieb, diente für die Offiziers- und Mannschaftsquartiere. Trotzdem verfügt das Schiff neben den normalen Duschräumen auch über zwei Saunas. Gemäß Dienstvorschrift müssen die Matrosen auf jedem Schiff einmal pro Woche eine Süßwasserdusche erhalten und dürfen sich beliebig oft mit Salzwasser waschen. Wer mit Eßwaren arbeitet oder mit der Reinigung schwerer Maschinen beschäftigt ist, muß sich häufiger duschen.

Das Marineleben

Das Leben der Rekruten in der Kriegsmarine gestaltet sich keineswegs leichter als in den anderen Teilstreitkräften, in mancher Hinsicht ist es sogar eher schwieriger. Zunächst einmal werden sie für drei Jahre statt der üblichen zwei einberufen, wenn sie an Bord eines Schiffs und nicht in einer Küsteneinrichtung Dienst leisten, was für etwa die Hälfte der Matrosen zutrifft. Dazu kommen die körperlichen Anforderungen und die Gefahren eines Lebens auf See. Dafür gibt es aber auch gewisse Kompensationen. Die Kriegsmarine genießt in Rußland seit jeher ein hohes Ansehen, und es ist auffällig, daß sie in den letzten paar Jahren nicht annähernd soviel öffentliche Kritik einstecken mußte wie die übrigen Streitkräfte. Ein geachteter russischer Intellektueller mit leicht negativer Einstellung zum Militär zeigte sich beispielsweise sehr enttäuscht, als sein Sohn an einer der Nachimow-Marineschulen abgelehnt wurde. In gewissen Familien besteht eine starke Marinetradition. Ich lernte eine Menge einberufene Matrosen kennen, die darum gebeten hatten, in der Kriegsmarine Dienst zu leisten, weil dies schon ihre Väter und Großväter getan hatten, und traf mehrere Marineoffiziere, deren Vorväter der Kaiserlich-Russischen Kriegsmarine angehört hatten. Mancher ranghohe Offizier trägt an seiner Jacke polierte Kupferknöpfe, die er von der Uniform seines Vaters gerettet hat. Trotz ihres ähnlichen Designs unterscheiden sie sich deutlich von der modernen Version, doch niemand scheint daran Anstoß zu nehmen. Bis vor wenigen Jahren herrschte diese Sitte auch unter gewöhnlichen Matrosen, doch bei den heutigen Rekruten scheint sie inzwischen ausgestorben zu sein.

Die Vorstellung einer verschworenen Schicksalsgemeinschaft wird von verschiedenen Traditionen genährt. Dazu zählt auch das Ritual, wie ein neuer Matrose der übrigen Besatzung vorgestellt wird. An seinem Geburtstag ruft ihn sein Vorgesetzter bei der Morgenparade hervor, gratuliert ihm und belobigt ihn für seine dienstlichen Leistungen. Seine Kameraden begrüßen ihn mit einem »stürmischen Applaus«, darauf erhält der Matrose den Rest des Tages dienstfrei und darf in die Stadt gehen, wenn das Schiff im Hafen liegt. Nachdem der ministerielle Erlaß zur

Die Wartung und Reparatur eines Schiffs ist eine Sisyphusarbeit, doch dieser Matrose läßt sich nicht verdrießen.

Ein Besatzungsmitglied eines U-Boots der Pazifikflotte. Die Tradition will es, daß jeder Matrose auf seiner ersten Tauchfahrt ein Glas Wasser aus den Tiefen des Ozeans trinkt. Es schmecke zwar salzig, sei aber viel reiner als brackiges Meerwasser.

Demobilisierung in Kraft getreten ist, essen die *Dembels* auf gewissen Schiffen nur noch mit einem Holzlöffel, einem genauen Abbild der Löffel, die vor der Revolution in Gebrauch waren. Der Tag der Kriegsmarine (der letzte Sonntag im Juli) und der Schiffsgeburtstag liefern natürlich einen guten Grund zum Feiern, ob man sich nun auf See oder an Land befindet. Es gibt Sportveranstaltungen und Konzerte, und nach Möglichkeit kommen die Familien der Offiziere und *Mitschmans* zu Besuch.

Mangels Gelegenheit zur körperlichen Ertüchtigung neigen viele Offiziere auf gewissen Schiffen zur Fettleibigkeit, was problematisch werden kann, weil sie sich im Ernstfall nicht mehr zu wichtigen Ausrüstungsgegenständen durchquetschen können. Die Sanitätsoffiziere sind deshalb angehalten, die Fitness der Offiziere und Matrosen immer wieder zu überprüfen. Die *Noworossisk* hat eine Turnhalle, eine Sauna und ein Schwimmbad, doch auf kleineren Schiffen ist es sehr schwierig, sich neben der normalen Pflichtausübung körperlich zu betätigen. An Bord größerer Schiffe wie der *Noworossisk*, die über einen eigenen Operationssaal verfügt, können praktisch alle Routine- und Notfalleingriffe ausgeführt werden. Die Sanitätsoffiziere sind auch für das Einfangen von Ratten an Bord ihres Schiffes verantwortlich. Damit läßt sich nicht spaßen, denn wie ich hörte, knabbern die Biester alles auf dem Schiff an, sogar die Stahlkabel.

Die Qualität der Unterkünfte für Matrosen und Offiziere ist sehr unterschiedlich, doch seltsamerweise sind die größeren Schiffe mit ihren ausgezeichneten Einrichtungen für die Besatzung bei weitem nicht immer die bequemsten. Unter den Schiffen der Schwarzmeerflotte beispielsweise schienen mir einige der kleinen Schnellboote mehr Komfort zu bieten als etwa der U-Boot-Abwehrkreuzer *Asow*.

Der Alltag in der Kriegsmarine hat natürlich viel mit dem Leben in den anderen Teilstreitkräften gemein. Grundprinzipien wie »Halte dich so nahe an der Küche und so weit von den Vorgesetzten wie möglich auf« gelten für Matrosen wie für Rekruten, und auch Regeln wie »Der längste Umweg ist der kürzeste Weg, um dem leitenden Offizier auszuweichen« dürften jedem bestens bekannt sein. Wegen der eingeengten Verhältnisse wird das Leben in der Kriegsmarine jedoch durch ganz bestimmte charakteristische Eigenheiten geprägt. Am auffälligsten ist, daß an Bord des Schiffes mit einer Kopfdrehung gegrüßt wird, weil nicht genug Platz da ist, daß jeder seinen Arm hochschwingen kann. Matrosen gehen auch nicht – sie rennen. Senkrechte Leitern hoch und hinunter, hin und her über die engen Decks. Wer noch neu ist, findet diesen Aspekt seines Dienstes oft ermüdend und schwierig. Das Idiom der Marine ist zusammen mit jenem der Luftwaffe eine der unergründlichsten Sprachen, die in der Sowjetunion gesprochen werden. Für einen Seemann ist selbst auf dem Trockenen jeder Fußboden eine *Paluba*, ein Deck, und alles, worauf Leute sitzen, eine *Banotschka*, ein vom Englischen »bench« (Bank) abgeleiteter Marineausdruck. Eine Wand ist eine *Pereborka*, ein Schott, im übertragenen Sinn bedeutet *perebor* auch »hinüber« oder betrunken. Es heißt, einen alten Seemann erkenne man überall, weil er sein ganzes Leben lang stets so spricht, als wäre er auf hoher See.

Unterseeboote

Seit dem Zweiten Weltkrieg hat die Sowjetunion enorme Summen in die Entwicklung ihrer U-Boot-Flotte gesteckt. Weder die militärischen Kürzungen unter Chruschtschow noch jene, die bis zum Zeitpunkt der Niederschrift dieses Buches unter Gorbatschow vorgenommen wurden, haben an diesen Investitionen gerüttelt. Gegenwärtig stehen über zweihundertsiebzig Unterseeboote im Dienst, fast die Hälfte mit Nuklearantrieb. Die mit strategischen ballistischen Raketen bestückten U-Boote der *Typhoon*-Klasse sind mit knapp 170 Meter Länge und einer Wasserverdrängung bei Tauchfahrt von 26500 Tonnen die größten Unterseeboote der Welt. Im Gegensatz zu den Überwasserschiffen tragen Unterseeboote keine Namen. Man identifiziert sie normaler-

Die Kriegsmarine ist stolz darauf, daß ihre Offiziere und Matrosen besseres Essen kriegen als die meisten Soldaten. In Anhang VIII finden sich die vorgeschriebenen Rationen für U-Boot-Besatzungen, die täglich 250 Gramm Fleisch vorsehen.

Ein dienstälterer Matrose (*Starschi Matros*) arbeitet am Elektrokontrollposten. Die über seiner Brusttasche aufgedruckten Zahlen bezeichnen als erstes die Gefechtsabteilung, der er angehört, in unserem Fall Baj-tschaj Nummer 5 (Schiffs-maschinerie), als zweites seinen Gefechtsposten in dieser Abteilung und als drittes die Schicht, die er dort leistet. Dieser Junge gehört also zur Position 1 der ersten Schicht. Jeder Matrose auf dem Schiff ist bezüglich seiner Gefechtsfunktion mit diesen Nummern genau identifizierbar.

Zwei atomgetriebene U-Boote vom Typ Wiktor III im Hafen, vom Eis festgehalten. Gewöhnlich operieren sie in einer Tiefe von 400 m. Ihre 90 Mann Vollbesatzung führen einen endlosen Kampf gegen die Tücken der See. Doch sie behaupten, es gebe auf der Welt kein schöneres Gefühl, als im Kommandoturm zu stehen, wenn ihr Boot weit draußen im Meer ist. Ein Rekrut sagte zu mir: »Du rauchst eine Zigarette und atmest die sauberste Luft deines Lebens ein und meinst, du seist ganz allein auf der Welt auf einer winzigen Insel.«

weise mit dem Namen ihres Kommandanten, obwohl U-Boote mit Nuklearantrieb zwei Besatzungen und zwei Kommandanten haben. Irgendwie wissen aber immer alle, von welchem Boot die Rede ist. Ich besuchte »Filippows Boot«, ein drei Jahre altes Wiktor-III-U-Boot mit Nuklearantrieb, offiziell bekannt als 685. Jede Besatzung besteht aus etwa zwanzig Offizieren, dreißig *Mitschmans* und vierzig Soldaten. Es gibt fünf Baj-tschajs: Baj-tschaj eins (10 Männer), Baj-tschaj drei (6), Baj-tschaj vier (10), Baj-tschaj fünf (40) und Baj-tschaj sieben (10). Hinzu kommt ein chemischer Dienst (8), dessen Aufgabe es ist, den Zustand des Reaktors zu überprüfen. Diejenigen in Baj-tschaj fünf (Ingenieurwesen) bezeichnen alle andern als *Luxe*, da diese im Vergleich zu der stickigen Realität des Maschinenraums leichte Weiße-Kragen-Arbeit verrichten.

Diese Besatzung verbringt normalerweise drei bis sechs Monate im Jahr auf See, entweder als Übung (meist in der Barentssee) oder auf Routinepatrouillen, wenn sie die Position von ausländischen Schiffen oder U-Booten feststellen müssen. Den Matrosen gefällt es viel besser auf Patrouille. Während der Übungen wird dauernd Alarm geschlagen, und sie kommen selten zu mehr als ein paar Stunden Schlaf. Hinzu kommt, daß jeder kleine Fehler bei ihrer Arbeit entdeckt wird, während die Offiziere im vollen Einsatz viel zu beschäftigt sind, um alles zu merken. Die längste Fahrt, die dieses U-Boot je unternahm, dauerte siebzig Tage, theoretisch könnte es aber noch länger auf See bleiben. Eine Fahrt kann auch drei oder sogar sechs Monate dauern, das kommt aber nur selten vor.

Auf See wird die tägliche Routine des U-Boot-Kommandanten von der Verbindung zu den Befehlszentralen an Land bestimmt. Der Kommandant eines dieselgetriebenen U-Boots in Wladiwostok erzählte mir, daß sein Zeitplan für die Kontaktaufnahme bereits vor dem Auslaufen für die ganze Reise festgelegt wird, wobei die Häufigkeit vom Ziel der Mission abhängt. In der Regel nimmt das Boot nur einmal am Tag Verbindung mit seinem Stützpunkt auf, zu gewissen Zeiten jedoch alle halbe Stunde, und natürlich kann auch außerplanmäßig Kontakt hergestellt werden. Der Tagesablauf wird meistens zu der Zeit festgelegt, wo das U-Boot auftaucht, um Verbindung aufzunehmen. Trotz der extremen Einschränkungen muß ein normaler Betrieb gewährleistet sein. Auf See finden obligatorische Turnprogramme statt, und die Offiziere und Mannschaften erhalten eine politische und fachliche Weiterbildung. Gewisse Dinge stehen jedoch in einem U-Boot außer Frage. Zum Beispiel käme niemand auf die Idee, die Baumwoll-unterwäsche der Matrosen zu waschen — eine Garnitur wird eine Woche lang getragen und dann weggeworfen.

Die Kette der tragischen sowjetischen U-Boot-Unfälle hat in den letzten Jahren in der Öffentlichkeit auf die Gefahren aufmerksam gemacht, denen sich U-Boote ausgesetzt sehen. Die an Bord eines Unterseeboots dienenden Offiziere mußten natürlich nicht extra daran erinnert werden — die sechsmonatige Vorausbildung, welche die Rekruten zuerst absolvieren müssen, und der tägliche Routineablauf sind ihnen Beweis genug. Sie führen den Matrosen die Realitäten des Lebens in einem Unterseeboot mit brutaler Deutlichkeit vor Augen.

Wer als erster ein Feuer an Bord eines Unterseeboots entdeckt, muß sofort Alarm auslösen. Dieser wird zur Kommandozentrale weitergeleitet, und von da an ist es den Matrosen verboten, von einer Baj-tschaj zur anderen zu wechseln. Das Personal der betroffenen Baj-tschaj bekämpft das Feuer. Der Kommandant des U-Bootes bestimmt von Fall zu Fall, ob er ihnen Hilfe schicken will oder das Abteil abschottet, damit kein Risiko besteht, daß sich das Feuer ausbreiten kann, falls es den Männern nicht gelingen sollte, es zu löschen. Dieselbe Prozedur gilt übrigens auch für Überwasserschiffe und findet in den meisten Seekriegsflotten anderer Staaten Anwendung. Ein Feuer in einem U-Boot birgt jedoch viel größere Gefahren. Alle Offiziere und Matrosen wissen, daß sie oder ihre Kameraden in den Flammen den Tod finden können, weil die Sicherheit des Schiffs gegenüber dem Leben einzelner Vorrang hat.

Diese schwere Tauchausrüstung ist bei den Matrosen aus leicht ersichtlichen Gründen unter dem Namen »drei Schraubbolzen« *(triotsch boltowka)* bekannt.

LINKE SEITE: Zwei Taucher an der Taucherschule in Sewastopol. In diesem Schulungszentrum, der wichtigsten Taucherschule der Kriegsmarine, werden jeweils bis zu 500 Mann ausgebildet. Für Offiziere existiert eine eigene Einrichtung in Leningrad. In der Regel tauchen die Rekruten hier nicht tiefer als 80 m. Später, wenn sie auf Schiffe oder zu anderen Abteilungen versetzt werden, lernen einige, noch tiefer zu gehen. Die Tauchausrüstung wiegt 90 kg und erlaubt, bis auf 60 m Tiefe zu tauchen.

Ein Matrose manövriert durch den geschäftigen Hafen von Wladiwostok.

Ein Rekrut der Marineinfanterie genießt eine kurze Pause.

Die Offiziere am Ausbildungszentrum berichteten mir, sie hätten genau darauf geachtet, ob sich bei ihren Matrosen im Gefolge der Katastrophen Streßsymptome einstellten. Sie bemerkten zwar nichts, doch fiel ihnen auf, daß die Jungen die Sicherheitsvorschriften gewissenhafter befolgten. Jedes Jahr treffen mehrere Rekruten im Zentrum ein, die nicht schwimmen können, aber bisher mußte noch keiner abgewiesen werden, weil er es nicht lernen konnte. Alle, die hier Dienst leisten, müssen gesund und psychisch ausgeglichen sein. Wer an Klaustrophobie leidet oder leicht in Panik gerät, gehört nicht auf ein Unterseeboot, und auch wer farbenblind ist oder wessen räumlich-visuelle Koordination für die ihm zugewiesene Aufgabe nicht ausreicht, wird zu anderen Einheiten geschickt. Für einige Spezialjobs sind andere Qualitäten erforderlich — Matrosen, die bei der Sonaridentifikation von Schiffen und anderen U-Booten nach dem Geräusch ihrer Motoren eingesetzt werden, sollten ein scharfes, gleichsam musikalisches Gehör besitzen.

Viele Offiziere nutzen die Gelegenheiten, sich auf künftige Qualifikationen vorzubereiten, weil sie hier nicht von ihren Familienangehörigen abgelenkt werden. Die Offiziere an Bord eines dieselgetriebenen U-Bootes äußerten sich besorgt, sie wüßten gar nicht mehr, wofür sich die neuen Rekruten eigentlich interessieren, weil sie selber den Großteil ihres Lebens auf See zubringen. »Wir haben keine Ahnung, was draußen in der Welt vorgeht«, meinten sie. Sie möchten gern etwas unternehmen, um über die Entwicklungen und Geschehnisse des alltäglichen Lebens besser auf dem laufenden zu sein, damit sie sich mit den Matrosen überhaupt noch verständigen können. Aber immer wieder sind einige Rekruten aus jeder neuen Gruppe von den Unterseebooten derart fasziniert, daß sie die Kommunikationslücke von sich aus schließen.

Die Marineinfanterie

Die Marineinfanterie *(Morskaja Pechota)* ist im Prinzip zwar ein Teil der Kriegsmarine, hat sich aber ihre eigene Identität bewahrt. Die Rekruten haben Marineränge *(Matros* und *Starschi Matros)*, doch die Offiziere stehen in der Rangleiter des Heeres. Ihre Ausbildung gleicht weitgehend jener der Luftlandetruppen — alle lernen beispielsweise mit deren Methoden und Ausrüstung Fallschirmspringen. Die Marineinfanteristen werden selbstverständlich auch für Spezialaufgaben ausgebildet, zum Beispiel für amphibische Angriffe, spezialisierte Stoßtruppunternehmen und die Verteidigung kritischer Küstenabschnitte. Die Marineinfanterie ist keine sehr große Truppengattung. Ihr Gesamtbestand beträgt nur etwa 17000 Mann und teilt sich auf die vier Flotten auf. Die in Wladiwostok stationierte Division, in welcher rund 7000 Marineinfanteristen Dienst leisten, ist die größte Einheit.

Vielleicht ist ihre bescheidene Truppenstärke mit ein Grund, weshalb die Marineinfanterie in der Sowjetunion nicht dasselbe Ansehen wie die Fallschirmjäger genießt. Sie hat auch keine eigene Hochschule. Ihre Offiziere sind meist Freiwillige, die ein Jahr vor Abschluß aus anderen Militärhochschulen ausgewählt und in ihrem letzten Jahr speziell für die Marineinfanterie ausgebildet werden. Man hat mir sogar von Matrosen und Offizieren berichtet, die bei den Fallschirmjägertruppen abgeblitzt sind oder wegen schlechter Gesundheit zu einem Wechsel gezwungen wurden und darauf bei den Marineinfanteristen landeten, was in Großbritannien oder in den USA undenkbar wäre. In jüngster Zeit hat der Status der Marineinfanteristen vielleicht auch etwas darunter gelitten, daß sie im Gegensatz zu den Fallschirmjägern in Afghanistan nicht zum Einsatz kamen. Jetzt, wo die sowjetischen Streitkräfte nicht mehr in diesen Krieg verwickelt sind, wird sich die Lücke zwischen den beiden angeblichen Elitetruppen mit der Zeit vielleicht wieder schließen. Die Marineinfanteristen setzen großes Vertrauen auf General Skoratow, den Chef der Marineinfanterie und Stellvertreter von Admiral Tschernawin, denn ihrer enthusiastischen Beschreibung zufolge ist er ein »hundertprozentiger Marineinfanterist« und kein verkappter Matrose.

9 Die Luftlandetruppen

Die Luftlandetruppen oder WDW *(Wosduschno-Desantnije Woiska)* sind unbestritten die Eliteverbände der Sowjetarmee. Man erkennt sie an ihren blauen Käppis, und jeder junge Mann, der dem Militär nicht völlig ablehnend gegenübersteht, bewundert sie. In den dreißiger Jahren war die Sowjetunion weltweit führend bei der Durchführung von Luftlandeoperationen und legte (im Gegensatz zu den westlichen Armeen) trotz schlechter Leistungen im Zweiten Weltkrieg weiterhin so viel Gewicht darauf, daß ihre Luftlandestreitkräfte in den fünfziger Jahren zu den größten und bestausgerüsteten der Welt anwuchsen. Dieser forcierte Aufbau erfolgte unter der Leitung von Armeegeneral Margelow, mit dessen Tod im Frühjahr 1990 die Fallschirmjäger ihren größten Helden verloren. Die Luftlandestreitkräfte rühmen sich, es gebe nichts, was sie nicht ausführen könnten. Im Lauf der Jahre sind sie für die vielfältigsten Aufgaben eingesetzt worden. Im Normalfall operieren sie jedoch in Verbindung mit der Infanterie. Sie springen zwei- bis dreihundert Kilometer vor der Front ab und versuchen ihre Position zwei, drei Tage zu halten, bis die Panzer herangerückt sind.

Die sowjetischen Luftlandetruppen bestehen gegenwärtig aus sechs Luftlandedivisionen und vier eigenständigen Regimentern. Die Divisionen stehen alle unter einem Truppenbestand von rund 70 Prozent und sind an folgenden Orten stationiert: die 7. Gardedivision in Kaunas, die 77. Gardedivision in Pskow, die 98. Gardedivision in Kischenew, die 103. Gardedivision in Witebsk, die 104. Gardedivision in Kirowabad und die 106. Gardedivision in Tula. (Nebenbei bemerkt steht die Witebsk-Division seit den Unruhen an der sowjetisch-iranischen Grenze unter dem Kommando des KGB.)

Die eigenständigen Regimenter umfassen eine Versorgungs- und Unterstützungseinheit in Kolomna, die sämtliche Luftlandeeinheiten mit Fallschirmtürmen, Mehrfachfallschirmsystemen und persönlichen Fallschirmen versieht. Die Ausrüstung wird zwar nicht dort fabriziert, doch das Regiment fungiert als Lagerbasis und Reparaturzentrum. Es operiert mit voller Truppenstärke und weist wegen seiner besonderen Funktion eine überproportionale Anzahl Ingenieure und technische Spezialisten auf. In Klin gibt es ein Zentrum für die Luftlandefliegerei mit kleinen Maschinen vom Typ AN-2 *(Anuschka)*, die zehn Leute fassen und für das Fallschirmsprungtraining verwendet werden, und in Tschakalowskaja ist eine Nachrichteneinheit stationiert. Jede Division besitzt zwölf dieser Flugzeuge.

Die größte dieser eigenständigen Einheiten ist das Regiment in Fergana, das auf den Einsatz in gebirgigen Verhältnissen spezialisiert ist. Dieses Regiment hat eine interessante Geschichte. Fergana war ehedem die Ausgangsbasis der 105. Garde-Luftlandedivision, die 1979 am Angriff auf Kabul teilnahm und später aufgelöst wurde. Damals wurde dort ein Ausbildungszentrum eingerichtet, das vorwiegend für Soldaten auf dem Weg nach Afghanistan bestimmt war, später aber wieder geschlossen wurde. Zu ihrem Leidwesen sind die heute in Fergana stationierten Luftlandesoldaten nicht berechtigt, das begehrte Gardeabzeichen zu tragen. Da ihr Regiment in

Ein Simulator vermittelt den Soldaten Routine im Umgang mit dem Fallschirm nach der Landung, was sehr viel Kraft erfordert.

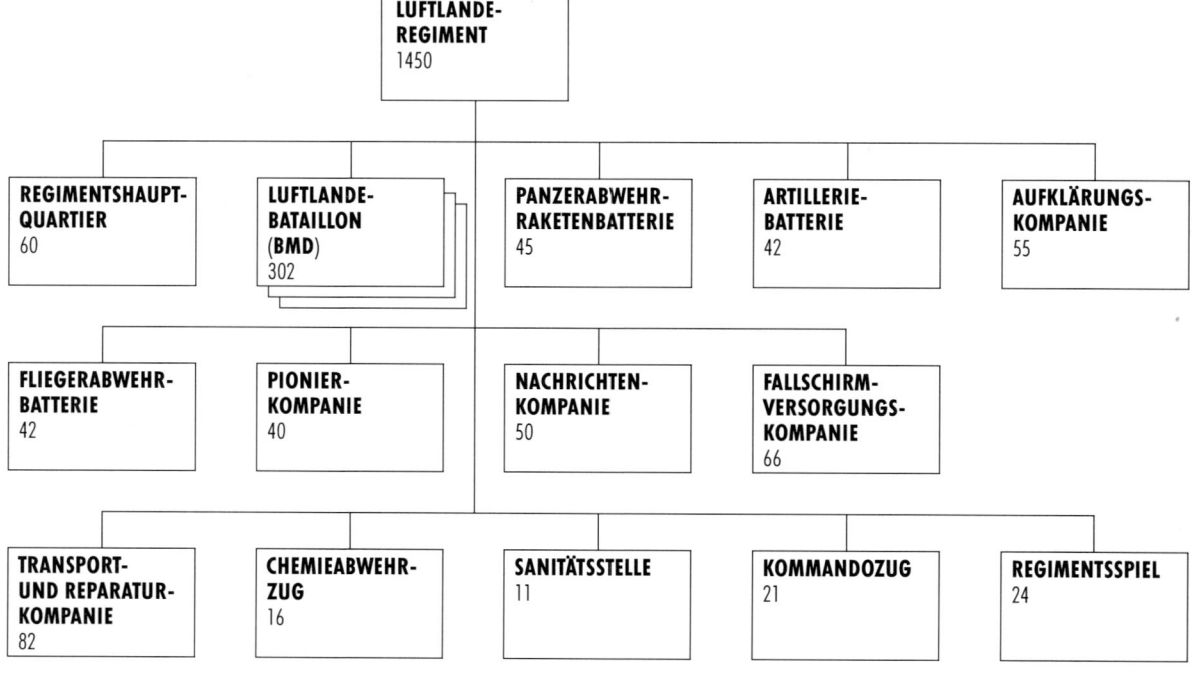

LUFTLANDE-REGIMENT
1450

REGIMENTSHAUPT-QUARTIER
60

LUFTLANDE-BATAILLON (BMD)
302

PANZERABWEHR-RAKETENBATTERIE
45

ARTILLERIE-BATTERIE
42

AUFKLÄRUNGS-KOMPANIE
55

FLIEGERABWEHR-BATTERIE
42

PIONIER-KOMPANIE
40

NACHRICHTEN-KOMPANIE
50

FALLSCHIRM-VERSORGUNGS-KOMPANIE
66

TRANSPORT-UND REPARATUR-KOMPANIE
82

CHEMIEABWEHR-ZUG
16

SANITÄTSSTELLE
11

KOMMANDOZUG
21

REGIMENTSSPIEL
24

WICHTIGSTE AUSRÜSTUNG
STRELA BODEN-LUFT-RAKETE (36)
ZU-23 FLIEGERABWEHRKANONE 23 mm (6)
BRDM AT-3/5 PANZERABWEHR-LENKRAKETENWERFER (9)
RPG 7D PANZERABWEHR-GRANATWERFER (111)
2S9 SELBSTFAHRARTILLERIESYSTEM »SAO NONA« (6) 120 mm

ARTILLERIE-ZIELKONTROLLFAHRZEUG »SPEKTR« (1)
RPKS-74 LEICHTES MASCHINENGEWEHR 5,45 mm (81)
BMD AMPHISCHES LUFTLANDEINFANTERIEFAHRZEUG (101)
BTRD-44 AUFKLÄRUNGSFAHRZEUG (44)

**Truppenstärke eines typischen Luftlanderegiments.
Nach Angaben von Offizieren der Luftlandetruppen.**

so enger Beziehung zur 105. Garde steht, erscheint ihnen dies ungerecht. Von den Armeebehörden wird als Entschuldigung angeführt, daß nur eine Einheit, die sich auf dem Schlachtfeld ausgezeichnet hat, zu dieser Auszeichnung designiert werden kann und dieses Regiment noch über keine Kampferfahrung verfügt.

Die sechzehn Luftlandebrigaden (ehemals trugen sie die Bezeichnung Fliegerangriffbrigaden) unterstanden bis im Sommer 1990 den Chefs der Militärbezirke und sind nun dem Oberbefehlshaber der Luftlandetruppen unterstellt. Die Zahl dieser Brigaden wird gegenwärtig reduziert, da sie unter der neuen Verteidigungsdoktrin keine so wichtige Rolle mehr spielen. Daneben gibt es auch noch eigenständige Fliegerangriffbataillone, die zur Hauptsache den Frontkommandeuren und den Militärbezirksleitern unterstellt sind. Die Fliegerangriffbrigaden haben zwei verschiedene Grundstrukturen: Die einen verfügen bei voller Truppenstärke über drei Luftlandebataillone mit insgesamt rund 1800 Mann; die anderen umfassen 2000 bis 6000 Mann und gliedern sich in zwei Luftlandebataillone, die mit BMDs *(Bronewaja Maschina Desantnaja)*, aus der Luft absetzbaren Gefechtsfahrzeugen, ausgerüstet sind, und in zwei leichte Luftlandebataillone (bzw. in ein BMD-Bataillon und drei leichte Bataillone). Die sechs Brigaden, die mit voller Truppenstärke operieren, sind zur Zeit der Niederschrift dieses Buches in den Armeegruppen im Ausland oder im Fernen Osten stationiert. Fünf von ihnen haben je vier Bataillone. Nach den jüngsten Abrüstungsgesprächen werden jedoch sämtliche Brigaden im Ausland zurückgezogen, und die verbleibenden Fliegerangriffbrigaden verfügen in der Praxis dann nur noch je über rund 800 Mann.

Die Fallschirmjägerausbildung

Die Ausbildungsstätte für die Fallschirmjägeroffiziere, die Höhere Luftlandekommandoschule Rjasan (benannt nach Lenins Komsomol), ist wohl die renommierteste Militärhochschule der Sowjetunion. Wer ihr beitreten möchte, muß sich auf die übliche Weise über sein lokales Woenkomat anmelden. Auch für sie gilt, daß die Woenkomats nur eine bestimmte Anzahl Bewerber zulassen dürfen. Trotzdem legen jedes Jahr achtzehn junge Männer die Aufnahmeprüfung für jeden einzelnen der verfügbaren dreihundertfünfzig bis vierhundert Plätze ab. Zusätzlich richten sich Tausende direkt an die Hochschulbehörden oder an den Oberkommandierenden der Luftlandetruppen und bitten um Berücksichtigung für einen Studienplatz. In der Hoffnung, daß irgendeiner in letzter Minute aussteigt, kampieren viele erfolglose Bewerber zu Beginn des akademischen Jahres in den umliegenden Wäldern. Die Motivation der Möchtegern-*Kursants* ist unmißverständlich: Wenn schon Armeeoffizier, dann nur bei den besten — und jeder weiß, daß in der Sowjetarmee die Träger der blauen Käppis weitaus die besten sind.

Die Hochschule von Rjasan prüft die Bewerber in Mathematik, Physik, Geschichte (inklusive Politik), Fremdsprachen und Turnen. Die Examinatoren beim Turnen sind vor allem an der Laufgeschwindigkeit, der Ausdauer und der Geschicklichkeit am Reck interessiert. Einer der Anwärter soll fünfhundert Umdrehungen am Reck ausgeführt haben, ein anderer schaffte dreihundert Klimmzüge. Die Schulbehörden lassen verlauten, daß sie nicht in erster Linie nach Kandidaten Ausschau halten, die selbst die anforderungsreichsten Operationen psychisch verkraften könnten, sondern an völlig normalen, stabilen Menschen interessiert sind, denen man beibringen kann, das zu tun, was von Fall zu Fall als notwendig erscheint. Dies steht in auffallendem Kontrast zum Auswahlverfahren bei den meisten westlichen Elitestreitkräften, die vor allem auf Männer aus sind, welche von ihrem Temperament her für Kommandoaufgaben geeignet erscheinen.

Die meisten Offiziere in den Luftlandeverbänden wurden in der Fallschirmjägerhochschule Rjasan ausgebildet. Nur Spezialisten wie Geschützingenieure oder auf Gebieten wie Fernmeldewesen, Chemische Abwehr und Sanität werden aus anderen Militärhochschulen rekrutiert. Die Politoffiziere sind meistens Absolventen der Politischen Militärhochschule für Gemischte Verbände in Nowosibirsk, die nach dem sechzigsten Jahrestag der Großen Oktoberrevolution benannt ist und eine spezielle Luftlandeabteilung aufweist. Wer aus einer anderen Militärhochschule als Rjasan oder aus einer anderen Truppengattung zu den Luftlandetruppen stößt, muß sich vorweg einem Fallschirmtraining unterziehen. Selbst die Offiziere müssen ständig in Übung bleiben, wenn sie weiterhin hier Dienst leisten wollen. So muß beispielsweise jeder General mindestens zwei Sprünge im Jahr absolvieren, jeder Oberst mindestens drei und jeder Leutnant im Minimum sechs, um seine Qualifikation nicht zu verlieren.

Die Hochschule hat elf Abteilungen: Taktik, Feuerwaffen und Schießen, Fallschirmtraining, körperliche Ausbildung, Fahrzeugwartung und Fahrschule, Fremdsprachen, Marxismus-Leninismus, Mathematik, Physik und Chemie, Materialwiderstand (die physikalischen Gesetze beim Abwerfen von Fahrzeugen und Ausrüstung) und Spezialfächer (unter anderem Topografie, Pionierwesen, ABC-Schutz usw.). Als wichtigste gelten Taktik, Feuerwaffen/Schießen und das Fallschirmtraining.

Wenn die Absolventen die Hochschule verlassen und als Leutnants zu den Einheiten versetzt werden, fallen für sie bereits einige der schwierigsten Probleme weg, denen sich andere junge Offiziere gegenübersehen. Sie müssen sich beispielsweise nicht mit so vielen verstimmten und unwilligen Soldaten herumschlagen, denn die meisten Rekruten sind stolz darauf, bei den Luftlandetruppen zu dienen. Zudem herrscht unter den Soldaten verschiedener Nationalitäten weniger Gewalttätigkeit vor als in anderen Einheiten, nicht zuletzt deshalb, weil hier deutlich

Junge Fallschirmjäger legen ihren Fallschirm zusammen. Der Standardfallschirm D-6 wird zehn Jahre oder für 200 Sprünge verwendet. Alle sowjetischen Fallschirmjäger falten ihren Fallschirm selbst. Dies dauert mit den Kontrollen für die einzelnen Arbeitsschritte etwa eineinhalb Stunden.

Kursants der Fallschirmjägerhochschule Rjasan erledigen ihre Pflicht.

Ein höherer Offizier der Luftlandetruppen in Tula wartet mit
aufgeschnalltem Fallschirm, bis er
seine Maschine besteigen kann.

mehr Slawen Dienst leisten und notorische Unruhestifter bisher nur selten zu den Luftlandetruppen eingeteilt wurden. Es versteht sich von selbst, daß Jungen, die entsprechend motiviert
sind, mit fester Hand gelenkt werden müssen, um gute Fallschirmjäger abzugeben, doch dies
sollte einem Leutnant aus Rjasan eigentlich nicht schwerfallen. Trotzdem sind in jüngster Zeit
Klagen über zunehmende disziplinarische Schwierigkeiten laut geworden, weil offenbar Soldaten
zu den Luftlandetruppen geschickt worden waren, die Drogen nahmen oder mit schwerer
Trunksucht vorbelastet waren. Die meisten delinquenten Absichten werden jedoch durch den
zermürbenden Trainingsplan der Fallschirmjäger schon im Keim erstickt.

Rekruten wie Offiziersanwärtern wird das Fallschirmspringen auf genau die gleiche Weise
beigebracht. Die verschiedensten Simulatoren, unter anderem auch der 90 Meter hohe und
äußerst ungemütliche Sprungturm, dienen dazu, auf das Erlebnis eines Fallschirmabsprungs
vorzubereiten. Ein Sprung vom Turm wird weit nervenaufreibender empfunden als das
Fallschirmspringen vom Flugzeug aus, denn da weiß man wenigstens, daß man den Fallschirm
auch wirklich trägt, während er beim Sprungturm nur schlaff irgendwo in der Nähe liegt und
nicht sehr vertrauenerweckend aussieht. Außerdem kostet es mehr Mut, wenn man den
Erdboden so nahe unter sich sieht. Alle *Kursants* und Rekruten sollten mindestens sechs Sprünge
pro Jahr ausführen. Die meisten erfolgen aus einer Höhe von rund 800 Meter, 600 Meter ist das
Minimum für Routinesprünge. Einige Instrukteure können aus 1200 Meter Höhe springen, und
es gibt Offiziere, die Sportsprünge aus nur 200 Meter wagten. In regelmäßigen Abständen wird
auch aus einer Höhe von 100 Meter gesprungen, und es gibt Berichte über Sportsprünge ins
Wasser aus 75 oder sogar aus 50 Meter, doch dies sind seltene Ausnahmen. Die Luftlandestreitkräfte sind im allgemeinen nicht darauf versessen, aus absurd hoher oder tödlich geringer
Distanz abzuspringen. »Meine Aufgabe besteht darin, meine Soldaten für sämtliche Aufgaben
auszubilden, die sie vielleicht erwarten, und sie heil und ganz zu ihren Müttern zurückzuschicken«, meint General Lebjed von der 106. Garde-Luftlandedivision. Er hat für die Neigung
gewisser Luftlandeoffiziere in der Sowjetarmee und im Ausland, militärische Fertigkeiten mit
Zirkusakrobatik zu verwechseln, nur Verachtung übrig.

Normalerweise springen weder *Kursants* noch Rekruten, wenn die Windgeschwindigkeit
tagsüber mehr als sechs Meter pro Sekunde und nachts mehr als vier Meter pro Sekunde beträgt.
Sprünge werden in der Regel auch abgesagt, sobald die Temperatur unter minus 25 Grad Celsius
fällt. In Rjasan muß jeder Offiziersanwärter einmal im Jahr in der Nacht in ein festgelegtes
Zielgebiet ins Wasser springen.

Wer mit dem Fallschirm springt, hat Anrecht auf ein kleines Entgelt. Für den ersten Sprung
erhält er drei Rubel ausbezahlt, vom zweiten bis zum elften Sprung zweieinhalb Rubel. Vom
elften Sprung an steigt die Summe auf fünf Rubel und vom fünfzigsten auf siebeneinhalb Rubel.
Nach hundert Sprüngen kriegt man jedesmal zehn Rubel. Wer zugleich Transportausrüstung
absetzt, bekommt einen Extrabonus von eineinhalb Rubel pro Sprung.

Hinsichtlich der Anzahl tatsächlich ausgeführter Sprünge scheinen große Unterschiede zu
bestehen. Die meisten *Kursants* in Rjasan springen etwa sechsmal pro Jahr, wie es das Reglement
vorschreibt. Die Rekruten im Luftlanderegiment in derselben Stadt sollen jährlich acht oder
neun Sprünge ausführen, also etwas mehr als das erforderliche Minimum, während die Soldaten
der Aufklärungskompanie in Fergana fast alle zwei Wochen springen, also rund zwanzigmal pro
Jahr.

Weil das Regiment in Fergana auf den Einsatz in gebirgigen Verhältnissen spezialisiert ist, liegt
das Ausbildungsniveau bei den *Raswedtschiks* (›Aufklärer‹) sehr hoch. Oberst Soljujanow, der
Regimentskommandeur, nimmt persönlich regen Anteil bei der Auswahl der Männer, die dieser
Kompanie zugeteilt werden, und an ihrem Trainingsprogramm. In Anerkennung ihres außergewöhnlich harten Dienstplans müssen die Soldaten dieser Kompanie keinen Regimentsdienst

Der Sprungturm – aus der Sicht
der Fallschirmjäger der schlimmste
aller Simulatoren.

Fallschirmtraining

Die Offizierskadetten *(Kursants)* der Fallschirm-jägerhochschule von Rjasan werden an Simulatoren ausgebildet. Der erste soll ihnen beibringen, wie man durch Zug an den Fallschirmleinen durch die Luft steuert. Der zweite vermittelt Erfahrung im Aufsetzen — man springt mit Gurtwerk, das oben über Schienen läuft, aus einem Hangar. Im vorliegenden Fall macht ein Rauchschleier die Übung etwas interessanter.

Unten: Warten auf den ersten Absprung aus einer AN-2. Wer zögert, wird hinausgestoßen, was anscheinend sehr oft der Fall ist.

Die Aufklärungskompanie in Fergana bei einer Demonstration von *Rukopaschni boi*, einer Nahkampfsportart mit Elementen aus Judo, Ringen und Jiu-Jitsu und mit »kalten Waffen«.

RECHTE SEITE: In den Bergen von Usbekistan üben Fallschirmjäger, die speziell für gebirgige Verhältnisse ausgebildet wurden, das Evakuieren eines Verwundeten.

leisten und nur abwechslungsweise in der Kompanie Wache schieben. Im Gegensatz zu den meisten anderen Soldaten werden sie hier auch weit eher als Erwachsene behandelt. Während Tausende von Rekruten anderswo viel Zeit damit verbringen, geniale Systeme auszutüfteln, um sich heimlich Tee zu kochen, steht ihnen hier ein Teekessel zur Verfügung.

Im Sommer verbringen die *Raswedtschiks* sechs Wochen im Gebirge. Man erwartet von ihnen mit der größten Selbstverständlichkeit, daß sie mit ihrer Ausrüstung auf dem Buckel (die durchschnittlich 40 Kilogramm wiegt) täglich gut 15 Kilometer zurücklegen. Einmal sollen sie sogar in etwas mehr als elf Stunden fast 65 Kilometer quer durch die Berge geschafft haben. Nur zwei von sechsunddreißig Soldaten konnten den Marsch nicht beenden und mußten mit Glukosespritzen gestärkt werden.

In dieser Aufklärungskompanie ist man geradezu versessen auf sportliche Aktivitäten, und die Soldaten opfern fast alle Zeit, die sie erübrigen können, dem Konditionstraining in der Turnhalle oder dem *Rukopaschni boi* (einem Nahkampfsport). Die Männer der lokalen MWD-Speznas-Einheit sollen recht konsterniert gewesen sein, als sie bei einem Sportwettkampf deutlich den kürzeren zogen. Paradoxerweise werden jedoch selbst diese durchtrainierten Spezialisten für nichtmilitärische Aufgaben eingesetzt und arbeiten zuweilen auf lokalen Kolchosen und dergleichen. »Wenn ich mit meinen Männern mehr Zeit hätte, würden sie die Green Berets (die amerikanischen Spezialeinheiten) zum Frühstück verspeisen«, meinte einer ihrer Offiziere bedauernd, denn besonders im Sommer und Herbst geht sehr viel kostbare Ausbildungszeit verloren.

Mit Ausnahme von einigen kleinen AN-2 verfügen die Luftlandeeinheiten über keine eigenen Flugzeuge. Es ist oft sehr zeitraubend, sich mit der Luftwaffe absprechen zu müssen, damit die für die Ausbildung benötigten Maschinen zur Verfügung stehen. Einheiten, die in ziemlich isolierten Landesteilen weit weg von den wichtigsten Luftwaffenstützpunkten und noch weiter von der zentralen Koordinationsstelle entfernt stationiert sind, scheinen ihren Bedarf ziemlich locker durch direkten Kontakt mit der lokalen Luftwaffe decken zu können. Andere haben jedoch nicht soviel Glück. Selbst die 106. Garde — eine der bekanntesten Divisionen im ganzen Land, weil sie jeweils an der Novemberparade auf dem Roten Platz teilnimmt und eins ihrer Regimenter in der berühmten Fallschirmjägerstadt Rjasan stationiert ist — kämpft regelmäßig mit Schwierigkeiten, wenn sie versucht, die zur Ausbildung ihres Personals benötigten Flugzeuge anzufordern.

In Tula, der Heimatstadt der 106. Division, wurde ich Zeuge eines recht ungewöhnlichen Vorfalls. Auf dem Plan stand ein großes Manöver, das hauptsächlich bezweckte, den jungen Offizieren, die erst kürzlich zur Division gestoßen waren, Erfahrungen im Absetzen von Fahrzeugen aus der Luft zu ermöglichen. Man hatte mit der Luftwaffe vereinbart, daß sie Flugzeuge aus dem fast 3000 Kilometer entfernten Stützpunkt Kriwoi Rog in der Ukraine herüberschicken würde. Die Wettervorhersage war günstig, daher begab sich am Tag vor Übungsbeginn die ganze Truppe zum Flugfeld nach Jefremowo hinaus und bereitete die Fahrzeuge zum Absetzen vor. In Erwartung einer kurzen Nacht im Freien mit wenig Schlaf legte man sich endlich zur Ruhe. Um 02.00 Uhr früh kam die Meldung aus Kriwoi Rog durch, man könne die Flugzeuge nicht schicken.

»Das Wetter bei euch ist zu schlecht«, hieß es.

»Blödsinn!« gab der Stab in Tula zurück. »Das Wetter bei uns ist super.«

Die Luftwaffe beharrte jedoch auf ihrem Standpunkt, die Wetterverhältnisse in Tula würden es verbieten, die Maschinen fliegen zu lassen. Meines Wissens mußte die ganze Übung infolgedessen zwölf Stunden oder noch länger verschoben werden. »Wo die Fliegerei beginnt, endet die Befehlsgewalt« ist ein bekanntes Sprichwort in der Armee. Die Luftlandetruppen sagen, in solchen Situationen seien sie völlig ratlos, weil die Luftwaffe unabhängig von ihnen operiert.

Hubschrauber

Während der Manöver im Militärbezirk Weißrußland laden Soldaten der 38. Garde-Fliegerangriffbrigade (heute Luftlandebrigade) ein Fahrzeug an einen Transporthubschrauber Mi-26. Diese Hubschrauber ersetzen das frühere Modell Mi-6. Sie fassen rund 85 Soldaten und fliegen mit rund 300 km/h. Nach Ankunft springen die Truppen ohne Fallschirm aus etwa 3 m Höhe heraus. Im Morgengrauen bereiten sich Hubschrauber Mi-24 (am Boden) und Mi-8 (in der Luft) auf ihren Manövereinsatz vor. Sie werden in allen Armeen aus gemischten Verbänden zum Truppentransport (Kapazität 13 Mann) und für Gefechts-, Unterstützungs- und Kommandofunktionen verwendet. Die Konstrukteure arbeiten gegenwärtig daran, die Überlebenschancen aller Hubschrauber zu Kriegszeiten zu erhöhen.

Ein Fallschirmjäger zerbricht mit dem Kopf einen Stapel Ziegelsteine. Er trägt die *Telnjaschka*, das blau-weiß gestreifte T-Shirt, das heute offiziell Teil der Fallschirmjägeruniform ist. Es stammt ursprünglich aus der Marine und wurde bei den Luftlandetruppen von ihrem verehrten Befehlshaber Armeegeneral Margelow eingeführt, der anfänglich bei der Marineinfanterie diente. 1979 wurde es obligatorischer Bestandteil der Uniform und ist seither zu einem Symbol der Elitestreitkräfte des Landes geworden.

Falls ein Unfall eingetreten wäre, nachdem sie die Verantwortlichen der Luftwaffe überredet hätten, gegen ihren Willen Flugzeuge zu schicken, würde die ganze Schuld den Fallschirmjägern angelastet. Die Luftwaffe versucht natürlich, die Forderungen der Luftlandetruppen mit den Erfordernissen ihres eigenen Ausbildungsprogramms unter einen Hut zu bringen. Aus diesem Grund war auch entschieden worden, die Flugzeuge von Kriwoi Rog und nicht von einem der vielen näher gelegenen Fliegerstützpunkte herzuschicken.

Der Geist der Luftlandetruppen

Die Welt der Fallschirmjäger gründet auf einem ausgesprochenen Männlichkeitskult. Rekruten wie Offiziere sprechen häufig und intensiv über die männlichen Tugenden, deren sich die »Blaumützen« befleißigen sollten. Ein Fallschirmjäger sollte so kräftig und fit wie nur möglich sein und ständig danach trachten, sein Leistungsniveau zu steigern. Er sollte seine Angst überwinden. Er sollte sich auf sich selbst verlassen, aber stets bereit sein, seine Kameraden zu unterstützen (ohne dabei gesehen zu werden). Er sollte danach streben, sich auf vielen Gebieten richtig auszubilden, ohne leichtfertigen und unproduktiven Spekulationen zu verfallen. Er sollte die Schwachen beschützen. Er sollte in jedem Lebensbereich Selbstdisziplin üben. Dies alles ist nicht bloß leeres Gerede. Die Luftlandetruppen heben sich deutlich vom Rest der Armee ab. Sie schwatzen weniger als andere Soldaten und legen eine stoische Gleichgültigkeit gegenüber den Wechselfällen des Dienstbetriebs und des Kampfes an den Tag. Selbst die Sampolits sind stark und auffallend still.

Das von den Rekruten verwendete Idiom erlaubt einige Rückschlüsse auf das Weltbild der Fallschirmjäger. Der BMD, in den Augen der meisten Leute ein ziemlich massives Fahrzeug, wird zur *BMDeschka*, zum »lieben kleinen BMD«. Auch *Rukopaschni boi* erhält eine diminutive Bedeutung und wird zu *Rukopaschka*, was eine Vertrautheit und Meisterschaft in dieser Nahkampfform anzeigt, die sonst nur wenige Soldaten anstreben. Eine weitere Eigenheit der Luftlandetruppen liegt darin, daß ihre Witze für den Außenseiter merkwürdig humorlos klingen. »Ein junges Mädchen fragt seine Großmutter: ›Sag mal, Oma, hast du in deinem Leben eigentlich schon eine große Liebe gehabt, bevor du Opa geheiratet hast?‹ — ›Ja, sicher.‹ — ›Wer denn?‹ — ›Die Fallschirmjäger!‹ Dabei kugeln sich starke Männer vor Lachen auf dem Fußboden. Das Problem scheint nicht in der Übersetzung zu liegen, denn auch ein gewöhnlicher Sowjetbürger findet überhaupt nichts Lustiges an dieser Geschichte. Die Fallschirmjäger besitzen eine Losung, deren Herkunft charakteristischerweise im dunkeln liegt. Meist erhält man zur Erklärung, daß ein Afghane gefangengenommen wurde und verhört werden sollte. Zum Zeitvertreib brachten ihm die ihn bewachenden Fallschirmjäger einen völlig sinnlosen russischen Satz bei, den er zu ihrer Freude am nächsten Tag auch wirklich auftischte, als er von Ruslan Auschew persönlich einem Verhör unterzogen wurde. Der Ausdruck »Der Bambus blüht, lang lebe die WDW« gilt heute überall in den Luftlandetruppen als Zeichen ihres Berufsstolzes und der sprichwörtlichen Gerissenheit der Fallschirmjäger.

Offiziere wie Soldaten achten sehr auf ihre Uniform, besonders auf das blaue Käppi und das blau-weiß gestreifte T-Shirt (die *Telnjaschka*), die kennzeichnend für ihre Truppengattung sind. »Ein Fallschirmjäger kann alles verlieren, nur nicht seine blaue Mütze, seine *Telnjaschka* und seine militärische Erkennungsmarke«, lautet ein beliebter Ausspruch bei den Soldaten. Nicht nur die Rekruten, auch die Offiziere ziehen sich für jeden Sprung nach Möglichkeit eine saubere *Telnjaschka* an und schauen sehr auf eine saubere Rasur. Wenn man schon im Kampf (oder in der Ausbildung) sterben muß, sollte man wenigstens anständig aussehen. Das Fallschirmspringen wird sehr ernst genommen, und zwar nicht nur, weil überall Gefahren lauern, sondern allein schon deshalb, weil es die Haupttätigkeit ist, in welcher sich Fallschirmjäger von allen anderen

Ein Lastkraftwagen GAZ-66 ist zum Absetzen aus der Luft bereit und wird in ein Transportflugzeug verladen. Das Fahrzeug wird mit einem Mehrfachfallschirmsystem mit einer Fallgeschwindigkeit von 5 m/s abgesetzt. Um eine weiche Landung zu erzielen, verwenden die Luftlandetruppen zudem ein reaktives System mit einer Pulverexplosion (3 m/s Fallgeschwindigkeit). Zur Vorbereitung des Fahrzeugs werden etwa 45 Minuten benötigt.

Ein *Kursant* (Offiziersanwärter) in Rjasan spielt sich auf.

Der Kommandant der Aufklärungskompanie in Fergana bei der Koordination von Gebirgsübungen.

Truppengattungen unterscheiden. Die dazu nötige präzise zeitliche Abstimmung, Konzentration und Disziplin geben jedem Sprung einen rituellen Anstrich. Fallschirmspringen ist eine Tätigkeit für Erwachsene, und die Soldaten sind sich bewußt, daß nicht jeder das für einen Sprung ins Ungewisse erforderliche Selbstvertrauen aufbringen würde.

Die blauen Käppis der Fallschirmjäger sind auch im Zivilleben sehr gesucht — zum einen von jungen Männern, die vorgeben möchten, bei den Luftlandetruppen gedient zu haben, zum anderen aber auch von Bösewichten, die herausgefunden haben, daß niemand auch nur den geringsten Widerstand leistet, wenn er glaubt, sein Angreifer habe eine Fallschirmjägerausbildung genossen. Dem Vernehmen nach sollen in gewissen Kreisen bis zu 500 Rubel für eine blaue Mütze bezahlt werden, was deutlich beweist, wie knapp sie sind. Kein Fallschirmjäger, der etwas auf sich hält, würde sich je freiwillig von seiner Mütze trennen (und schon gar nicht zugunsten jener Sorte Leute, die gerne an eine herankommen möchten). Wenn ein Rekrut seine Mütze verliert, muß er für ihren Ersatz zehn Rubel bezahlen, rund das Doppelte ihres tatsächlichen Werts, was für sich genommen schon zeigt, wie gut die Soldaten auf ihre Mützen achten. Bei den Luftlandetruppen müssen die Soldaten und Offiziere nämlich wie überall in der Armee Ausrüstungsgegenstände, die aus Fahrlässigkeit verlorengehen oder unbrauchbar werden, aus der eigenen Tasche bezahlen. Zur Abschreckung werden ihnen jedoch nicht die wirklichen Kosten verrechnet, sondern diese werden mit einem bestimmten Faktor multipliziert, der zu der Häufigkeit, mit welcher ein bestimmter Gegenstand verlorengeht, und zum Aufwand, ihn zu ersetzen, direkt proportional ist. Die Messer, welche die Rekruten bei sich haben, um nötigenfalls ihre Fallschirmseile durchzuschneiden, kosten beispielsweise nur 2 Rubel 44 Kopeken das Stück, doch weil sie als Souvenirs und nützliche Küchenmesser stark gesucht sind, beträgt die Buße für ein Ersatzmesser saftige 48 Rubel. Der Standardfallschirm D6, der eigentlich 597 Rubel kostet, kommt jeden, der ihn verliert, auf 2985 Rubel (also das Fünffache des Preises) zu stehen, und auch der von den Aufklärungseinheiten verwendete PSN-Fallschirm kostet die Armee 858 Rubel und den nachlässigen Soldaten 4290 Rubel. Für ein aufblasbares Schlauchboot für zwei Mann im Wert von 167 Rubel und für die größere Version für fünf Mann (546 Rubel) zahlt der Sünder bei Verlust oder Beschädigung hingegen nur den doppelten Preis. Dies erscheint eher etwas seltsam, denn man könnte sich gut vorstellen, daß solche Schlauchboote in einem Land mit so vielen großen Flüssen und Seen zweifellos sehr praktisch sind und nur allzu gerne plötzlich verschwinden.

Nach seinem Jungfernsprung wird jeder Soldat vor der ganzen Kompanie mit dem Fallschirmjägerabzeichen bedacht. Die Tradition will es, daß ihm seine Kameraden nach dem hundertsten Sprung mit einem zusammengefalteten Fallschirm einmal und nach Sprung Nummer 300 dreimal auf den Rücken schlagen. Ein Spruch, den die Rekruten besonders gern anbringen, lautet: »Das Leben eines Fallschirmjägers ist so schön wie eine Stewardeß und so kurz wie ihr Minirock.« Ein schönes Leben und ein früher Tod sind ständig wiederkehrende Themen in der populären WDW-Kultur, nicht zuletzt auch deshalb, weil bis zum Rückzug aus Afghanistan im Jahr 1989 der Tod in der Schlacht ein gar nicht so unwahrscheinliches Ende für einen Fallschirmjäger bedeutete.

Für die Rekruten der Luftlandetruppen ist es sehr wichtig, in ihren Offizieren Helden sehen zu können. In jeder Kaserne sind Anekdoten über deren Heldenmut im Umlauf, und wenn es auch manchmal so scheint, als sei die Version längst bekannt und nur der Name des Helden habe gewechselt, spricht dies weder gegen die Aufrichtigkeit der Soldaten noch gegen die anspornende Wirkung der Geschichte. Auch andere Soldaten wollen ihre Offiziere respektieren können, wollen sehen, daß sie ihre Aufgaben gewissenhaft erfüllen, doch bei den Fallschirmjägern zählt vor allem der soldatische Leumund. Bis zu einem gewißen Grad ist dies sicher dem Umstand zuzuschreiben, daß die Offiziere der Luftlandetruppen im Gegensatz zu anderen Truppengattungen mehrheitlich in Afghanistan Dienst geleistet haben. Respekt vor erprobtem Kampfesmut ist ein Luxus, den sich nicht viele andere Rekruten leisten können.

Jedesmal, wenn die Armee während der jüngsten zivilen Unruhen in der Sowjetunion aufgeboten wurde, waren Fallschirmjäger beteiligt. Heute hat man sich längst an solche Spannungen gewöhnt, und wenn Berichte über neue Ausbrüche auftauchen, machen sich die Soldaten automatisch auf einen Einsatz gefaßt. Doch vor zwei Jahren war die Lage noch völlig anders. Als eines Sonntags im Juni die ersten gravierenden Unruhen in Fergana ausbrachen, suchten die von den lokalen Usbeken angegriffenen meschhedischen Türken instinktiv Zuflucht bei den Luftlandetruppen und nicht bei der örtlichen *Milizia*. Die Soldaten der Aufklärungskompanie saßen in ihrer Kaserne beim Fernsehen, als plötzlich ein Offizier hereinstürzte und »Auf! In Gefechtsformation antreten!« brüllte. Die Männer glaubten, er sei übergeschnappt. »Aber wir haben doch noch nie am Sonntag Übung gehabt«, entgegneten sie immer wieder, und er mußte seinen Befehl wiederholen, bis sie merkten, daß dies keine Übung, sondern blutiger Ernst war.

Man erzählt sich, daß Oberst Soljujanow, der Kommandant der Garnison, einen Lagebericht nach Moskau durchgab und auf weitere Befehle wartete, während sich die Türken geduckt auf einem Übungsgelände des Regiments zusammendrängten und die Usbeken blutrünstig in der Stadt wüteten. Stunden verstrichen. Die Situation wurde immer ungemütlicher. Man nimmt an, daß die Regierung schwankte und sich nicht entscheiden konnte, den Einsatz von bewaffneten Truppen gegen die Zivilbevölkerung zu sanktionieren, aber keinen anderen Ausweg wußte. Soljujanow jedoch zögerte nicht. Er gab an die Truppen, welche die Türken bewachten, scharfe Munition aus und ließ verlauten, er habe befohlen, die Usbeken zu erschießen, falls sie einen Angriff riskieren sollten. Nur seiner Geistesgegenwart ist es zu verdanken, daß weitere Gewalttätigkeiten gegen die Türken unterblieben und diese bald darauf evakuiert werden konnten. Ob sich die Geschichte wirklich so zugetragen hat, mag zwar bezweifelt werden – wichtig ist, daß sie geglaubt wird. Sie gibt ein schönes Beispiel für die spezifischen Qualitäten ab, welche die Luftlandetruppen ihren Afghanistan-Kriegsveteranen zuschreiben. Oberst Soljujanow hatte keine Angst, etwas zu unternehmen, was nachträglich kritisiert werden konnte, und war auch nicht gewillt, vor den Behörden zu kuschen. Durch den Mut und die Entschlußkraft eines einzelnen Mannes wurde so ein mögliches Blutbad verhindert.

Obwohl solche Werte hoch im Kurs stehen, sind die Luftlandetruppen bei der Charakterbewertung ihrer Befehlshaber keineswegs undifferenziert. Armeegeneral Margelow, ihr verehrter ehemaliger Befehlshaber, war ein Vorbild, das für jeden Nachfolger nur schwer zu übertreffen ist. Der freundliche, stille Dmitri Semjonowitsch Suchoruchow, der nach der Pensionierung von Margelow seinen Posten übernahm, wird stets als einer der kultiviertesten Offiziere in der Sowjetarmee charakterisiert. Der Kontrast im Führungsstil hätte nicht auffallender sein können. Die Fallschirmjäger, die ein fürchterliches Donnerwetter gewohnt waren, wenn ihre Leistungen nicht den Erwartungen entsprachen (was bei Margelows Ansprüchen kaum je der Fall war), sahen sich plötzlich einem Chef gegenüber, der bloß bedächtig seinen Kopf schüttelte und sagte: »Genossen, ich bin enttäuscht.« Doch obwohl ihm die klassische draufgängerische Fallschirmjägermentalität so offensichtlich abging, brachten ihm seine Luftlandetruppen Liebe und Achtung entgegen, und sein Wechsel auf den Posten des leitenden Personalchefs wurde allgemein bedauert. Auf ihn folgte Generaloberst Kalinin. Dem vierten Oberbefehlshaber, Generaloberst Achalow, fällt zur Zeit die wohl schwierigste Aufgabe in der Geschichte der WDW zu, denn die Fallschirmjäger spielen eine zunehmend kontroverse Rolle bei der internen Friedenssicherung. Als jüngster Generaloberst in der Armee ist er ein Mann, den es zu beachten gilt, und niemand zweifelt an seinen Fähigkeiten. Weil er kein Blatt vor den Mund nahm, was die internen Schwierigkeiten der Armee und seine erfolgreiche Lösung von Problemen betraf, büßte er 1990 einiges an persönlichem Ansehen ein.

Warten auf den Absprung während eines Manövers. Fallschirmjäger springen häufig mit Waffen und voller Ausrüstung von etwa 40 kg. Sie enthält einen ABC-Schutzanzug und eine Schutzmaske, einen Regenmantel, eine Essensration für drei Tage, zwei Handgranaten, ein Schanzwerkzeug, ein Reservemagazin, einen Becher für Wasser oder Suppe, einen Aluminiumbecher und -löffel, ein Nähzeug, eine dreifarbige Taschenlampe, einen Waschbeutel, Fußschutz, Streichhölzer und ein Verbandszeug mit einer Spritze mit starker Nadel, um sich nötigenfalls ein starkes Schmerzmittel auf Morphiumbasis durch die Kleider zu injizieren. Zur Ausrüstung eines Fallschirmjägers soll auch ein Schlafsack kommen.

⑩ Speznas

Spezialeinheiten im Westen nehmen häufig gleichzeitig Antiterror-, Kommando- und Aufklärungsfunktionen wahr. In der Sowjetunion unterstehen die einzigen Truppen, die solche kombinierten Aufgaben ausführen könnten, dem KGB und nicht dem Verteidigungsministerium. (Auch das Ministerium für Innere Angelegenheiten verfügt über hochspezialisierte Verbände.) Trotzdem sind die Spezialeinheiten der Armee (zumindest im Westen) nicht weniger berühmt als die Green Berets in den USA oder die SAS in Großbritannien.

Allein schon das Wort »Speznas« löst bei vielen westlichen und sowjetischen Bürgern ein Kribbeln im Rückgrat aus. Seit den frühen achtziger Jahren, als dieser Begriff mit der Veröffentlichung der Memoiren eines Überläufers, der sich »Suworow« nannte, erstmals eine weitere Verbreitung fand, ist Speznas zu einer unversiegbaren Quelle für alle Arten von Verschwörungstheorien, für kalte Krieger und für Verfasser von Thrillern geworden. Nur wenige mysteriöse Vorfälle in den wichtigsten westlichen Ländern sind nicht dem heimlich-unheimlichen Wirken von Speznas zugeschrieben worden, und kein Wunder an logistischer Planung. sanfter Überredung oder nackter Gewalt scheint Speznas unmöglich zu sein.

Zu der fixen Idee bezüglich der außerordentlichen Machtfülle und des Einflusses, den Speznas im geheimen ausüben soll, tritt auch eine wachsende Tendenz, überall seine Offiziere und sein Fußvolk zu wittern. Ohne die geringste Berechtigung wurde in der westlichen Presse verbreitet, Speznas sei an friedlichen Demonstrationen in Moskau gesichtet worden, und gewöhnliche Fallschirmjäger liefen vor allem in Afghanistan ständig in Gefahr, als Speznas bezeichnet zu werden. Zur allgemeinen Verwirrung trug zeitweilig auch eine weitverbreitete Volksweisheit bei: Wo immer du einen sowjetischen Fallschirmjäger siehst, der kein Gardeabzeichen trägt, kannst du Gift darauf nehmen, einen Mann von Speznas vor dir zu haben. Es stimmt zwar, daß die wichtigsten Luftlandedivisionen Gardeeinheiten sind, doch diese Auszeichnung kommt weder allen Fliegerangriffbrigaden noch den eigenständigen Luftlanderegimentern zu.

Die Verwirrung um den Begriff »Speznas« gründet sich auch darauf, daß *Spezialnoje Nasnatschenje* (»spezieller Zweck«) alles und nichts bedeuten kann. Wenn Armeekreise von »Speznas« sprechen, beziehen sie sich meist auf die Brigaden, die der GRU, der Hauptnachrichtenverwaltung des Generalstabs, unterstehen. Diese Spezialbrigaden sind dazu bestimmt, Aufklärungsmissionen bis zu 1000 Kilometer tief in feindliches Territorium auszuführen.

Die Organisation der Feindaufklärung

Gegenwärtig findet sich in fast jedem Militärbezirk eine Speznas-Brigade. Zwei oder drei Brigaden dürften zwischen 1991 und 1995 aufgelöst werden, doch dahinter steht nicht etwa die Absicht, den Bestand von Speznas abzubauen, sondern etwas größere Brigaden mit besseren Ausbildungsmöglichkeiten zu schaffen. Zur Zeit scheinen sie sich auf die folgenden Standorte zu

Die Ausbildung bei Speznas ist viel intensiver als bei anderen Dienstzweigen. Dieser Soldat muß bei der Landung zuerst sein Messer ins Ziel werfen, darauf eine Handgranate werfen, eine Mine legen und mit verschiedenen Handfeuerwaffen auf unterschiedliche Ziele feuern.

Oberstleutnant Sergei Baljenko von Speznas in Moskau ist Experte in den Überlebenstechniken, die ein Soldat benötigt, wenn er wochen- oder sogar monatelang auf sich selber angewiesen ist.

verteilen: Tschutschkowo im Militärbezirk Moskau, Viljandi im Militärbezirk Baltikum, Lagodechi (in der Nähe von Tiflis) und Baku im Militärbezirk Transkaukasus, Kirowograd im Militärbezirk Kiew, Starij Krim im Militärbezirk Odessa, Petschory (bei Pskow) im Militärbezirk Leningrad, Kjachta (und/oder Allawijana) im Militärbezirk Transbaikal, Isljaslaw im Militärbezirk Karpaten, Berdsk (bei Nowosibirsk) im Militärbezirk Sibirien, Tschirtschik im Militärbezirk Turkestan, Ussurisk im Militärbezirk Fernost und Marjinagorko im Militärbezirk Weißrußland. Ausbildungszentren für die Rekruten finden sich in Pskow und in Tschirtschik, wo man sich auf ein Intensivtraining für Wüstenverhältnisse spezialisiert. Es scheint keine speziellen Speznas-Gebirgstruppen zu geben, doch einige Offiziere und Mannschaften im Kaukasus werden für den Gebirgseinsatz geschult.

Zur Zeit existiert nur eine einzige Speznas-Marinebrigade mit voller Truppenstärke, und zwar jene in Otschakow am Schwarzen Meer. Im Kriegsfall stünde jedoch jeder Flotte eine Brigade zur Verfügung, die nötigenfalls von verschiedenen Stützpunkten aus operieren könnte. Diese befinden sich in Seweromorsk, Murmansk, Primarsk, Baku und auf der Russkij-Insel vor Wladiwostok, wo eine Aufklärungsstation betrieben wird und im Kriegsfall die 42. Speznas-Marinebrigade stationiert wäre.

Speznas-Brigaden bestehen aus 400 bis 1300 Mann und gliedern sich in zwei bis acht Detachements, die hier *Otriads* und nicht wie sonst üblich Bataillone heißen. Jede *Otriad* umfaßt in der Regel drei Kompanien mit je drei *Gruppas*. Diese Gruppen sind meist in drei Abteilungen *(Otdelenijes)* aufgeteilt, welche normalerweise aus je fünf Mann bestehen. Die Organisation der Brigaden ist jedoch kompliziert und je nach Mission verschieden. Jede Brigade verfügt über ein spezielles Nachrichtenbataillon und über Einheiten zur Versorgung und Unterstützung, und jede *Otriad* hat ihre eigene Nachrichtenkompanie. Die meisten Brigaden operieren mit reduziertem Bestand – die Brigade in Tschutschkowo beispielsweise mit rund 700 Mann (etwa 60 Prozent). Auch die Nachrichtenbataillone sind bestandesmäßig reduziert, die Versorgungseinheiten hingegen arbeiten mit Vollstärke.

In jeder Brigade bildet ein Bataillon die *Uprawlenije* oder Verwaltungs-*Otriad*. Sie wird in Kriegszeiten Reservisten ausbilden, um die anderen Bataillone zu ergänzen. Jede Brigade verfügt zudem über eine oder zwei *Otdelni Otriads*, die im Kriegsfall für die Zwecke der Armee eingesetzt werden. Diese Bataillone könnten etwa fünfundvierzig Gruppen (rund 200 Mann) ins Feld schicken und verschiedenste Missionen durchführen. Sie würden somit praktisch zu Miniaturbrigaden mit eigenen Nachrichtenkompanien werden, und die von ihnen gesammelten Informationen würden direkt zum Chef für Nachrichtendienst und Aufklärung der jeweiligen *Front* (Armeegruppe) weitergeleitet. In einer normalen Brigade mit acht *Otriads* würden im Kriegsfall vermutlich also fünf bei ihrer Brigade verbleiben, eine (das *Uprawlenije*-Bataillon) würde Reservisten ausbilden, und eine oder zwei (die *Otdelnik*-Bataillone) würden der Armee zugeteilt werden. In Friedenszeiten unterstehen die Speznas-Brigaden den Chefs der Militärbezirke, im Kriegsfall dagegen würde der Generalstab entscheiden, welche Brigaden der Armee oder der *Front* unterstellt werden sollten.

GRU (*Glawnoje Raswediwatelnoje Uprawlenije*), die Hauptnachrichtenverwaltung des Generalstabs, befaßt sich mit Heeresaufklärung und Militärspionage. Die Fünfte Verwaltung der GRU ist für die Speznas-Brigaden zuständig. Der Leiter dieses Fünften Direktorats war (wenigstens bis 1991) Generalmajor Isaaew. Es setzt sich aus sechs Abteilungen zusammen: Agenten im Westen, Agenten im Süden und Osten, Speznas, Heeresaufklärung im Westen, Heeresaufklärung im Süden und Osten sowie eine wissenschaftliche Abteilung. Insgesamt arbeiten hier zwischen neunzig und hundert Leute, von denen etwa fünfzehn in der für Speznas zuständigen Dritten Abteilung tätig sind, die meisten von ihnen im Rang eines Oberstleutnants oder Obersten.

Daneben gibt es auch zwei Direktorate, welche die Arbeit von Abteilung eins bis drei und vier bis sechs koordinieren. Auf Frontstufe wird der Einsatz von Speznas durch die dritte Gruppe der für den Nachrichtendienst verantwortlichen Zweiten Abteilung des Stabs kontrolliert. Die weiteren Gruppen dieser Nachrichtenabteilung sind für folgende Bereiche zuständig: die erste für Heeresaufklärung, die zweite für Agenten, die vierte für Informationsauswertung, die fünfte für funktechnische Aufklärung, die sechste für Spezialübermittlung und die siebte für das Chiffrierwesen. Auf Armeestufe besteht die Zweite Abteilung des Stabs aus sieben (oder mehr) Leuten, von denen einer, ein Oberstleutnant oder Oberst, für Speznas verantwortlich ist.

Die Brigaden bilden zwar das Rückgrat des Systems von Speznas, doch daneben gibt es noch andere Elemente. Einige Armeen verfügen gegenwärtig über eigene Speznas-Kompanien, die im allgemeinen aus hundertelf Mann und neunundzwanzig Offizieren und *Praporschtschiks* bestehen und sich in drei Aufklärungszüge und einen Nachrichtenzug aufteilen. Obwohl diese Kompanien als Speznas zugehörig betrachtet werden, würden sie nur 250 bis 300 Kilometer hinter den feindlichen Linien im Operationsgebiet ihrer eigenen Armee wirken. In Kriegszeiten hätten einige Armeen eigenständige Speznas-Bataillone zur Verfügung. Je eine Kompanie pro Bataillon könnte vier Gruppen zu etwa vierzehn Mann und acht Gruppen zu acht Mann ins Feld schicken, während die Struktur des restlichen Bataillons mehr oder weniger jener eines Aufklärungsbataillons auf Divisionsstufe entsprechen würde.

Jede Motorisierte Schützendivision und jede Panzerdivision hat ihr eigenes Aufklärungsbataillon, das jedoch nicht Speznas angehört. Diese Bataillone bestehen in der Regel aus etwa 300 Mann und gliedern sich in drei Aufklärungskompanien und eine Funkverbindungskompanie. (In einigen Divisionen hat dieses Bataillon nur halb so viele Leute.) Die erste Kompanie ist für Operationen in die Tiefe ausgebildet (100 bis 150 Kilometer hinter den feindlichen Linien im Operationsgebiet der Division) und mit ungefähr zwölf Schützenpanzern vom Typ BTR-70 oder BTR-80 ausgerüstet. Die zweite Kompanie verfügt meist über dreizehn Panzer oder BTR-70. Die dritte ist eine Luftlandekompanie und setzt sich aus Truppen zusammen, die mehr oder weniger dieselbe Ausbildung wie echte Speznas-Soldaten genossen haben. Sie führen dieselben Aufgaben aus, wenden dabei dieselbe Taktik an und sind mit zwölf Fahrzeugen ausgerüstet, und zwar im allgemeinen mit BRDMs *(Bronewaja raswediwatelnaja dosorna maschina)*, gepanzerten Aufklärungspatrouillenfahrzeugen. Das Aufklärungsbataillon steht unter der Leitung des Nachrichtenchefs der Division, der in der Regel den Rang eines Oberstleutnants bekleidet. Offiziere, die für Speznas-Brigaden vorgesehen waren und die Prüfung nicht bestehen, werden manchmal in diese Bataillone gesandt.

Die Soldaten und ihre Ausbildung

Die für Speznas vorgesehenen Rekruten werden auf die übliche Weise durch die örtlichen Woenkomats ausgewählt. Offensichtlich gibt es keine speziellen Auswahlkriterien, obwohl gewisse ranghohe Speznas-Offiziere gerne Standardtests für potentielle Speznas-Soldaten einführen möchten. Die offizielle Mindestgröße beträgt 170 Zentimeter, doch einige außergewöhnlich kräftige Speznas-Soldaten messen nur 160 oder 165 Zentimeter. Das Minimalgewicht beträgt 60, das Maximalgewicht 80 Kilogramm, aber auch hier werden die Vorschriften nicht immer strikt eingehalten — einige Rekruten wiegen 85 oder sogar 90 Kilogramm.

Speznas hat es vor allem auf fähige, aber unkomplizierte Jungen von russischen Kolchosen oder Kleinstädten abgesehen. Im allgemeinen sollten sie zehn Jahre Schulbildung mit Sekundarschule hinter sich haben. Intellektuelle hingegen sind nicht willkommen. Was Speznas benötigt, sind gesunde und findige Leute mit schneller Auffassung, die nicht zu viele Fragen stellen und einmal gegebene Befehle nicht in Zweifel ziehen, so merkwürdig sie auch klingen mögen.

Ein Oberleutnant kurz nach einem Fallschirmabsprung.
Zur Berechnung seiner Pension zählt ein Jahr bei Speznas als eineinhalb Jahre. Nach zwei Dienstjahren erhält er eine Zulage von 50 Prozent seines Monatsgehalts, nach fünf Dienstjahren ein zusätzliches volles Monatsgehalt. Nach zehnjährigem ununterbrochenem Dienst bei Speznas bekommt er ein doppeltes, nach fünfzehn Jahren ein dreifaches Monatsgehalt ausbezahlt.

Praktisch alle Soldaten haben bei ihrer Einberufung irgendein DOSAAF-Training hinter sich, und die meisten von ihnen sind schon mit dem Fallschirm gesprungen.

Wenn sie sich zum Wehrdienst melden, wird den Soldaten üblicherweise nicht mitgeteilt, daß sie für Speznas ausersehen sind. Die meisten jungen Männer erzählten mir im Laufe eines Gesprächs, daß sie aus den Luftlandeuniformen und aus dem Benehmen der Leute, die hergekommen waren, um sie von der Rekrutierungsstelle abzuholen, schließen konnten, man werde sie vermutlich zu irgendeiner Spezialeinheit schicken. Aber niemand teilte ihnen etwas Näheres mit, bis sie an ihrem Bestimmungsort ankamen. Sobald sie ihre Brigade erreichten, sprach sie der Sampolit ihres Bataillons an und erklärte ihnen genau, wo sie sich befanden und welche Art von Arbeit man von ihnen erwartete.

Zwischen 20 und 30 Prozent dieser Soldaten wandern in eins der beiden Speznas-Schulungszentren, um zum Feldwebel oder Spezialisten (zum Beispiel im Nachrichtenwesen) ausgebildet zu werden. Die ersten zwanzig Tage sind dem Kursus für den jungen Soldaten gewidmet, dem Vorbereitungskurs für sämtliche Rekruten. Am Ende dieser Periode kann der Bataillonskommandeur bis zu einem Fünftel der Gruppe abweisen. Es ist äußerst wichtig, daß möglichst alle Soldaten den Anforderungen genügen, daher machen die Kommandeure zwar von ihrem Recht Gebrauch, doch es kommt nur sehr selten vor, daß sie die maximal zulässige Anzahl Rekruten wegschicken.

Ein allgemeines Prinzip in der Armee besagt, daß jeder Soldat befähigt sein sollte, die Aufgabe eines anderen zu übernehmen, falls dieser ausfällt, doch in der Praxis trifft dies nur höchst selten zu. Bei Speznas hingegen wird jede Gruppe darin ausgebildet, bis zum letzten Mann mit der Operation weiterzufahren, was immer auch geschehen mag. Feldwebel können ohne weiteres die Funktionen von jüngeren Offizieren ausführen, und jeder Rekrut kann den Platz eines Feldwebels einnehmen.

Die Soldaten der Aufklärungskompanie in Fergana zeigten sich fasziniert von der Theorie, die sie irgendwo aufgeschnappt hatten, daß in einem modernen Krieg nur eins von sechs Truppentransportflugzeugen einsatzfähig bliebe. Speznas-Soldaten reagieren überhaupt nicht auf solche Gedankenspiele, denn sie wissen, daß sie im Falle eines Krieges oder eines gravierenden Konflikts höchstwahrscheinlich ihr Leben lassen. Sie gehen davon aus, daß ihre Mission unter solchen Umständen nicht länger als eine Woche dauern würde, obwohl sie dazu ausgebildet sind, viel längere Zeit zu überleben. Gleich wie ihre Offiziere verraten sie im allgemeinen niemandem, daß sie zu Speznas gehören. Sie geben vor, sie seien Angehörige der Luftlandetruppen, und vermeiden Gespräche mit Außenstehenden über ihren Dienst. Die Tatsache, daß sie alle der offiziellen Geheimhaltungspflicht unterstehen, hilft mit, ihnen die Bedeutung ihrer Aufgabe und die Notwendigkeit absoluter Verschwiegenheit nachdrücklich ins Bewußtsein zu rufen.

Wie bei allen anderen Rekruten in der sowjetischen Armee stehen auch bei den Speznas-Soldaten politischer Unterricht (vier Stunden pro Woche), Drill und Leibeserziehung auf dem Programm. Der einzige Unterschied besteht darin, daß bei Speznas die körperlichen Anforderungen höhergeschraubt sind und das Schwergewicht auf dem Durchhaltevermögen liegt, so daß die Soldaten regelmäßig Distanzen von 30 bis 40 Kilometer am Tag mit Vollpackung zurücklegen. Ihr Trainingsprogramm umfaßt Laufen, Sturmangriffe, das Werfen von Äxten und Spaten und Schwimmen. Zwischen 5 und 7 Prozent der Rekruten sind beim Eintritt in die Brigade Nichtschwimmer, doch alle müssen lernen, mindestens 50 Meter mit einer Ausrüstung von 27 Kilogramm zurückzulegen. »Wir bezwecken, sie bis zum Ende ihres Trainings in Minitorpedos zu verwandeln«, sagte ein Offizier zu mir, was wohl leicht übertrieben sein dürfte. Die Soldaten müssen auch auf Skiern voll operationsfähig sein — alles, was sie auf beiden Beinen tun, müssen sie im Winter auch auf Skiern ausführen können.

Alle lernen zudem, mit Pistolen, Maschinengewehren und Maschinenpistolen umzugehen,

Speznas-Soldaten entfachen ein Feuer am Waldrand. Sie lernen zwar, wie man ein Feuer macht, das möglichst wenig Rauch erzeugt, doch ihre Offiziere verbieten ihnen diesen Luxus meist trotzdem.

Eine Speznas-Übung

An dieser Übung nahmen zwei Kompanien teil. Jede Gruppe (etwa 10 Mann) sprang getrennt ab und mußte mit ihrem Kompaniechef zwecks weiterer Anweisungen Verbindung aufnehmen. Sie erhielt eine Route zugeteilt, um (mit Kompaß und einer Landkarte in großem Maßstab) das Ziel zu erreichen. Jede Gruppe wurde in eine andere Richtung losgeschickt, doch alle mußten sich schließlich am gleichen Bestimmungsort, einem etwa 5 km entfernten Abbruchgelände, einfinden. Hier sollte jeder Soldat eine kleine Sprengladung zünden, danach mußte die Gruppe ein Zielobjekt in die Luft jagen (entweder ein Rohr, einen Traktor, einen Funkmast, drei leere Fässer oder eine große Metallplatte). Die Explosionen mußten alle zur genau gleichen Zeit stattfinden — in einem gewaltigen Feuerwerk.

Diese Rekruten sprangen in den Wald ab. Speznas-Soldaten müssen oft einer in den Fußstapfen des anderen vorrücken, damit der Feind ihre Zahl nicht herausfinden kann, oder auf dem Gelände herumstapfen und möglichst viele Fußspuren hinterlassen, um den Eindruck zu erwecken, sie seien zahlreicher, als sie es in Wirklichkeit sind. Dieser junge Soldat (der erst seit sechs Monaten bei der Armee war) hatte große Mühe, sich und seinen Fallschirm aus den Bäumen zu entwirren. Nachdem ihn der Kompaniechef, der Bataillonskommandeur, der Befehlshaber der Brigade und der Vertreter aus der Hauptnachrichtenverwaltung in Moskau der Reihe nach mit Ratschlägen versehen hatten, konnte er sich schließlich befreien und seiner Gruppe anschließen.

Handgranaten zu werfen und Granatwerfer zu bedienen. In diesem Bereich erhalten die Soldaten der Aufklärungseinheiten eine intensivere Ausbildung als die Nachrichten- und Versorgungstruppen. Zu den üblicherweise verwendeten Waffen zählen das Standardgewehr AKS-74, die automatischen AKSU-5,45 und PBS, Panzerabwehrwaffen vom Typ RPG-7d, RPG-18d oder RPG-26 und der 40-mm-Granatwerfer BG-15 *(Tischina)*. Ein Zug in jeder Brigade wird in der Bedienung der ferngelenkten Panzerabwehrrakete »Ptur« (Spitzname: *Fagot*) ausgebildet und mit vier dieser Geschosse ausgerüstet.

Ein Speznas-Soldat sollte ein stehendes Ziel mit dem Gewehr aus 500 Meter, mit der Maschinenpistole aus bis zu 40 Meter und mit der Pistole aus 25 bis 30 Meter Abstand treffen. Mit einem Gewehr mit Zielfernrohr muß er die Brust einer Zielscheibenfigur auf 550 Meter haargenau im Visier haben und eine Scheibe, die sich mit einer Geschwindigkeit von 0,6 bis 3 Meter pro Sekunde bewegt, aus bis zu 500 Meter Entfernung treffen können. Er sollte fähig sein, mit einem Panzerabwehr-Granatwerfer bis auf 400 Meter und mit einer ferngelenkten Panzerabwehrrakete zwischen 50 und 1000 Meter genau ins Ziel zu treffen. Und wie jeder andere Soldat muß er eine Handgranate aus 25 bis 50 Meter aus dem Stand oder im Lauf zielgenau werfen können.

Während ihrer Ausbildung an den Handfeuerwaffen lernen die Soldaten auch Messer werfen. Die meisten üben aus einer Distanz von 6 bis 7 Meter (bei dieser Entfernung sollte das Messer eine halbe Drehung vollführen). Nach Ansicht der Instrukteure ist dies eine der Fertigkeiten, die am schwierigsten zu vermitteln sind. Wie es den Anschein hat, kann man jedem das Schießen beibringen, doch die Beherrschung eines Messers ist sehr viel komplizierter. Bei Speznas wird gewöhnlich mit dem NRS 1 (dem Spezialmesser der Aufklärer) oder dem NRS 2 geworfen, das zugleich eine Kugel abfeuern kann und sich für eine Entfernung von bis zu 45 Meter eignet. Der Vorteil dieser Waffe ist ihre Lautlosigkeit, und sie gibt auch keinen Rückstoß. Die beste Verwendung findet sie wahrscheinlich, wenn Soldaten sich einem Wachtposten nähern, der sie gehört hat. Sie können dann das Messer sofort umdrehen und ihn erschießen.

Mit Ausnahme der Versorgungseinheiten erhält jedermann eine Grundausbildung in der Nachrichtenübermittlung. Die Soldaten der Nachrichteneinheiten befassen sich zu etwa 60 Prozent ihrer Ausbildungszeit damit. Die übrigen erhalten in jeder der sechsmonatigen Ausbildungsperioden nur zwischen vier und acht Stunden fachspezifischen Instruktionsunterricht, lernen jedoch während ihrer taktischen Ausbildung sehr viel mehr über das Nachrichtenwesen hinzu. Jeder *Raswedtschik* (Soldat eines eigentlichen Aufklärungsbataillons) kann eine einfache Funkstation betreiben — eine Fertigkeit, die bei allen regulären Trainingsübungen zum Einsatz kommt. Alle Rekruten haben meist ein kleines R255-PP-Gerät bei sich, welches die Signale des tragbaren Funkgeräts R354M auffängt, mit dem jede Gruppe versehen ist. Die Nachrichtenbataillone benützen größere zentrale Funkstationen wie die auf Fahrzeugen vom Typ Zil-131 oder Ural-375 stationierten R360, R361, R357, R358 oder R148.

Alle Soldaten lernen, sich gegen nukleare, biologische und chemische Waffen zu schützen. Sie müssen die hauptsächlichsten chemischen Kampfstoffe (unter anderem Phosgen, Sarin und VX) kennen und zur eigenen Verteidigung Tränengas einsetzen können. *Raswedtschiks* verwenden in jeder halbjährigen Ausbildungsperiode sechs bis acht Stunden auf das Studium der Organisation und Taktik ausländischer Armeen und lernen Waffen, Ausrüstung, Uniformen und Abzeichen der NATO und anderer Gegner zu unterscheiden.

Weitere fünfzig bis sechzig Stunden pro Halbjahr werden dem Erlernen von Fremdsprachen gewidmet — Englisch, Französisch, Deutsch, Chinesisch usw. Jede Brigade hat sich auf drei oder vier Sprachen spezialisiert. Spezielle Sprachlehrer gibt es keine — die Offiziere geben ihr Wissen den Soldaten weiter. Jede Brigade verfügt jedoch über einen professionellen Dolmetscher, der sich in Rjasan, an der Fakultät für Aufklärung an der Militärhochschule von Kiew oder im

Ausbildung am Flammenwerfer.

LINKE SEITE: Auf dem »Pfad des *Raswedtschiks«*, einer Kampfbahn **für Späher, muß man, begleitet von Geräuschkulissen mit Gewehrfeuer und Granatenexplosionen, durch Rauch, Feuer, brennendes Napalm und Tränengas laufen, über Hindernisse setzen und auf Gebäude springen. Das sieht zwar höchst spektakulär aus, ist jedoch längst nicht so schwierig wie der auf Seite 196 abgebildete Angriffsparcours.**

Speznas-Soldaten in Schutzanzügen gegen chemische Kampfstoffe. Der Rauch zeigt, daß zu Übungszwecken Gas eingesetzt wurde.

Militärinstitut für Fremdsprachen in Moskau auf Sprachen spezialisiert hat. Dolmetscher aus dem Moskauer Institut sind sehr gefragt, da sie zwei Fremdsprachen fließend beherrschen, nicht nur eine wie die Offiziere aus Rjasan oder Kiew. Das Institut teilt Speznas jedoch jährlich nur fünf Absolventen zu. Die Offiziere finden, in den Fremdsprachen seien ihre Soldaten nicht sehr weit, weil es an der Zeit fehle und nur wenige eine natürliche Begabung für Sprachen mitbringen. Mir schien jedoch, daß die Rekruten ziemlich gut Englisch sprachen, auch wenn ihr Wortschatz beschränkt war. In der Klasse, die ich besuchte, lernten sie gerade einige unmißverständliche Fragen, die sich unter gewissen Umständen als äußerst nützlich erweisen könnten:

»Wie lauten Ihr Name, Rang und Ihre Stellung?‹

»Wo ist Ihre Einheit stationiert?«

»Sind Ihre Raketen mit konventionellen oder nuklearen Sprengköpfen ausgerüstet?«

Die Soldaten erhalten Fremdsprachunterricht, damit sie Gefangene verhören und Personalausweise oder Stabsdokumente entziffern können. Ich wollte wissen, ob man ihnen auch beibrachte, wie man beim Verhör den Gegner gefügig macht. »Sie müssen eben improvisieren«, erhielt ich zur Antwort. Ob sie denn lernten, selbst einem Verhör standzuhalten, bohrte ich weiter. »Männer von Speznas werden nie gefangengenommen«, hieß es kurz und bündig. Gelegentlich sollen sie mit Zyanidkapseln versehen worden sein, und »notfalls genügt eine Kugel«. Während des Kriegs in Afghanistan war es für Speznas-Soldaten nichts Ungewöhnliches, zu diesem letzten Mittel zu greifen.

Die Soldaten der Aufklärungseinheiten studieren etwa vierundzwanzig Stunden in jeder Ausbildungsperiode militärische Topografie. In den taktischen Lektionen lernen sie natürlich noch viel mehr über dieses Gebiet, bis sie Karten lesen, Routen planen und mit Karte und Kompaß, nach den Sternen und nach örtlichen Kennzeichen Ziele lokalisieren können. Die *Raswedtschiks* lernen auch, Holz-, Ziegelstein-, Stahl- und Betonkonstruktionen zu sprengen. Am Ende ihres Wehrdienstes wird ihnen ein Diplom ausgehändigt, das sie ermächtigt, im Zivilleben als Sprengstoffexperten zu arbeiten — mehrere ehemalige Speznas-Soldaten sind dank dieser Qualifikation später in Filmstudios gelandet. Auf diesem Gebiet sind sie anscheinend Experten. »Es gibt nichts, was unsere Soldaten nicht von einem Ort zum anderen bewegen könnten«, meinten die Offiziere stolz.

Die Männer sind Meister in der Anwendung von Trinitrotoluol (TNT) und Plastiksprengstoffen. Ersteres wird in Riegeln von 200 Gramm geliefert, die wie ein Stück orangefarbene Seife aussehen. 123 solche Riegel werden zusammen mit einem Doppelstück (das 400 Gramm wiegt) in große Kisten von insgesamt 25 Kilogramm Gewicht verpackt. Bringt man das 400-Gramm-Stück, das in ein Spezialfach der Kiste paßt, zur Detonation, geht das ganze Ding in die Luft. Diese Methode dient beispielsweise dazu, eine Brücke oder einen Schützenpanzer zu sprengen. Die Männer von Speznas bevorzugen jedoch Plastiksprengstoff, weil sich die Stärke der Explosion damit gezielt dosieren läßt. Wenn man versucht, ein Rohr mit TNT zu sprengen, wird es völlig zertrümmert, doch mit Plastiksprengstoff kann man einen präzisen Einschnitt machen, und die ausgezackten Enden sind schön nach innen gebogen. Plastik kann sogar geschmolzen und zu einer Pyramide geformt werden, die gut an einer Mauer haftet und nach der Zündung ein sauberes Loch hinterläßt. Jeder Soldat weiß, wie man scharfe Sprengladungen herstellt — mit Zündschnur oder mit dem altmodischen elektrischen Sicherungskasten, der altbewährten Methode aus dem Zweiten Weltkrieg, die nahezu idiotensicher ist und noch immer am besten taugt, um Ziele aus einiger Entfernung in die Luft zu jagen.

Das bei weitem wichtigste Lerngebiet für die Rekruten ist Taktik. Alles andere, was sie lernen, ist der taktischen Ausbildung untergeordnet und wird im Zusammenhang mit ihr vermittelt. Die *Raswedtschiks* und die Soldaten der Nachrichten- und Versorgungseinheiten folgen dabei verschiedenen Kursprogrammen. Anfänglich werden sie individuell ausgebildet, danach in

Jeder Speznas-Soldat (und Offizier) lernt eine Fremdsprache, damit er Gefangene verhören oder Dokumente entziffern kann. Er muß auch fremde Waffen, Ausrüstungsteile und Uniformen unterscheiden können.

In der Armee ist man entweder in Schweiß gebadet oder schlottert vor Kälte, ist naß bis auf die Haut und wird oft bis zum Umfallen herumgehetzt. Und viel Zeit vergeht mit Warten – bis die Übung beginnt, bis das Transportfahrzeug da ist usw. Und vor allem ist man immer und ewig hungrig.

Kleingruppen, und noch später lernen sie, als Gruppe zu operieren. In jeder Ausbildungsperiode werden neunzig bis hundert Stunden für dieses Fach verwendet. Alle Speznas-Soldaten erhalten zudem einen Grundkurs in Erster Hilfe und lernen, in der Wildnis unter den verschiedensten Bedingungen zu überleben.

Das Fallschirmtraining bildet einen wichtigen Bestandteil im Leben von Speznas. Jeder Soldat muß es beherrschen, wobei dieselben Methoden und die gleichen Simulatoren wie bei den Luftlandetruppen verwendet werden. Die meisten Rekruten springen acht- bis zehnmal pro Jahr, davon ein- oder zweimal in der Nacht und einen oder zwei Sprünge ins Wasser. »Sportfallschirmspringer« erhalten jedoch weit mehr Gelegenheiten. Etwa ein Dutzend Rekruten der Tschutschkowo-Brigade sind Mitglieder des Fallschirmteams und haben mehrere hundert Sprünge absolviert, und auf das Konto eines berühmten *Praporschtschiks* namens Pokatscholow gehen sogar mehrere tausend Sprünge. Die Offiziere von Speznas diskutieren liebend gern darüber, wie ihre Ausbildung verbessert werden könnte. Vor allen Dingen möchten sie eine bessere leichte Taucherausrüstung kriegen und das Können ihrer Taucher optimieren. Ihr großes Vorbild sind die italienischen Kampftaucher. Ein weiteres wichtiges Anliegen ist die Ausrüstung mit den modernsten und raffiniertesten Fallschirmen.

Der bedeutsamste Unterschied zwischen Speznas und der restlichen Armee liegt wohl im Stellenwert der Rekruten. Diese bilden sonst überall das Rückgrat der Armee: Das ganze System dreht sich in erster Linie um die anwesenden Rekruten, und die Organisation ihrer militärischen und politischen Ausbildung sowie die Sorge um ihr körperliches Wohlbefinden absorbieren weitaus den größten Teil der Zeit der Offiziere (obwohl dies in den Kasernen oft nicht so leicht ersichtlich ist). Bei Speznas dagegen stehen die Soldaten nicht im Mittelpunkt. Hier wird weit mehr Gewicht auf eine fortlaufende Weiterbildung der Offiziere gelegt als in anderen Einheiten, und es ist viel weniger davon die Rede, die Rekruten »aufzuziehen«. Das zahlenmäßige Verhältnis von Offizieren zu Soldaten ist höher (etwa 1:12 gegenüber 1:25 in mechanisierten Schützenverbänden), und die dem Offizier im Kampf zugedachte Rolle ist viel wichtiger. Viele Offiziere sind der Ansicht, daß Speznas-Soldaten Berufssoldaten sein sollten, weil ihre Ausbildung langwieriger ist und mehr kostet als die eines Infanteristen — und kaum sind sie richtig ausgebildet, werden sie unter dem gegenwärtigen System auch schon wieder demobilisiert. Anderseits haben sich Rekruten nach zwei Dienstjahren in Afghanistan in jeder Hinsicht sehr gut gehalten, und die Offiziere meinen, daß sie ihnen unter extremen Verhältnissen in sechs Wochen genügend Nützliches beibringen könnten. Trotz dieser Ambivalenz bewirken das Kaliber der Offiziere, die hohe Truppenmoral und die Qualität der Ausbildung in diesem legendären Dienstzweig, daß die Soldaten von Speznas von ihrem Wehrdienst weit mehr profitieren als die meisten anderen Rekruten.

Die Ausbildung und Kultur der Offiziere

Der Hauptharst der Speznas-Offiziere kommt von der Fallschirmjägerhochschule in Rjasan oder von der nach M.W. Frunse benannten Hochschule für Gemischte Verbände in Kiew und tritt gleich nach Studienabschluß oder nach einem kurzen Aufenthalt in einer Luftlande- oder Fliegerangriffeinheit in eine der Speznas-Brigaden ein. Andere Offiziere gesellen sich erst später dazu, und zwar meist dann, wenn ihre Laufbahn an einem natürlichen Wendepunkt steht, zum Beispiel nach Abschluß einer Militärakademie. Wie bei den Rekruten gibt es auch für die Offiziere keine speziellen Eignungstests und auch keine speziellen körperlichen Anforderungen, Voraussetzungen sind lediglich ein gutes Sehvermögen und ein starkes Herz. (Speznas wendet in der Regel die körperlichen Mindestanforderungen der Luftlandetruppen an.) Viele Offiziere waren erfolgreiche Armeesportler, bevor sie zu Speznas stießen. Einige werden ausgewählt,

Ein Speznas-Soldat mit einem Granatwerfer und drei Granaten.

andere müssen sich bewerben. Die Welt von Speznas ist jedoch sehr klein, und Außenseiter finden fast unmöglich Zugang zu ihr.

In vielen Fällen hat der Dienst bei Speznas Familientradition. Die (in Speznas-Kreisen) berühmten Kartschenko-Drillinge, die zur Zeit in verschiedenen Brigaden dienen und deren einer Kommandeur eines Bataillons in Tschutschkowo ist, sind ein gutes Beispiel dafür. Nur wer Freunde oder Kontakte innerhalb von Speznas hat, kann wissen, wie und wo er sich bewerben muß. Diese Prozedur geht (zur Information aller bisher Benachteiligten) grundsätzlich folgendermaßen vor sich: Ein Offizier, der in eine Speznas-Brigade eintreten möchte, leitet seine Versetzung in die Wege, indem er seinen Vorgesetzten bittet, ihn in den nächsten »Wechselplan« aufzunehmen. Darauf sollte er sich direkt beim Kommandeur der Speznas-Brigade bewerben. Es liegt in dessen Ermessen, zu entscheiden, ob er einen Kandidaten aufnehmen will, zudem muß jede Zusage zuerst vom Generalstab genehmigt werden. Eine bedeutende Anzahl Offiziere sind ehemalige Absolventen der Suworow-Schulen. Selbst für diese privilegierte Schar zählt die Aufnahme bei Speznas als Gipfel der Errungenschaften. Das Ganze ist letzten Endes ein Hasardspiel, denn wer allzuviel Eifer an den Tag legt, zu Speznas versetzt zu werden, wird vermutlich abgewiesen.

Was die Beförderungen angeht, scheint es kein Nachteil zu sein, wenn man erst in der Mitte seiner Karriere zu Speznas stößt. Oberstleutnant Alexander Michailowitsch Dementiew, der Kommandeur der 16. Speznas-Brigade in Tschutschkowo, ist beispielsweise ein ehemaliger Panzeroffizier. Der Chef der Rückwärtigen Dienste, Oberstleutnant Bruknoi. leistete vordem bei der Chemischen Abwehr Dienst, und der Politische Stellvertreter des Kommandeurs, Oberstleutnant Alexander Fjodorowitsch Worontsew, begann seine Laufbahn bei einer Artillerie-einheit. Während unseres Besuches in Tschutschkowo wurden wir von Oberstleutnant Sergei Wiktorowitsch Boljenko von der Speznas-Abteilung der Fünften Verwaltung der GRU begleitet. Boljenko, Sohn eines Piloten, Absolvent der Suworow-Schule von Kiew (aus den Tagen, als eine Ausbildung an einer Suworow-Schule noch wirklich etwas zählte) und der Kiewer Militär-hochschule, hat sein ganzes Leben bei Speznas gedient. Als ausgekochter Profi scheint Oberstleutnant Boljenko sogar in Gesellschaft von Speznas-Offizieren allen anderen immer ein paar Schritte voraus zu sein.

Trotz des außergewöhnlichen Prestiges, das ein Dienst bei Speznas mit sich bringt, werden die Offiziere auch hier nicht von den Schwierigkeiten verschont, unter denen die ganze Armee leidet. Selbst bei Speznas herrscht Mangel an Unterkunftsmöglichkeiten. In der Brigade in Tschutschkowo gab es im Frühjahr 1990 etwa zwanzig Offiziere und *Praporschtschiks* ohne Wohnung. Speznas-Offiziere verdienen auch nicht riesig. Das Funktionsgehalt eines Bataillons-kommandeurs beträgt 200 Rubel im Monat. In der Regel ist er Major mit einem Ranggehalt von 160 Rubel, je nach Dienstalterszulage verdient er also wahrscheinlich monatlich knapp 400 Rubel. Der Kommandeur einer Brigade erhält 230 Rubel für seine Funktion, und als Oberstleutnant stehen ihm weitere 280 Rubel zu.

Speznas-Offiziere sind aus ganz anderem Holz geschnitzt als alle anderen sowjetischen Offiziere, selbst jene der Luftlandetruppen, denen sie auf den ersten Blick so ähnlich sehen. Wenn sie von ihrer Arbeit sprechen, betonen sie immer wieder, daß sie sich darauf vorbereiten müssen, allein zu arbeiten, und sich auf niemanden als auf sich selbst verlassen können. Sie haben einen noch viel stärkeren und auch viel schwärzeren Sinn für Humor. Sie lachen lauter als andere Soldaten — und sie lachen, wenn es ihnen danach zumute ist. Hier gibt es kein kurzes Zögern, bis man sich vergewissert hat, daß der Witz auch beim Vorgesetzten, beim Sampolit oder beim Gast Anklang findet.

Die Luftlandetruppen sind eher wortkarg. Verschwiegenheit ist ihnen zur eingefleischten Gewohnheit geworden, so daß es manchmal extrem schwierig ist, sie überhaupt zum Reden zu

Das Messer für Aufklärer NSR-2 hat eine zweischneidige Klinge und verfeuert ein 7,62-mm-Projekti . Die Waffe wiegt 300 g und wird aus bis zu 50 m Entfernung eingesetzt. Im Bild unten wird die Schneide verwendet, um das Messer beim Feuern zu stabilisieren.

LINKE SEITE: Speznas-Soldaten am Eingang eines Unterschlupfs, zu dessen Erstellung 48 Stunden benötigt wurden. Er ist sorgfältig konstruiert und gut getarnt und würde einer ganzen Gruppe einige Tage oder sogar Wochen Platz bieten.

bringen. Die Männer von Speznas dagegen sind sich zwar durchaus der Notwendigkeit bewußt, Diskretion walten zu lassen, schienen mir jedoch extravertierter zu sein, vielleicht auch deshalb, weil Kontakte zu Außenstehenden für sie eher ungewöhnlich sind. Fallschirmjäger genießen ein fabelhaftes Ansehen und können sich in der Achtung sonnen, die ihnen vom Rest der Armee und von der Zivilbevölkerung entgegengebracht wird. Bis vor kurzem war die bloße Existenz von Speznas jedoch mit einem Tabu belegt. Ihre Missionen wurden im geheimen erledigt, waren nur den direkt Beteiligten bekannt und wurden nie mit Außenstehenden besprochen. Selbst wenn ein Unternehmen, bei welchem sich ein Speznas-Mann besonders wagemutig gezeigt hatte, publik wurde, blieben der Name seiner Einheit und Einzelheiten über seine Kampfgefährten stets ein Geheimnis. Die geschlossene Welt der Speznas-Brigaden entwickelte daher ihre eigenen Mythen, ihre eigenen Witze, ihre eigene selbstgenügsame Wirklichkeit, und ihre Offiziere legen zuweilen ein fast theatralisches Selbstbewußtsein und ein leicht überhebliches Gehabe an den Tag.

Die Angehörigen von Speznas sind sich der glanzvollen und mysteriösen Aura, die sie umgibt, durchaus bewußt und kosten sie nach Kräften aus. Sie kennen die westlichen Mythen von den Speznas-Supermännern und sind realistisch genug, die wildesten Gerüchte zu entkräften. Ebenso sind sie sich über ihre eigenen Fähigkeiten und über den Nimbus ihrer Brigaden im klaren. Sie diskutieren ernsthaft und ausführlich über ihre eigenen Mängel und über Verbesserungen, die sie bei ihrer Ausbildung und Ausrüstung einführen möchten. Doch wenn Oberstleutnant Boljenko Soldaten beim Training beobachtet, zufrieden lächelt und »Das gibt's nur in Speznas« murmelt, erkennt man, daß bei aller schonungslosen Selbstkritik der von ihm selbst so bezeichnete »Speznas-Patriotismus« doch immer wieder die Oberhand behält.

Wenn die Männer von Speznas zum Gefechtseinsatz kamen (viele von ihnen fanden ihren Weg nach Afghanistan), war es fast immer für die gefährlichsten Missionen, die oft im Nahkampf Mann gegen Mann endeten. Der ehemalige Kommandeur des Ersten Bataillons in Tschutschkowo, Alexander Nikolajewitsch Slerpow, wurde zweimal in Afghanistan verwundet und erhielt für eine schwierige Operation, die er im April 1981 in Anadarah, einer gebirgigen Gegend in der Provinz Farak, ausführte, den Orden des Roten Sterns verliehen. Dieser Spezial-einsatz erforderte unter anderem, eine beinahe senkrechte Felswand hochzuklettern und ein Lager von *Duschmans* (afghanischen Rebellen) zu eliminieren. Es befanden sich jedoch mehr *Duschmans* dort, als das Speznas-Team angenommen hatte, und weil einer der Sowjetoffiziere einen schlimmen Fehler machte und eine Maschinenpistole ohne Schalldämpfer verwendete, schreckten die Afghanen aus dem Schlaf hoch. Es gab sehr viele Verluste, und erst einige Zeit später konnten die Leichen der Opfer von Truppen anderer Einheiten geborgen werden. Oberstleutnant Boljenko beschreibt den Krieg in Afghanistan sehr nüchtern aus der Sicht von Speznas: »Es war ein perfektes Polygon (Übungsgelände), doch allzu viele wunderbare Menschen kehrten nicht mehr zurück.«

Obwohl sie ohne weiteres auf Befehl stundenlang regungslos im Unterholz liegen können, ohne auch nur mit der Wimper zu zucken, streifen die Speznas-Offiziere unter normalen Umständen auffällig oft in der Gegend herum. In vielen Armee-Einheiten sitzen alle stundenlang um einen Tisch und schwelgen in ihren Erinnerungen. Nicht so die Männer von Speznas. Sie sind ruhelos. Sie erinnern sich plötzlich an etwas, was noch erledigt werden muß, gehen für eine Zigarette kurz ins Freie, gehen weg, um mit den Köchen zu sprechen oder einfach um zu sehen, was draußen los ist. Diese Unrast und die Faszination, die sie für Gefahr und Geschwindigkeit an den Tag legen, läßt sich möglicherweise mit der Art der Missionen erklären, die sie durchgeführt haben. Dasselbe gilt auch für den leicht wehmütigen Ton, in welchem einige Speznas-Offiziere halb im Ernst, halb im Scherz davon sprechen, das Soldatenleben an den Nagel zu hängen. Die meisten anderen Offiziere möchten so lange als möglich in der Armee bleiben. Ein ruhiges häusliches Leben übt auf die Männer von Speznas vielleicht eine größere Anziehungskraft aus, weil sie schon mehr als genug Abenteuer hinter sich haben. Doch wenn es je zu einem Konflikt zwischen der verlockenden Aussicht auf ein geruhsames Leben und der berauschenden Faszination des Dienstes kommen sollte, würde Speznas den Sieg davontragen — zumindest wenn man ihren Worten Glauben schenken will.

Die Luftlandetruppen sind stolz auf ihre uneingeschränkte Unabhängigkeit. Sie verhalten sich in jeder Lage vollkommen angemessen, aber immer so, daß es ihren Interessen entspricht. Hat man das einmal begriffen, findet man ihr Verhalten vernünftig und konsistent. Bei den Fallschirmjägern weiß man, woran man ist. Bei Speznas hingegen weiß man das nie so genau. Ihr Charme ist unbestreitbar, genauso unbestreitbar wie eine gewiße Großtuerei. Niemand weiß genau, was sie wirklich im Schilde führen. Als Beleg dafür möge das folgende Beispiel dienen. Eines Abends, als sich eine schwarze Nacht über das russische Land legte, saßen wir alle zusammen und aßen Hasen, die von den Soldaten in Fallen gefangen und über dem offenen Feuer gekocht worden waren. Oberstleutnant Dementiew, der Kommandeur, war zugegen, sein Politischer Stellvertreter, sein Erster Stellvertreter, der Chef der Rückwärtigen Dienste, unser städtischer »Aufseher« aus Moskau (Oberstleutnant Boljenko) sowie ein, zwei weitere Offiziere und unser Team, der Fotograf, der Dolmetscher und ich.

»Wußten Sie eigentlich schon, daß unser Sampolit in Angola gewesen ist?« fragte mich der Erste Stellvertreter.

»Nein«, erwiderte ich.

»War ich gar nicht«, meinte der Politische Stellvertreter.

»Aber sicher«, beharrte der Erste Stellvertreter.

»Ich habe gesagt nein«, sagte der Sampolit. So ging das hin und her. Bei den Luftlandetruppen wäre eine solche Kabbelei in Anwesenheit des Chefs der Einheit, eines Offiziers aus Moskau und Außenstehender völlig undenkbar gewesen. Jedem Ersten Stellvertreter, der es gewagt hätte, eine solche Indiskretion zu äußern und erst noch halsstarrig darauf zu beharren, wäre aus dem ganzen Kreis eine so vehemente Mißbilligung entgegengeschlagen, daß er sich am liebsten in ein Mauseloch verkrochen hätte. Doch dies war Speznas — die Besten, die Gerissensten. Was ging da vor? Man ist versucht zu glauben, die ganze Episode sei gestellt worden, um uns begriffsstutzigen Ausländern auf subtile Weise die Tatsache in Erinnerung zu rufen, daß Speznas in Angola mitgemischt hatte. War Speznas vielleicht besonders stolz auf seine dortigen Leistungen? War es Desinformation? Geschah es vielleicht aus erzwungener Freundlichkeit, um mir das befriedigende Gefühl zu verschaffen, ich hätte etwas entdeckt, von dem ich gar nichts wissen sollte? Oder steckte eine andere, schrecklich komplizierte oder äußerst simple Absicht dahinter? Doch Speznas bleibt Speznas, und ich werde es wohl nie erfahren.

Nachwort

Zur Zeit der Fertigstellung dieses Buchmanuskripts (Dezember 1990) scheinen sich die Schwierigkeiten, denen sich die Sowjetarmee gegenübersieht, zunehmend zu verschärfen. Natürlich sind sie nur ein Spiegel der Gesamtproblematik innerhalb der Sowjetunion selber. Alles in allem genommen stehen sämtliche Signale auf Sturm. Die Russen beklagen sich nicht mehr über Versorgungsengpässe, heute ist die Rede von Hungersnot. Michail Gorbatschows Regierung hat bei ihrer hauptsächlichsten Verantwortlichkeit — dafür zu sorgen, daß die Bevölkerung ausreichend gekleidet und ernährt ist — ganz offensichtlich versagt. Der Präsident erhält zwar immer größere Vollmachten, doch seine Dekrete werden regelmäßig ignoriert und könnten sich letztlich als Schlag in die Luft erweisen. Selbst nüchterne Menschen sprechen heute von einem unmittelbar bevorstehenden Chaos und von Anarchie. In solchen Zeiten ist jede Republik, jede Familie, jeder Mensch auf sich selbst angewiesen. Das meiste, was Gorbatschow dazu äußern könnte, würde auf das Verhalten der Leute kaum noch Einfluß nehmen und viel eher ein weiteres zur allgemeinen Panik beitragen. Die Regierung in Moskau hat praktisch alle Macht verloren, was jedoch nicht heißt, daß demzufolge die Regierungen der Republiken gestärkt worden wären. Die Regierungsstellen haben vielerorts ihre Macht eingebüßt. An ihre Stelle ist ein Vakuum getreten, oder sie ist auf unabhängige Organisationen und inoffizielle Machtstrukturen wie das organisierte Verbrechen übergegangen.

Für die Streitkräfte ist es enorm schwierig geworden, die Einberufung durchzusetzen. Die Behörden in vielen Gebieten bestehen immer mehr darauf, daß ihre jungen Männer nicht außerhalb der eigenen Republik Dienst leisten sollten. Der sowjetischen Regierung ist ein solches Vorhaben natürlich ein Dorn im Auge, denn letzten Endes würde dies zu einer Reihe lokaler Armeen führen. In einigen Republiken sind bereits bewaffnete Milizen formiert worden; in Armenien zum Beispiel besteht eine voll ausgerüstete Armee von 20 000 Mann. Der Generalstab steht vor der heiklen Aufgabe, aus der Situation, so wie sie sich darstellt, das Beste zu machen. Wenn die Regierung zugestehen muß, daß Rekruten in ihrer Heimatrepublik dienen dürfen, wird um so wahrscheinlicher, daß in den nichtrussischen Republiken als Alternative zur militärischen Ausbildung ein gemeinnütziger Zivildienst eingeführt werden könnte. Obwohl das Militär einer solchen Entwicklung im allgemeinen ablehnend gegenübersteht, räumen Offiziere im privaten Gespräch ein, daß dies das Leben in den Einheiten durchaus erleichtern könnte.

Immer wieder erscheinen in der freien Presse Berichte über Waffendiebstähle. Gestohlen werden meist Handfeuerwaffen, aber auch Hubschrauber und Panzer. Mit Hilfe dieses Diebesguts werden unzählige Stammesfehden älteren und neueren Datums weitergeführt. Nicht nur die Beziehungen zwischen den zahlreichen und sehr unterschiedlichen sowjetischen Nationalitäten, auch das Verhältnis zwischen den Sowjetrepubliken und Moskau scheint sich rapide zu verschlechtern. Die Sowjetunion scheint auf eine lockerere Föderation von Republiken zuzustreben, doch noch ist unklar, welche Formel dafür (wenn überhaupt) alle beteiligten Parteien zufriedenstellen könnte. Am meisten sind die Russen über die Unabhängigkeitsbestrebungen in der Ukraine konsterniert. Die Ukraine ist keine Kolonie, sie ist das uralte Herzstück von Rußland, und falls sie sich abspalten sollte, wäre das für die Russen ein unwiederbringlicher Verlust. Die zivilen Unruhen wirken sich gegenwärtig am heftigsten im Kaukasus aus, doch auch das islamische Zentralasien gibt immer mehr Anlaß zur Beunruhigung. Das Konfliktpotential in dieser Gegend ist beängstigend und die Aussicht, daß einige der Nachbarländer in ethnische Rivalitäten mit einbezogen werden könnten, äußerst alarmierend. Bis jetzt gibt es dafür noch nicht viele Anzeichen, doch angesichts der Unbeständigkeit dieses Teils der Erde muß jederzeit mit Eruptionen gerechnet werden. Die zivilen Wirren in den Republiken wirken sich auch auf die Armee aus, die immer häufiger zur Wiederherstellung der Ordnung angefordert wird. Viele Offiziere beklagen sich lautstark, dies sei nicht ihre Aufgabe — um Polizisten zu werden, hätten sie gleich der *Milizia* beitreten können. Andere reagieren weniger kurzsichtig, denn sie haben erkannt, daß andernfalls die Truppen des Ministeriums für Innere Angelegenheiten noch mehr als gegenwärtig geplant verstärkt werden müßten, um mit den Unruhen fertig zu werden, falls sich die Armee dagegen sträubt, eine aktive Rolle bei der Sicherung des inneren Friedens auszuüben. Im gegenwärtigen wirtschaftlichen und politischen Klima hätte dies vermutlich zur Folge, daß die dem Verteidigungsministerium zur Verfügung stehenden Mittel noch mehr gekürzt werden müßten.

Von Monat zu Monat tauchen neue Gerüchte über einen unmittelbar bevorstehenden Militärputsch auf. Obwohl solche Schauermärchen zu Hause und im Ausland natürlich großes Interesse wecken, glaube ich nicht, daß die Armee beabsichtigt, die Macht zu übernehmen. Für einen russischen Berufssoldaten klingt die Vorstellung einer Militärregierung ebenso unwirklich wie für uns Westeuropäer. Aus meinen Gesprächen mit ranghohen, einflußreichen Armeeangehörigen wurde klar ersichtlich, daß ein Putsch nicht auf dem Programm steht. Die Armee ist sich jedoch des Risikos durchaus bewußt, daß man bald einmal sagen wird, sie hätte die Macht ergriffen und für ihre eigenen Zwecke mißbraucht, wenn sie aufgeboten wird, nach zivilen Unruhen die öffentliche Ordnung wiederherzustellen. Dies ist einer der Gründe, weshalb viele Offiziere so unzufrieden mit dem Einsatz der Armee für die Erhaltung des inneren Friedens sind. Wenn sich die Situation in der Sowjetunion weiterhin verschlechtern sollte, besonders dann, wenn die Knappheit an Nahrungsmitteln und anderen lebenswichtigen Gütern zunimmt, könnte eine Verhängung des Kriegsrechts über größere Gebiete des Landes unausweichlich werden, würde jedoch nur auf Anordnung der Regierung erfolgen. Im unwahrscheinlichen Fall eines völligen Zusammenbruchs der Regierungsgewalt würde das Militär so kurze Zeit wie nur möglich die Ordnung zusammenhalten, bis eine legitime zivile Verwaltungsbehörde formiert werden könnte. Niemand in der Armee möchte die Verantwortung übernehmen müssen, das Chaos zu entwirren, in dem sich das Land zur Zeit befindet. Natürlich sind auch die Offiziere wie alle anderen zunehmend besorgt über das Schicksal der Union und verärgert und verwirrt von der Perspektive, daß sie vielleicht zerbrechen könnte. Einflußreiche Offiziere beginnen jedoch bereits zu spekulieren, wie man am besten mit einem Kollaps umgehen könnte. Sie verabscheuen zwar diesen Gedanken, sind jedoch mittlerweile gewillt, die Möglichkeit eines Zusammenbruchs theoretisch ins Auge zu fassen — und sei es auch nur, damit sie an öffentlichen Diskussionen teilnehmen und mithelfen können, zu verhindern, daß Rußland selber in einen Bürgerkrieg und in Anarchie hineinschlittert. Wie ich bereits erwähnt habe, ist die stereotype Ansicht, die Armee sei ein konservativer Dinosaurier, völlig unzutreffend. Die Befürchtungen ihrer fähigsten Offiziere haben sich in den letzten Jahren eher gegen die Art und Weise gerichtet, wie Reformen durchgeführt wurden, als gegen deren Inhalt. Als Armeegeneral Lebjed am 28. Parteikongreß Alexander Jakowlew öffentlich zur Rede stellte und ihn fragte: »An was glauben Sie denn eigentlich?«, ging es ihm nicht um die Person — er griff damit die Täuschungsmanöver, den Opportunismus und das Wischiwaschidenken an, die aus der Sicht des Militärs allzu viele der zur Zeit prominentesten Politiker und Ökonomen kennzeichnen. Vielleicht stellt sich das Militär heute zunehmend weiteren Änderungen entgegen, weil man fürchtet, das Land könnte dadurch entzweigerissen werden, und nicht so sehr deswegen, weil man mit den gegenwärtigen Zuständen zufrieden wäre.

Die Erfahrungen aus Afghanistan werden in diesem Zusammenhang zusehends wichtiger. Alle, die dort waren, können ihre Wut über die politischen und militärischen Fehler, die sie so teuer zu stehen kamen, nur schlecht verbergen. Die Veteranen von Afghanistan müssen sich wohl am intensivsten mit der Trauer auseinandersetzen, die jeden ehrlichen Sowjetbürger befallen muß — daß alles, wofür sie gelebt haben und wofür ihre Freunde gestorben sind, für die Katz war. Doch sie werden es nicht zulassen, daß ihre Erfahrungen unter den Teppich gekehrt werden, und sie werden ihre Stimme erheben, wie hoch auch immer der Preis dafür sein mag. Der wachsende Einfluß der Offiziere von Afghanistan in der Armee könnte sehr wohl zu viel radikaleren Veränderungen führen, als wir sie bisher erlebt haben. Die wichtigste Figur unter ihnen ist zweifellos Generaloberst Boris Gromow, der letzte Befehlshaber der sowjetischen Streitkräfte in Afghanistan. In einer extrem schwierigen Zeit gelang es ihm, der 40. Armee einen Sinn für

Würde und Ehre zurückzugeben und den Rückzug so überlegt zu gestalten, daß er effizient und diszipliniert verlief. Die Veteranen dieses Krieges zollen ihm dafür den größten Respekt. Von anderen ranghohen Offizieren in der Armee wird ihm wohl am ehesten die Rolle eines Sprechers für die »Jungtürken«, die fähigsten Obersten und die jüngsten Generale, zufallen. Vielleicht ist er nur aus diesem Grund im allgemeinen eher zurückhaltend in seinen öffentlichen Äußerungen.

Die internen Entwicklungen sind für die Armee nicht sehr beruhigend verlaufen. Als im November 1990 in Paris die Vereinbarung über die konventionellen Streitkräfte in Europa (CFE) unterzeichnet wurde, hatte sich das Militär mit deren Implikationen abgefunden. Doch während sich in den letzten Monaten des Jahres die Krise am Golf zuspitzte, herrschte bei vielen sowjetischen Offizieren ernsthafte Besorgnis vor. Ihre instinktive Reaktion war klar. Von welchen Erwägungen auch immer sich die Politiker leiten ließen — das Militär wollte bis zum letzten Mann unter keinen Umständen in einen weiteren Krieg im Ausland verwickelt werden. Doch natürlich gehorchen die Soldaten den Befehlen von oben, und sie wissen nur zu gut, daß sie wieder in den Krieg ziehen würden, wenn sie den Befehl dazu erhielten.

In diesem Buch habe ich mich mit dem Leben der Soldaten und Offiziere, die in Osteuropa dienen, nicht befaßt, denn ich habe keinen von ihnen aufgesucht und möchte nur über die Menschen schreiben, die ich kenne. Die Armeegruppen im Ausland bildeten jedoch in der Vergangenheit ein äußerst wichtiges Element der Sowjetarmee, und zwar nicht nur wegen ihrer strategischen Bedeutung während des kalten Krieges (wo sie im Gegensatz zu fast allen Einheiten zu Hause Vollstärke aufwiesen), sondern auch wegen des Unterschiedes, den ein Dienst in den Satellitenstaaten für einen Offizier bedeuten konnte. Schon vor dem Kollaps des Kommunismus waren teure Konsumgüter in Osteuropa sehr viel leichter erhältlich als in der Sowjetunion, und ein Offizier, der sein Gehalt klug anlegte, konnte sehr viel Geld damit herausschlagen. Als die sowjetischen Truppen im Zug der Wiedervereinigung Deutschlands mit einem annähernd westlichen Lebensstandard in Berührung kamen, wurden die Vorteile einer Stationierung im Ausland noch offensichtlicher. Ende 1990 rechnete der *Stern* vor, daß ein in Deutschland dienender Major oder Oberstleutnant in sechs Monaten so viel Geld machen konnte wie in seiner ganzen restlichen Karriere, sofern er günstig einkaufte und die Waren in der Sowjetunion wieder absetzte. Die 360 000 Mann, die zur Zeit noch in Deutschland stationiert sind, sind beispiellosen Verlockungen, aber auch sehr viel Streß ausgesetzt, denn zu Hause warten große Entbehrungen auf sie. Viele, die abgezogen werden, leben heute in Zelten. In den Streitkräften herrscht bezüglich der Wohnungsnot und anderer Schwierigkeiten in den Einheiten längst keine Selbstgefälligkeit mehr, und in den obersten Rängen hat man ein scharfes Ohr für die Nöte der Offiziere.

Niemand kann abstreiten, daß sich das sowjetische Militär in einer Krise befindet. Aber viele Organisationen durchlaufen solche Krisen und gehen gestärkt daraus hervor. Für eine so große Institution wie die Sowjetarmee, die so lange Zeit Stabilität bewiesen hat, dürfte dies vermutlich ebenso zutreffen. Es gibt viele Beispiele in der Militärgeschichte, wo sich Armeen nach äußerst schwierigen Zeiten erneuert haben. Man braucht sich nur den prekären Zustand der Armee der Vereinigten Staaten nach Vietnam vor Augen zu halten, wo es danach aussah, als könnte sie sich, wie ein geflügeltes Wort besagte, nicht einmal aus einer Papiertüte herauskämpfen. Doch inzwischen hat sich das amerikanische Militär bestens erholt und ist seither von Erfolg zu Erfolg geeilt. Es besteht kaum ein Zweifel, daß auch die Sowjetarmee dazu fähig sein wird, und mir scheint, als seien bereits die ersten Anzeichen einer möglichen Renaissance sichtbar. Anfang 1989, als ich an meinem Buch zu arbeiten begann, stand die Armee noch unter dem Kriegstrauma von Afghanistan und mußte sich mit sehr viel Kritik in den Medien auseinandersetzen. Die anfängliche Bestürzung im Offizierskorps, sobald man merkte, daß man nicht mehr als Retter des Sozialismus bejubelt wurde, hat sich inzwischen gelegt. Presseangriffe werden heute als eine der lästigeren Begleiterscheinungen der Perestroika aufgefaßt. Zudem scheint der Präsident selbst das Militär nicht mehr so geringzuschätzen. Zwischenrufe und Pfiffe an einem Treffen zwischen Gorbatschow und einer größeren Gruppe von Armeevertretern im November 1990 machten deutlich, daß sich das Blatt inzwischen gewendet hat und der Präsident die Verachtung der Streitkräfte zu spüren bekommt. Das Militär ist im großen und ganzen noch immer bereit, Gorbatschow zu unterstützen, doch diese Unterstützung hängt weitgehend von seinem Geschick ab, einen Bürgerkrieg oder ein völliges Chaos in der Russischen Republik zu vermeiden. Michail Gorbatschow scheint die Animositäten der Streitkräfte heute ernster zu nehmen. Seine Haltung beim

45. Jahrestag des Sieges im Mai 1990 und sein Besuch bei den Manövern in Odessa im August bewiesen einen größeren Respekt für die Armee, als er bislang gezeigt hatte.

Bis vor kurzem bedeuteten Veränderungen in den Streitkräften stets, daß von oben Reduktionen beschlossen wurden, welche die militärische Schlagkraft schmälerten. Im Herbst 1990 schien dies ein Ende gefunden zu haben. Die Armee wartet nicht mehr gesenkten Hauptes, bis das Fallbeil herabsaust. Die Armeeoffiziere haben begonnen, sich positiv über Reformen und eine Reorganisation zu äußern, und zeigen sehr viel Interesse, die befohlenen Veränderungen und eigene Verbesserungsvorschläge im Detail durchzudiskutieren. Heute findet auf allen Ebenen eine heftig geführte Debatte statt, wie die Streitkräfte neu gestaltet werden sollten, um sie so wirksam wie nur möglich zu machen und der veränderten internationalen Lage Rechnung zu tragen. Der Veränderungsprozeß ist also noch längst nicht abgeschlossen. Obwohl sich nicht mit Sicherheit sagen läßt, welches Ergebnis er zeitigen wird, schälen sich langsam gewisse Charakteristika einer zukünftigen Sowjetarmee heraus. Ihre Struktur wird vermutlich weit weniger starr sein als bisher. Doch nicht nur die Organisationsstrukturen werden einer Reform unterzogen: Einige Neuerungen betreffen auch das Leben in den Einheiten. 1989 zum Beispiel zeigte sich Generaloberst Atschalow, der Oberbefehlshaber der Luftlandetruppen, sehr besorgt darüber, daß Jungen, die als notorische Trinker und Drogenkonsumenten bekannt waren, in seine Einheiten geschickt wurden. Ende 1990 erzählte er mir, infolge einer rigoroseren Selektion in den Woenkomats habe sich das Kaliber seiner Rekruten beträchtlich verbessert.

Solche Änderungen dürften im Verein mit anderen bei einflußreichen Offizieren langsam zu einer Hebung der Moral führen. Auf einmal scheint das Militär seine eigenen Angelegenheiten selber in die Hand zu nehmen und sein Haus in Ordnung zu bringen — und dies zu einem Zeitpunkt, wo die zivile Welt allen Glauben in die Versprechungen der Perestroika verloren hat. Alle die glänzenden Hoffnungsstrahlen aus den ersten Jahren von Gorbatschow, als die sowjetische Gesellschaft emsig alten Ballast abwarf, der in ihren Augen die Vergangenheit zu repräsentieren schien, sind heute vergessen. Dem Militär die Schuld für die Gebrechen des Staates in die Schuhe zu schieben war für viele Leute ein verlockender, aber letzten Endes fruchtloser Ausweg aus einem komplizierten Dilemma. Diese Einstellung hat sich heute geändert. In den Medien wird bereits die Auffassung vertreten, daß beim Zusammenbruch so vieler gesellschaftlicher Strukturen das Militär vielleicht in naher Zukunft nötig sein könnte, um das nackte Überleben des Landes zu gewährleisten.

Moskau, Dezember 1990

Sowjetische Offiziere besitzen vier Uniformen: die Paradeuniform, die Parade-/Ausgangsuniform, die Alltagsuniform und die Felduniform.

Die Offiziere tragen die Paradeuniform (im Verband) an Paraden, wenn Einheiten oder Schiffe mit Orden oder Fahnen versehen werden, beim Fahneneid, auf Ehrenwache und wenn eine Einheit oder ein Schiff Geburtstag feiert.

Die Paradeuniform (außer Formation) wird an Paraden getragen, wenn der Offizier nicht mitmarschiert, oder bei der Verleihung von Regierungsauszeichnungen; wenn ein Offizier befördert wird oder einen höheren Posten antritt, meldet er sich bei seinem kommandierenden Offizier in dieser Uniform.

Die Parade-/Ausgangsuniform wird an wichtigen Feiertagen wie dem 7. November, dem 1. Mai, dem 23. Februar (Tag der sowjetischen Streitkräfte), dem 9. Mai (Siegesfeier) und anderen Feiertagen getragen; bei wichtigen Treffen, offiziellen Empfängen und bei der Niederlegung von Kränzen und Blumen an den Gedenkstätten für gefallene Soldaten. Diese Uniform darf auch an freien Tagen oder während der dienstfreien Zeit getragen werden.

Ihre Alltagsuniform tragen die Offiziere (im Verband) bei Lektionen und bei der Gefechtsausbildung, bei Übungen gemäß Anweisung ihres Einheitskommandeurs und beim 24-Stunden-Wachdienst.

Die Alltagsuniform wird außer Formation bei Arbeit im Stab auf Divisionsstufe oder darüber, in verschiedenen Abteilungen und in der dienstfreien Zeit getragen. Es ist gestattet, diese Uniform bei Arbeiten in den Einheiten zu tragen, wenn sie keinen Bezug zum Verband hat, ebenso in Klassenzimmern, Laboratorien, Reparaturwerkstätten und bei dienstlichen Besprechungen.

Offiziere tragen die Felduniform bei Übungen, Manövern, im Gefechtsdienst und während Lektionen und Übungen in Schulungszentren.

Sowjetische Soldaten und Feldwebel, Offiziersanwärter und Schüler der Suworow-Internate haben fünf Uniformen: die Paradeuniform, die Parade-/Ausgangsuniform, die Alltagsuniform, die Felduniform und die Arbeitsuniform.

Paradeuniformen

Marschälle und Generäle

1 Sommer-Paradeuniform im Verband
2 Sommer-Paradeuniform außer Formation
3 Sommer-Parade-/Ausgangsuniform
4 Winter-Parade-/Ausgangsuniform

1   2   3   4

Offiziere, *Praporschtschiks* und Soldaten mit verlängerter Dienstverpflichtung

5 Sommer-Paradeuniform im Verband
6 Sommer-Paradeuniform außer Formation
7 Winter-Paradeuniform im Verband
8 Sommer-Parade-/Ausgangsuniform
9 Sommer-Parade-/Ausgangsuniform

5   6   7   8   9

10

11

12

13

Feldwebel, Soldaten und *Kursants*

10 Sommer-Paradeuniform
11 Sommer-Paradeuniform (Luftlandetruppen)
12 Winter-Paradeuniform
13 Sommer-Parade-/Ausgangsuniform

1

2

3

4

Alltags- und Felduniformen

Marschälle und Generäle

1 Sommer-Alltagsuniform außer Formation
2 Sommer-Alltagsuniform im Verband
3 Winter-Alltagsuniform außer Formation
4 Winter-Felduniform

5

6

7

8

9

Offiziere, *Praporschtschiks* und Soldaten mit verlängerter Dienstverpflichtung

5 Sommer-Alltagsuniform im Verband
6 Sommer-Alltagsuniform außer Formation
7 Sommer-Felduniform
8 Winter-Felduniform
9 Winter-Felduniform (Luftlandetruppen)

Feldwebel, Soldaten und *Kursants*

10 Sommer-Alltagsuniform außer
   Formation
11 Sommer-Alltagsuniform außer
   Formation (Luftlandetruppen)
12 Sommer-Felduniform
13 Sommer-Felduniform, volle Ausrüstung
   (von vorn)
14 Sommer-Felduniform, volle Ausrüstung
   (von hinten)

10

11

12

13

14

Ärmelstücke der verschiedenen Truppengattungen

MotSchützen	Artillerie	Panzertruppen	Luftwaffe	Luftlandetruppen
Pioniere	**Chemieabwehr**	**Musikkorps**	**Nachrichtentruppen**	**Topographische Truppen**
Motorisierter Transport	**Eisenbahntransport**	**Sanität**	**Bautruppen**	**Pipelinetruppen**

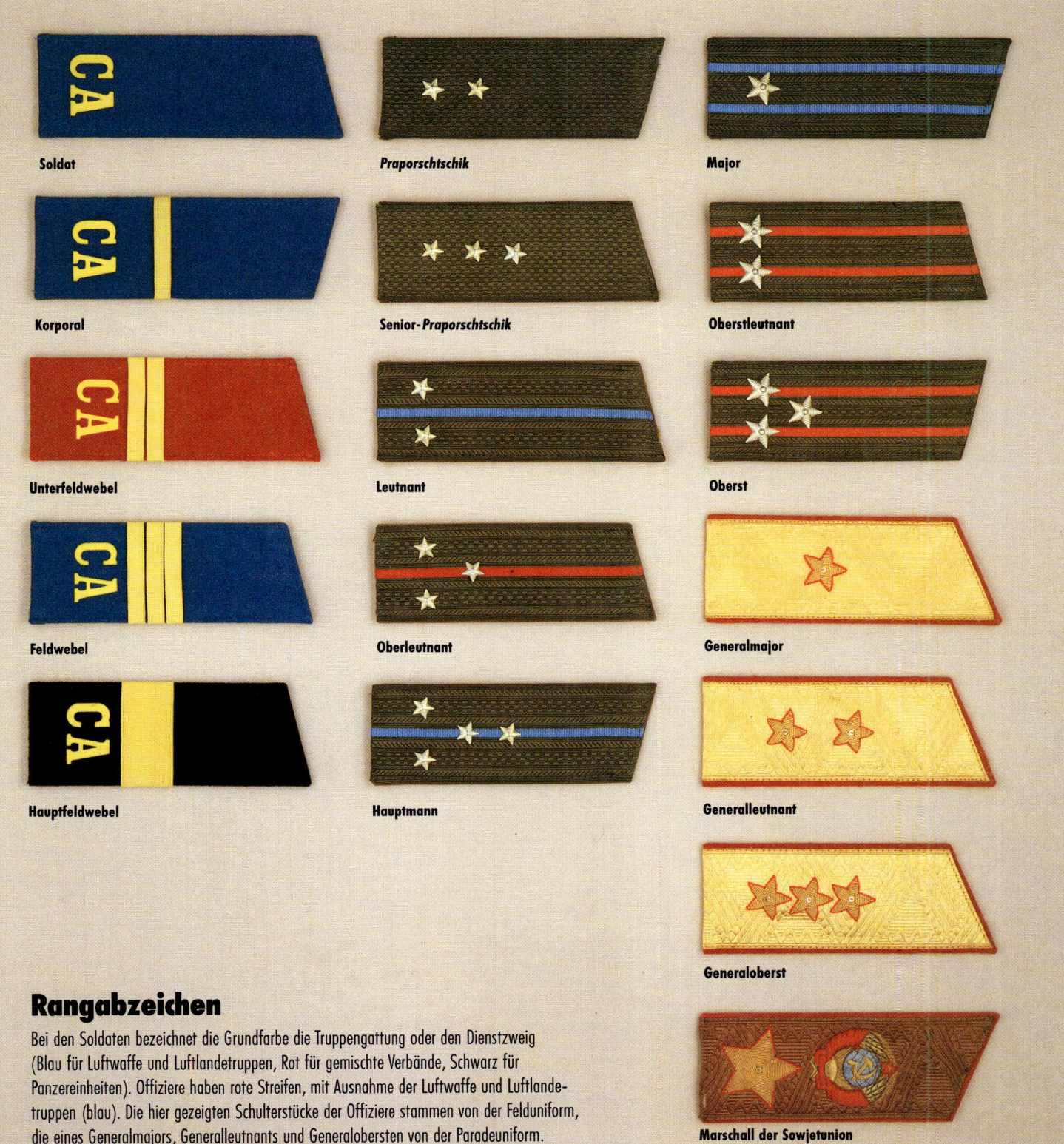

Soldat

Korporal

Unterfeldwebel

Feldwebel

Hauptfeldwebel

Praporschtschik

Senior-Praporschtschik

Leutnant

Oberleutnant

Hauptmann

Major

Oberstleutnant

Oberst

Generalmajor

Generalleutnant

Generaloberst

Marschall der Sowjetunion

Rangabzeichen

Bei den Soldaten bezeichnet die Grundfarbe die Truppengattung oder den Dienstzweig (Blau für Luftwaffe und Luftlandetruppen, Rot für gemischte Verbände, Schwarz für Panzereinheiten). Offiziere haben rote Streifen, mit Ausnahme der Luftwaffe und Luftlande-truppen (blau). Die hier gezeigten Schulterstücke der Offiziere stammen von der Felduniform, die eines Generalmajors, Generalleutnants und Generalobersten von der Paradeuniform.

Die häufigsten Armeeabzeichen

Garderegiment

Graduierungsabzeichen
einer Suworow-Schule

Graduierungsabzeichen
einer Nachimow-Schule

Graduierungsabzeichen
einer Militärhochschule

Graduierungsabzeichen
einer Militärakademie

Graduierungsabzeichen
einer Generalstabsakademie

Erste Klasse

Dritte Klasse

Klassifizierungen für Offiziere und *Kursants*:

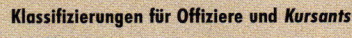

Zweite Klasse

Meister

Militärischer Navigator erster Klasse

Militärischer Navigator zweiter Klasse

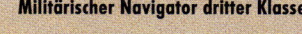

Militärischer Navigator dritter Klasse

Spezialist im Fliegeringenieurdienst

Meisterpilot (Pilot/Scharfschütze)

Längere Dienstzugehörigkeit, Kriegsmarine

Längere Dienstzugehörigkeit, Luftwaffe

Längere Dienstzugehörigkeit, Landstreitkräfte

Ehrenabzeichen, Luftverteidigungstruppen

Fallschirmjäger

Fallschirmjäger mit Auszeichnung
(10 Sprünge)

Fallschirminstrukteur
(über 200 Sprünge)

Spezialistenabzeichen für Soldaten und Feldwebel:

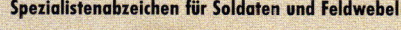

Spezialist erster Klasse

Spezialist zweiter Klasse

Spezialist dritter Klasse

Meisterspezialist

Militärsportler erster Klasse

Militärsportler zweiter Klasse

Militärsport-Champion

Bester der Einheit,
Bautruppen

Bester der Einheit, Luftwaffe

Bester der Einheit, Kriegsmarine

Bester der Einheit, Landstreitkräfte

Tabelle 1   Militärische Ränge der Offiziere in den Streitkräften der UdSSR

ALLGEMEINE DIENSTE	KRIEGSMARINE	LUFTWAFFE	SANITÄT	JURISTISCHER DIENST
JUNIOROFFIZIERE				
Unterleutnant	Unterleutnant	Unterleutnant	Unterleutnant der Sanität	Unterleutnant der Jurisdiktion
Leutnant	Leutnant	Leutnant	Leutnant der Sanität	Leutnant der Jurisdiktion
Oberleutnant	Oberleutnant	Oberleutnant	Oberleutnant der Sanität	Oberleutnant der Jurisdiktion
Hauptmann	Kapitänleutnant	Hauptmann	Hauptmann der Sanität	Hauptmann der Jurisdiktion
SENIOROFFIZIERE				
Major	Kapitän 3. Klasse	Major	Major der Sanität	Major der Jurisdiktion
Oberstleutnant	Kapitän 2. Klasse	Oberstleutnant	Oberstleutnant der Sanität	Oberstleutnant der Jurisdiktion
Oberst	Kapitän 1. Klasse	Oberst	Oberst der Sanität	Oberst der Jurisdiktion
HÖHERE OFFIZIERE				
Generalmajor	Konteradmiral	Generalmajor der Flieger	Generalmajor der Sanität	Generalmajor der Jurisdiktion
Generalleutnant	Vizeadmiral	Generalleutnant der Flieger	Generalleutnant der Sanität	Generalleutnant der Jurisdiktion
Generaloberst	Admiral	Generaloberst der Flieger	Generaloberst der Sanität	Generaloberst der Jurisdiktion
Marschall der Artillerie, Marschall der Pioniertruppen, Marschall der Nachrichtentruppen; Armeegeneral	Flottenadmiral	Fliegermarschall	—	—
Hauptmarschall der Artillerie	—	Hauptmarschall der Flieger	—	—
Marschall der Sowjetunion	Admiral der Flotte der Sowjetunion	—	—	—
Generalissimus der Sowjetunion	—	—	—	—

Anmerkungen
1 Der Rang eines Generalobersten ist der höchste Rang für Offiziere folgender Dienstzweige: Chemie, Eisenbahn, Automobile und Hauptverkehrsstraßen, Militärische Topographie, Logistik und Finanzen.
2 Offiziere des militärischen Veterinärwesens erhalten den entsprechenden Rang der Sanitätstruppen.
3 Das Fliegeringenieurpersonal mit der erforderlichen Ausbildung erhält den militärischen Rang. Schiffsbesatzungen der internen Truppen haben denselben militärischen Rang wie die Schiffsbesatzungen der Kriegsmarine.
4 Für Reserveoffiziere wird der Ausdruck »Reserve« angehängt: Hauptmann der Reserve, Kapitänleutnant der Reserve, Reservehauptmann der Sanität usw. Für pensionierte Offiziere gilt dasselbe: pensionierter Major, pensionierter Kapitän 3. Klasse, pensionierter Major der Sanität usw.

Tabelle 2   Alterslimits für Offiziere der Streitkräfte der UdSSR im aktiven Dienst (laut Gesetz der UdSSR »Über den Allgemeinen Militärdienst«).

Unterleutnant, Leutnant, Oberleutnant und Hauptmann	40 Jahre	Generalmajor und Generalleutnant	50 Jahre
Major und Oberstleutnant	45 Jahre	Generaloberst	60 Jahre

Alle Offiziere, die die Altersgrenze erreicht haben, werden den Reservestreitkräften der UdSSR zugeteilt. Nötigenfalls können einige von ihnen weitere fünf Jahre im aktiven Dienst verbleiben.

Offiziere, die die Altersgrenze noch nicht erreicht haben, können aus folgenden Gründen aus der Dienstpflicht entlassen werden: Krankheit (beglaubigt von der militärischen Gesundheitskommission), Reduzierung des Offiziersstabs, familiäre Gründe (für weibliche Offiziere), Inkompetenz, eines Offiziers der Sowjetunion unwürdiges Benehmen, Gerichtsurteil wegen eines verübten Vergehens.

Tabelle 3   Mindestzeiten im Aktivdienst für Offiziere bis zur Beförderung in den nächsthöheren Rang (mit Ausnahme des Fliegerpersonals und der Offiziere, die auf Unterseebooten Dienst leisten)

		Fliegerpersonal/U-Boot-Offiziere:	
Unterleutnant	2 Jahre	Unterleutnant	1 Jahr
Leutnant	2 Jahre	Leutnant	2 Jahre
Oberleutnant	3 Jahre	Oberleutnant	2 Jahre
Hauptmann	3 Jahre	Hauptmann	3 Jahre
Major	4 Jahre	Major	3 Jahre
Oberstleutnant	5 Jahre	Oberstleutnant	4 Jahre

Für Obersten und höhere Dienstränge bestehen keine Mindestdienstzeiten für eine Beförderung.

Anhang II
Abschlußliste

Bevor ein Offizier seine Einheit verläßt, um einen anderen Posten anzutreten, muß diese Liste von jeder der unten genannten Personen unterzeichnet werden. Sie müssen bestätigen, daß er nicht mehr im Besitz von Ausrüstungsgegenständen aus ihrer Abteilung ist und weder ausstehende Verpflichtungen noch Schulden hat. Allein schon das Auffinden all dieser Leute ist eine zeitraubende Arbeit.

1 Einheitskommandeur
2 Politischer Stellvertreter des Kommandeurs
3 Stellvertreter des Kommandeurs für Rückwärtige Dienste
4 Stellvertreter des Kommandeurs für Bewaffnung
5 Stabschef der Einheit
6 Chef des Pionierdienstes
7 Chef des Geschoß- und Raketendienstes (RAW)
8 Chef des Chemischen Dienstes
9 Chef der Versorgung
10 Chef der gepanzerten Fahrzeuge (BTS)
11 Chef des Autodienstes
12 Chef des Verpflegungsdienstes
13 Chef des Treibstoffdienstes (GSM)
14 Chef der Aufklärung
15 Chef des Finanzdienstes
16 Sekretär des Parteikomitees
17 Chef des Nachrichtenwesens
18 Chef der Geheimabteilung
19 Chef der nicht geheimen Aktenabteilung
20 Bibliothek der Einheit
21 Bibliothek des Offiziersklubs
22 Abteilung für Wohnwesen
23 Chef des Klubs
24 Kommandant der Untereinheit
25 Seniorassistent des Stabschefs für Personal
26 Chef des Unterhaltsdienstes von Wohnungen
27 Mietstelle

Geht zurück an den Seniorassistenten des Stabschefs für Personal.

Anhang III
Memo Nr. 3

An den zum aktiven Militärdienst aufgebotenen Rekruten, zugeteilt

zur Gruppe Nr. _____ für den Abmarsch zur Truppe.

Bevor Sie sich im Militärkommissariat für den Abmarsch zur Truppe einfinden, müssen Sie sich vom Arbeitsplatz beurlauben lassen und sich an Ihrem Wohnort abmelden. Partei- und Komsomol-Mitglieder sollten ihren Namen aus den Partei- oder Komsomol-Listen streichen lassen.

Finden Sie sich für den Abmarsch zur Truppe in anständiger, der Jahreszeit angemessener Kleidung und entsprechendem Schuhwerk im Militärkommissariat ein, und nehmen Sie folgendes mit:

eine Garnitur Unterwäsche, ein Handtuch, Löffel, Becher, Toilettenartikel, Koffer oder Tasche für persönliche Effekten;
Ihren internen Paß mit einem Abmeldungsvermerk Ihres Wohnorts, das Registrationszertifikat Ihres Aushebungsbezirks, Beglaubigungen oder Atteste für erfüllte »Bereit zur Arbeit und Verteidigung«-Normen, sportliche Leistungsbeurteilungen, Spezialleistungen beim DOSAAF-Training oder bei Institutionen für technische Berufsbildung;
Fahrer müssen ihren Führerschein mitbringen;
Partei- und Komsomol-Mitglieder müssen ihren Partei- bzw. Komsomol-Ausweis mitbringen.

Anhang IV
Charakterreferenz für Rekruten

1. Allgemeine Angaben
Nachname, Name, Patronymikum. Tag, Monat und Jahr der Geburt. Nationalität. Parteimitgliedschaft. Ausbildung. Spezialisierung. Beherrschung der russischen Sprache. Familienmitglieder. Angaben über Verwandte (Ausbildung, Funktion, Geisteskrankheiten, chronischer Alkoholismus). Familienbeziehungen.

2. Politische Reife, Beteiligung am öffentlichen Leben, moralische Qualitäten und militärspezifische Berufskenntnisse
Kenntnisse und Verständnis der Innen- und Außenpolitik der KPdSU und der sowjetischen Regierung. Vertrautheit mit der Geschichte und Soziologie der UdSSR. Leistungen bei den Pionieren und in der Komsomol-Bewegung. Einstellung zur Erfüllung der sozialen Pflichten. Moralische Qualitäten und Interessen bezüglich des militärischen Lebens. Bevorzugte Truppengattung.

3. Beziehung zu Genossen und Verhalten im Kollektiv
Stellung im Kollektiv (unabhängig, führungsfähig, leicht beeinflußbar, kommunikativ oder reserviert). Beziehung zu Genossen. Benehmen (Takt, Höflichkeit, Schlampigkeit, Grobheit). Reaktion auf Kritik von Genossen und Vorgesetzten (gleichgültig, aggressiv, angemessen).

4. Individuelle psychologische Qualitäten
Beobachtungsgabe, Konzentration, Zerstreutheit, Gedächtnis. Reflexe, Verläßlichkeit. Entschlußkraft, Entschiedenheit und andere Charakteristika im Zusammenhang mit Willensstärke. Selbstsicherheit. Vorherrschende Gemütsstimmung. Verhalten in komplexen und in konfliktgeladenen Situationen. Lautstärke und Klarheit beim Sprechen. Handschriftliche Kennzeichen. Koordination und Geschicklichkeit. Widerstandskraft gegen die Seekrankheit.

5. Schlechte Gewohnheiten und abweichendes Verhalten
Rauchen, Konsum von Alkohol (oder Drogen). Tendenz zu illegalem, asozialem Verhalten (Auseinandersetzungen mit der *Milizia*, Teilnahme an Schlägereien) und andere Neigungen. Unehrlichkeit und Lügen.

6. Schlußfolgerungen
Allgemeiner Charakter (positive und negative Eigenschaften) und Persönlichkeitszüge. Dominante Fähigkeiten und Begabungen, Charakterzüge, Gemütslage. Soziale Reife. Bereitschaft zum Militärdienst.

Direktor (Leiter) _____

Militärinstruktor (Leiter an der Ausbildungsstelle) _____

Klassenleiter (Meister, Brigadier) _____

_____, den _____ 19_____

Detaillierte Angaben zur Familie des Rekruten

Verw.	Name, Vorname Patronymikum	Geburtsjahr Arbeitsplatz und Funktion	Beschäftigung

_____

(Name, Vorname, Patronymikum)

Geboren _____ 19 _____

_____

(Geburtsort angeben)

Interner Paß (Geburtsurkunde) Serie _____

Nationalität _____

Wohnhaft in _____

(Adresse angeben)

Name, Vorname Patronymikum	Geburtsjahr	Wohnort und Arbeitsplatz	Anzahl berufstätiger Kinder

Eltern des Rekruten

a) VATER _____

_____ 19 _____ Geburtsjahr _____

Parteimitgliedschaft _____ Nationalität _____

Beruf und Arbeitsplatz _____

Einkommen (Durchschnittslohn, Rente) _____ Gesundheitszustand _____

Geburtsort _____

Zur Zeit wohnhaft in _____

b) MUTTER _____

19 _____ Geburtsjahr _____ Mädchenname _____ Nationalität _____

Gesundheitszustand _____ Parteimitgliedschaft _____

Beruf und Arbeitsplatz _____

Einkommen (Durchschnittslohn, Rente) _____

Geburtsort _____

Zur Zeit wohnhaft in _____

c) Weitere bei den Eltern lebende Verwandte _____

Zusätzliche Informationen

Sind irgendwelche dieser Verwandten oder der Rekrut selber vorbestraft, und wofür? Sind sie Mitglieder einer religiösen Sekte? Leben Verwandte im Ausland? _____

_____

Besitzstand der Familie des Rekruten (Angaben zur häuslichen und wirtschaftlichen Situation): Heim, Garten, Schrebergarten, Gebäudezustand, Haustiere, Hauptquelle des Familieneinkommens. Beitrag des Rekruten. Wohngegend und Einrichtung _____

Kurze Charakterbeurteilung des Rekruten

Aus Beobachtungen zu Hause, vom Dorfsowjet oder aus Gesprächen mit den Eltern _____

Verhalten in der Öffentlichkeit und zu Hause, Arbeitshaltung, Teilnahme am sozialen Leben und in der Komsomol-Bewegung, körperlicher und allgemeiner Entwicklungsstand, spezielle Begabungen, Krankheiten als Kind und heute (Anfälle, Luxationen, Trauma, Blutungen, Kopfweh, Schlafwandeln, andere Krankheiten) _____

_____
_____
_____
_____
_____
_____
_____

Angaben beglaubigt _____

(Unterschrift von Vater und Mutter)

ANGABEN BEGLAUBIGT
Der Hausverwalter (Leiter des Wohnamtes) _____

Der Beamte für das interne Paßwesen (Sekretär) _____

Anhang VI

Zeitplan der militärischen Einheit für die Sommerausbildungsperiode 1989*

Aktivität	Beginn	Ende
Tagwache für Zugführerstellvertreter und Kompanie-*Starschinas*	5.50	–
Allgemeine Tagwache	6.00	–
Morgenturnen	6.10	7.00
Reinigung der Kaserne und Umgebung, Bettenmachen, Waschen	7.00	7.20
Morgeninspektion	7.20	7.30
Frühstück	7.30	8.00
Kollektives Anhören der neusten Nachrichtensendung im Radio	8.00	8.15
Politische Information oder Übung	8.20	8.50
Vorbereitungen für die Lektionen	8.50	9.00
Ausbildungsperioden: 1. Periode	9.00	9.50
2. Periode	10.00	10.50
3. Periode	11.00	11.50
4. Periode	12.00	12.50
5. Periode	13.00	13.50
6. Periode	14.00	14.50
Mittagessen	15.00	15.30
Zeit zur persönlichen Verfügung des Rekruten	15.30	16.00
Wartung von Waffen und Maschinen	16.00	17.30
Individuelle Vorbereitung: 1. Periode	17.30	18.20
2. Periode	18.30	19.20
Politisch-erzieherische Arbeit (Montag, Mittwoch, Donnerstag)	19.20	20.00
Mannschaftssport (Dienstag, Freitag, Samstag)	19.20	20.00
Abendessen	20.05	20.25
»Wremja« (»Zeit«) Nachrichtenprogramm	20.30	21.00
Zeit zur persönlichen Verfügung des Rekruten	21.00	21.30
Abendspaziergang	21.30	21.40
Abendappell	21.40	21.50
Zapfenstreich	22.00	–

* Bei verschiedenen Einheiten finden sich (meist infolge lokaler Verhältnisse) leichte Abweichungen im Zeitplan der einzelnen Aktivitäten. Die tägliche Routine verläuft jedoch im großen und ganzen überall gleich.

Anhang VII

Formular Nr. 6: Die Bekleidung der eingezogenen Soldaten und Unteroffiziere der Sowjetarmee

Gegenstand	Anzahl	Verwendungs-dauer	Kosten (Rubel)
1 Kleidungsstücke			
Dienstmütze (Paradeuniform)	1	2 Jahre	4,74
Felddienstmütze (Baumwolle)	1	1 Jahr	1,44
Wintermütze mit Ohrenklappen	1	2 Jahre	7,00
Mantel	1	2 Jahre	37,80
Arbeitskleider	1 Garnitur	1 Jahr	36,80
Paradeuniform	1 Garnitur	2 Jahre	51,45
Paradejacke (P/Sch)	1 Garnitur	2 Jahre	44,65
Paradejacke (Baumwolle)	2 Garnituren	1 Jahr	17,25
Regenumhang (Baumwolle)	1	4 Jahre	10,00
2 Schuhwerk			
Schuhe (Paradeuniform)	1 Paar	2 Jahre	12,00
Stiefel (Kunstleder)	1 Paar	8 Monate	15,20
3 Wäsche und Unterwäsche			
Hemd	2	2 Jahre	6,00
Krawatte	1	2 Jahre	0,80
Unterwäsche	3 Garnituren	1 Jahr	4,75
T-Shirt (Baumwolle)	1	1 Jahr	1,54
Shorts (Baumwolle)	1	1 Jahr	1,36
Handtuch (Baumwolle)	3	1 Jahr	1,81
Taschentücher	3	1 Jahr	0,18
Unterkragen	12	1 Jahr	0,09
Fußschutz (Sommer)	3 Paare	1 Jahr	0,79
Socken (Baumwolle)	3 Paare	1 Jahr	0,43
Handschuhe (Paradeuniform)	1 Paar	2 Jahre	1,40
Warme Unterwäsche	1 Garnitur	1 Jahr	5,70
Fußschutz	2 Garnituren	1 Jahr	1,82
Fußschutz (Flanell)	1 Garnitur	1 Jahr	1,24
Socken	1 Paar	2 Jahre	2,89
Handschuhe (Winter)	1 Paar	1 Jahr	1,75
4 Zubehör			
Uniformgürtel (Leder)	1 Garnitur	2 Jahre	1,24
Uniformgürtel (weiß)	1 Garnitur	4 Jahre	0,85
Hosengürtel	1 Garnitur	2 Jahre	0,23

Norm Nr. 6
24-Stunden-Ration (Gramm pro Mann) für Besatzungen von Unterseebooten gemäß Entscheid des Ministerrats der UdSSR Nr. 301-86, unterzeichnet am 9. April 1982

Roggen- oder Weißbrot	300 (Gramm)	Nudeln	5	Natürlicher Kaffee oder		Rote Beete	30
Weißbrot aus hochwertigem		Butter	60	Kakaopulver	5	Karotten	40
Mehl	400[1]	Öl	10	Lorbeerblätter	0,2	Zwiebeln	40
Biskuits	20	Milch	200[3]	Gemahlener schwarzer Pfeffer	0,5	Tomaten und Gurken	70
Hochwertige Getreideflocken	20	Sauerrahm	20	Senfpulver	1	Büchsenerbsen	10
Reis	30	Quark	25	Essig	2	Frisches Obst	80
Makkaroni	40	Gesüßte kondensierte		Tomatenmark	10	Büchsenobst	20
Fleisch	250	Vollmilch	40	Backhefe, getrocknet oder		Büchsenkompott	125
Geflügel	50	Labkäse	20	gepreßt	1	Fruchtsaft	100
Leber	50	Eier	1	Kartoffeln und Gemüse, total	780	Tomatensaft	50
Leberpastete/Dosenfleisch	30[2]	Zucker	80	davon:		Zitronen	15
Rauchwurst/Rauchfleisch	30	Salz	20	Kartoffeln	500[4]	oder Speisezitronensäure	1
Fisch/Fischfilets	100/70	Tee	2	frischer oder eingelegter		Fruchtextrakt	5
Hering	20			Kohl	100		

Norm Nr. 6 (auf See)
Zusatzration für Besatzungen von Unterseebooten auf See (Gramm pro Mann)

Schaffleisch	20	Honig	10	Pikante		
Getrockneter Fisch	40	Marmelade	15	Delikatessensoße	5	
Kaviar (Salm)	5	Pflaumen	25	Trockener Wein	50	
Trockenvollmilch	15	Knoblauch	2	Schokolade	15	
Trockenjoghurt	15	Büchsengemüse	30			

Anmerkungen
1 Auf See nur 300 Gramm Weizenbrot aus hochwertigem Mehl.
2 Leber oder Büchsenfleisch nur für Besatzungen nukleargetriebener U-Boote.
3 Frischmilch nur auf See.
4 Auf See 400 Gramm Kartoffeln.

Quelle: Leiter der Abteilung für Allgemeine Nahrungsversorgung, Verteidigungsministerium, Generaloberst I. Isajenko

Anhang IX

Sowjetische Lufttransportkapazität

Flugzeugtyp	Truppen maximal/normal	Nutzlast (kg) maximal/normal	Radius (km) maximal/ohne Fracht
AN-12	96/60	200 000/105 000	1240/3600
AN-22	295/155	60 000	5000/2400
AN-26	44/30	4000/2500	700/2000
IL-14	18/18	3300/1700	1300/2800
IL-76	225/115	40 000	3200/6700
AN-2	10/10	1500/1000	550/1300
AN-8	60/40	8000/5000	1100/3500
Mi-1	2/1	200/180	275/590
Mi-2	6/4	800/700	230/600
Mi-4	12/10	1800/1200	270/600
Mi-6	60/50	1200/800	550/1200
Mi-8	24/16	3000/2000	460/900

Regimentskommandeur: Persönlicher Arbeitsplan für September 1989

Arbeitsinhalt	1	2	3	4	5	6	7	8	9	10	11	12	13	14	15	16	17	18	19	20	21	22	23	24	25	26	27	28	29	30
I Teilnahme an von übergeordneten Kommandeuren geplanten Aktivitäten																														
II Aktivitäten zur Verbesserung der Gefechtsbereitschaft																														
1 Pläne, Spezifikationen, detaillierte persönliche Pläne	●	●																												
2 Alarmbereitschaft																		●	●	●	●	●	●							
3 Klassen für operationelle Planungsgruppen																			●											
4 Instruktion des Tagesoffiziers																					●									
III Politische und Gefechtsausbildung																														
1 Kommandotraining				●	●																									
2 Mobilisierungstraining für Regimentsoffiziere																														
3 Fallschirmsprünge von Flugzeugen AN-2, AN-12	●	●	●	●	●	●	●	●	●	●	●	●	●	●	●	●	●	●	●	●	●	●	●	●	●	●	●	●	●	●
4 Konferenz für Offiziere und Praporschtschiks	●							●						●								●							●	
5 Genehmigung des Monatsplans des Regimentshauptquartiers																														●
6 Zuweisung der Monatsaufgaben an die Einheiten																														●
7 Überwachung und Hilfe bei Gefechts- und politischer Ausbildung, militärischer Disziplin und Dienstnormen																														
8 Bewertung von Gefechts- und politischer Ausbildung, sozialistischem Wettbewerb, militärischer Disziplin und Dienstnormen																													●	
IV Dienstliche Aktivitäten																														
1 Tagesroutine, innere und äußere Inspektion		●							●							●							●							●
2 Inspektion der Regimentssanitätsstelle, Analyse der Verletzungs- und Krankheitsziffern							●							●							●							●		
3 Inspektion der Quartiere von Offizieren und Praporschtschiks												●												●						
4 Inspektion des internen Wachdienstes																●												●		
5 Abendinspektion des Regiments																														
V Inspektion der Waffen und Ausrüstung																														
1 Inspektion von Gefechts- und weiterer Ausrüstung											●	●	●	●	●															
2 Kontrolle der Arbeitsplanung und der Wartungstage	●							●								●						●							●	
3 Organisation von Verbesserungen an den Gebäuden und Bauarbeiten	— STÄNDIGE AUFGABE																													
VI Organisation von parteipolitischer Arbeit																														
1 Politische Informationen für Offiziere und Einheiten					●														●											
2 Teilnahme an Sitzungen von Komsomol und Parteibüro																														
3 Lektionen und Gespräche mit den Mannschaften																														
VII Arbeit des Hauptquartiers																														
1 Persönliche Ausbildung (Vorbereitung)				●	●	●					●	●	●					●	●	●					●	●	●			
2 Beratung von Soldaten und Familienangehörigen in persönlichen Angelegenheiten	— EINMAL WÖCHENTLICH AM FREITAG 18.30–19.00 UHR																													
3 Analyse der Leistungen in der Gefechtsausbildung, Studium von Richtlinien, Befehlsausgabe, Unterschreiben von Referenzen und Berichten, Lösung persönlicher Probleme	— EINMAL WÖCHENTLICH 16.00–20.00 UHR																													
4 Finanzinspektion der Bar- und Depositkonten	— NACH BEDARF																													
5 Genehmigung des Halbjahresplans für Stellvertreter und kommandierende Offiziere der Truppengattungen und des Wochenplans der Einheitskommandierenden	●	●						●	●					●	●							●	●						●	●
– Wettbewerb »Kaserne im besten Zustand«																											●			
– Wettbewerb »Sauberster Bereitstellungsraum«																													●	

Anmerkung: Oberst Soljujanows Arbeitsbelastung war besonders groß, weil er nicht nur Kommandeur eines unabhängigen Regiments ist, sondern auch die Garnison von Fergana befehligt.

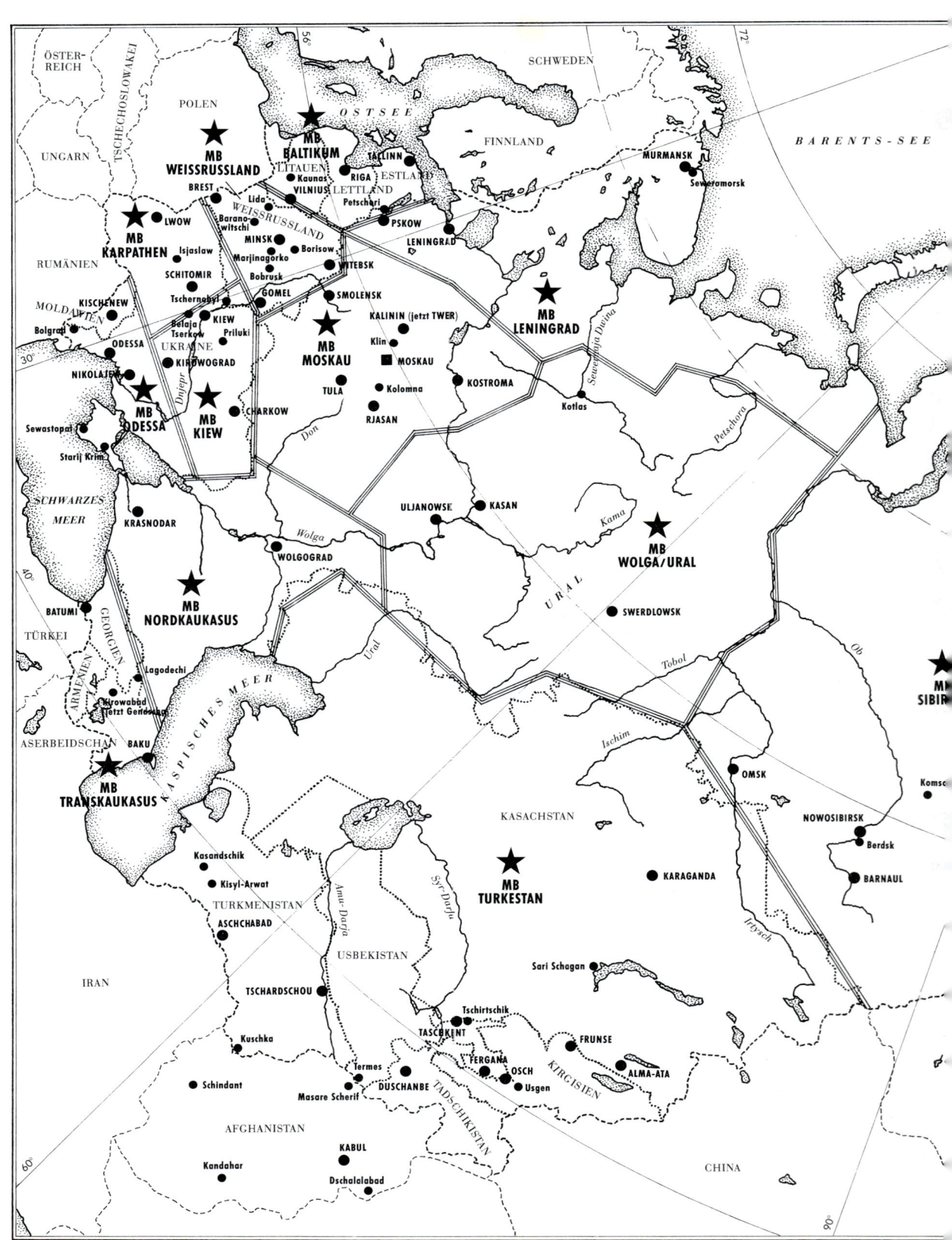

230 Die Militärbezirke der Sowjetunion

ÖSTERREICH
TSCHECHOSLOWAKEI
POLEN
UNGARN
RUMÄNIEN
MOLDAUIEN
SCHWEDEN
OSTSEE
FINNLAND
BARENTS-SEE

MB WEISSRUSSLAND
MB BALTIKUM
TALLINN
LITAUEN
RIGA ESTLAND
Kaunas
VILNIUS LETTLAND
Petschari
BREST
Lida
Baranowitschi
WEISSRUSSLAND
PSKOW
MINSK
LENINGRAD
Borisow
Marjinagorko
WITEBSK
Bobrusk
GOMEL
SMOLENSK
MURMANSK
Seweromorsk

MB KARPATHEN
LWOW
Isjaslaw
SCHITOMIR
Tschernobyl
KISCHENEW
Balaja Tserkow
KIEW
Priluki
UKRAINE
Dnjepr
KIROWOGRAD
ODESSA
NIKOLAJEW
Bolgrad

MB MOSKAU
KALININ (jetzt TWER)
Klin
MOSKAU
TULA
Kolomna
RJASAN
Don

MB LENINGRAD
Sewernaja Dwina
KOSTROMA
Kotlas
Petschora

MB KIEW
CHARKOW

MB ODESSA
Sewastopol
Starij Krim
SCHWARZES MEER
KRASNODAR

Wolga
ULJANOWSE
KASAN
Kama
WOLGOGRAD

MB WOLGA/URAL
URAL
SWERDLOWSK

MB NORDKAUKASUS
BATUMI
GEORGIEN
TÜRKEI
ARMENIEN
Lagodechi
Kirowabad (jetzt Gendscha)
ASERBEIDSCHAN
BAKU
Ural
Tobol

MB SIBIR
OMSK
Komso...
NOWOSIBIRSK
Berdsk
BARNAUL

MB TRANSKAUKASUS
KASPISCHES MEER
Kasandschik
Kisyl-Arwat
TURKMENISTAN
ASCHCHABAD
IRAN
KASACHSTAN
KARAGANDA

MB TURKESTAN
Syr-Darja
Amu-Darja
USBEKISTAN
Sari Schagan
TSCHARDSCHOU
Tschirtschik
TASCHKENT
FRUNSE
FERGANA
OSCH
ALMA-ATA
Usgen
KIRGISIEN
Kuschka
Termes
DUSCHANBE
TADSCHIKISTAN
Masare Scherif
Schindant
AFGHANISTAN
KABUL
Kandahar
Dschalalabad
CHINA

Legende

- – – – Sowjetische Staatsgrenze
- – – – Grenzen zwischen den Nachbarstaaten
- ········ Grenzen der Sowjetrepubliken
- ═══ Grenzen der Militärbezirke

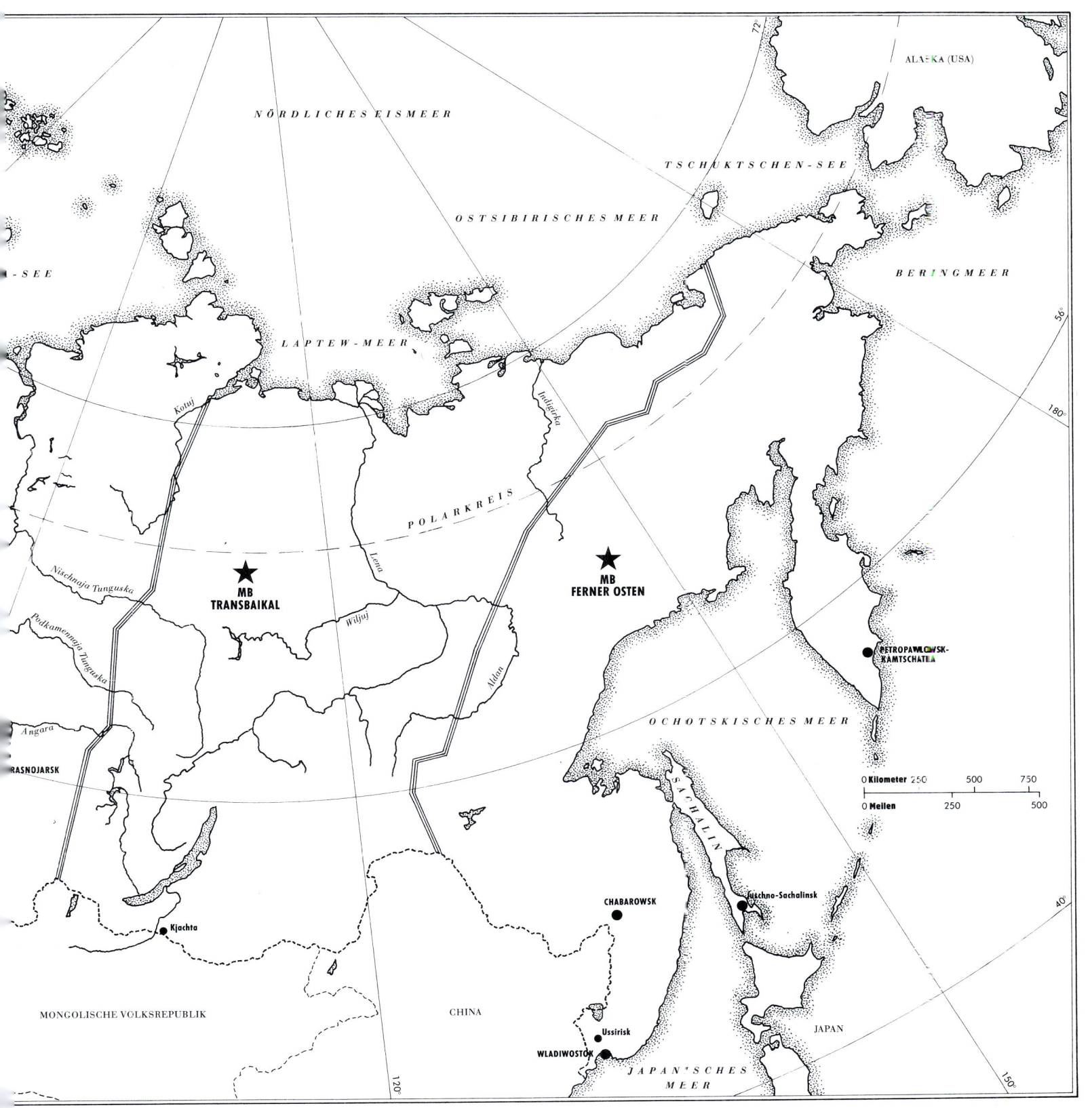

NÖRDLICHES EISMEER

TSCHUKTSCHEN-SEE

OSTSIBIRISCHES MEER

BERINGMEER

LAPTEW-MEER

ALASKA (USA)

Kotuj

Nischnaja Tunguska

POLARKREIS

Lena

Podkamennaja Tunguska

★
MB
TRANSBAIKAL

Wiljuj

★
MB
FERNER OSTEN

Aldan

Indigirka

PETROPAWLOWSK-
KAMTSCHATKA

Angara

OCHOTSKISCHES MEER

RASNOJARSK

S A C H A L I N

0 Kilometer 250   500   750

0 Meilen   250   500

Kjachta

CHABAROWSK

Juschno-Sachalinsk

MONGOLISCHE VOLKSREPUBLIK

CHINA

Ussirisk

JAPAN

WLADIWOSTOK

JAPAN'SCHES
MEER

Register

Die kursiv gedruckten Seitenzahlen beziehen sich auf Stichwörter in den Bildlegenden.

Marcus Junkelmann
Morgenröte am Potomac
Der amerikanische Bürgerkrieg

Erhältlich in Ihrer Buchhandlung

236 Seiten, mit rund 350
Abbildungen in Farbe
und schwarzweiß, zahlreiche
Karten und Zeittafeln,
gebunden, mit Schutzumschlag

Der Historiker Marcus Junkelmann legt hier die erste umfassende Darstellung des Sezessions-
krieges in deutscher Sprache vor. Historische Aufnahmen, Gemälde und aktuelles
Bildmaterial dokumentieren eindrücklich das Amerika der Vorkriegsära, das »Baumwollkönig-
reich« des Alten Südens, die prachtvollen Residenzen der Plantagenbesitzer und die
Industrieanlagen des Nordens. Der Autor erklärt den Ausbruch des Krieges, dessen Verlauf
und den schließlichen Zusammenbruch des Südens. Landkarten und graphische Darstellungen veranschaulichen die historischen Zusammenhänge und ergänzen die knappen,
informativen Texte.
Junkelmanns populäre Bilddokumentation zeigt eine kriegerische Auseinandersetzung in ihrer
ganzen Tragweite und füllt eine Lücke in unserem Geschichtsbewußtsein.

Schweizer Verlagshaus

Wladimir Karpow
Rußland im Krieg
Eine Bilddokumentation

Erhältlich in Ihrer Buchhandlung

256 Seiten, 310 Bilddokumente,
5 Karten, Zeittafeln, gebunden,
mit Schutzumschlag

Der Zweite Weltkrieg wurde an der russischen Front entschieden. Im »Unternehmen
Barbarossa« verblutete nach anfänglichen Erfolgen Armee um Armee der Wehrmacht, die hier
nahezu 80% ihrer Verluste im Zweiten Weltkrieg erlitt.
»Rußland im Krieg« dokumentiert erstmals in dieser Eindringlichkeit, wie der Große Vaterländische Krieg aus der Sicht der Sowjetunion geschlagen wurde. Über dreihundert
dramatische Photos, zum großen Teil bisher im Westen unbekannt, zeigen das düstere
Gesicht dieses langen und zermürbenden Krieges.
»Rußland im Krieg« ist kein bloßes Stück Militärgeschichte. Briefe, Tagebücher und persönliche Erinnerungen von Zeitgenossen machen es zu einem erschreckenden Zeugnis dafür,
was der Mensch sich und seinesgleichen antun kann.

Schweizer Verlagshaus